清末民初文獻叢刊

松龕先生全集

（上册）

［清］徐繼畬 撰

朝華出版社
BLOSSOM PRESS

圖書在版編目（CIP）數據

松龕先生全集 ： 全2册 / （清） 徐繼畬撰. -- 北京 ：
朝華出版社, 2019.1
（清末民初文獻叢刊）
ISBN 978-7-5054-4342-6

Ⅰ. ①松… Ⅱ. ①徐… Ⅲ. ①徐繼畬（1795-1873）
—全集 Ⅳ. ①Z425.2

中國版本圖書館CIP數據核字(2018)第241954號

松龕先生全集（全二册）

作　　者　[清]徐繼畬

選題策劃　楊麗麗　尚論聰
責任編輯　劉小磊
特約編輯　王春蕾
責任印制　張文東　陸競贏
封面設計　劉敬偉

出版發行　朝華出版社
社　　址　北京市西城區百萬莊大街24號　　郵政編碼　100037
訂購電話　（010）68996618　68996050
傳　　真　（010）88415258（發行部）
聯系版權　j-yn@163.com
網　　址　http://zhcb.cipg.org.cn
印　　刷　藝堂印刷（天津）有限公司
經　　銷　全國新華書店
開　　本　880mm×1230mm　1/32　　字　　數　202千字
印　　張　23
版　　次　2019年1月第1版　2019年1月第1次印刷
裝　　别　精
書　　號　ISBN 978-7-5054-4342-6
定　　價　172.00元（全二册）

出版前言

中國自一八四〇年鴉片戰争以來，傳統的農業文明在西方的堅船利炮轟擊之下徹底被顛覆，有擔當的知識分子苦苦追尋，思索社會改革的途徑。從最初的『師夷長技以制夷』到『民主制度，天下之公理』（梁啓超語），他們發現要『强國富民』，首先要『開啓民智』，祇有民衆擁有了獨立思想和批判精神，國家纔能實現真正的强大。在此後一百年的時間裏（一八四〇—一九四九），思想者們從社會變革深入到國民性的改造，用每一部作品見證着中國近代化的遞變歷程。這是一個極其重要的時代，《清末民初文獻叢刊》正是收録了這一時期的作品，大部分書籍都是早期版本，有着極高的文獻研究價值。

清末的中國經歷了『三千年來未有之大變局』（李鴻章語），大清王朝面對西方列强的艦炮，表現得驚慌失措。尤其是鴉片戰争，使『天朝帝國萬世長存的迷信受到了致命的打擊，野蠻的、閉關自守的、與文明世界隔絶的狀態被打破了』（《馬克思恩格斯選集》）。一批士大夫知識分子，尤其是在歐美諸國擔任使臣或者游歷的知識分子最先覺醒，着眼于對西方國家的考察，進而反省本國政治制度的劣勢，可以視作『啓蒙』的端倪。如曾擔任駐英公使（兼任駐法公使）的郭嵩燾在《使西紀程》中以日記的形式記録了自己對歐西諸國的觀感，他在考察了英國的政治制度之後，發現英國政府官員收入超過三百磅者與普通老百姓一樣同等納税，他說：『此法誠善，然非民主之國，則勢有所不行。西洋所以享國長久，君民兼主國政故也。』他明確提出了『民主』，在國家的管理問題上，人民也有參與的權利。他在該書中所披露的西方政治、經濟、文化等領域優于大清帝國這一事實觸動了保守派的神經，立刻遭到保守派群起而攻之，進士何金壽彈劾他『有二心于英國，欲中國臣事之』，他家鄉湖南的民衆對他更是痛加詆毁，以至于滿城揭帖，誣蔑他『溝通洋人』，在這種群情洶洶的情况下，朝廷最後下旨將《使西紀程》毁版，從而使該書成了禁書。然而，書雖被毁版，却不能堵死民衆的傳播與閱讀的途徑，上海的《萬國公報》依舊連載該書，張佩綸曾說：『朝廷禁其書，而新聞紙接續刊刻，中外傳播如故也。』從某種意義上來說，啓蒙是時代的需要，盡管清政府發諭旨禁了該書，民衆乃至一些朝廷大員却依舊在私下閲讀，以便瞭解外部的世界。進步的社會是開放性的，任何企圖『閉關鎖國』的努力都意味着歷史的倒退，祇有開放，與整個世界文明保持同等的步伐，纔能實現真正的强國之夢。當大批知識分子走出閉鎖的國門，親歷了文明的洗禮之後，也就把啓蒙的智識帶回了中華大地。容閎的《西學東漸記》，梁啓超的《新大陸游記》，崔國因的《出使美日秘日記》等一大批作品介紹了海外諸國的政治、經濟、軍事、外交、文化。雖然這些作品在認識上仍然帶有時代的局限性，然而却是那時最爲珍貴的聲音。

另一方面，在學術上，中國文化母體内『經世致用』思想與資産階級思想相結合，也喚起了變革，以康有爲、梁啓超爲首的改良派試圖通過自上而下的革新以實現變革。康有爲的《新學僞經考》《孔子改制考》就是借經學之表論資産階級學説之裏的著作，康有爲的弟子梁啓超更是通過《新民説》一書提出國民性改造。與早期啓蒙者『師夷長技』的器物文明引進不同，梁啓超上升到形而上的精神領域，從文化心理上更加徹底地進行變革。梁氏是清朝末年到民國初年一個橋梁式的人物，被譽爲『輿論之驕子，天縱之文豪』，其影響力不但在學術領域，同時還在文學領域，他所倡導的『詩界革命』得到了譚嗣同、黄遵憲、丘逢甲等人的響應，黄遵憲的《日本雜事詩》，丘逢甲的《嶺雲海日樓詩鈔》都體現了這種主張。這一主張要求反映新的時代和新的思想，用『我手寫我口』（黄遵憲語）的方式直抒胸臆，對長期占詩壇主流的擬古主義、形式主義產生了巨大的衝擊，解放了寫作者的心靈和頭腦。

與社會變革同步的是早期對西方思想著作的翻譯，這裏面影響最大的是嚴復，他翻譯的《天演論》《社會通詮》等書直接孕育了民國一代的知識階層。魯迅、胡適等人在文章中都曾提到《天演論》對他們思想所產生的震撼。與嚴復略有不同的另一位翻譯家是林紓，他的譯作雖然參差不齊，但却在更細膩的心靈層次對讀者產生影響，許壽裳曾回憶，他和魯迅都熱衷于林譯的小説，如《巴黎茶花女遺事》《黑奴籲天録》《迦茵小傳》等作品。

辛亥革命之後，進步社會思潮成爲主流，比之清末思想啓蒙者『求存』的追求，民國以來的知識階層深入到了更加細微的肌理，一方面呼唤社會變革，另一方面進行點滴的建設，革命并不能使所有的一切一蹴而就，在更加深廣的領域，事物的改變是由微觀而宏觀。通俗地説，比之于革命，建設的意義更大。如《中國商業史》《中國教育史》《中國倫理學史》《中國哲學史大綱》《中國小説史略》等一大批作品都是進行系統的梳理與建設的理論作品。其中，以胡適和魯迅二人的影響最大，他們的作品一紙風靡，從而成爲新文化運動的主力人物。

《清末民初文獻叢刊》收録的文獻大致上可以分爲三個階段，其中龔自珍、張之洞、魏源、郭嵩燾、薛福成等人的作品可視爲『早期啓蒙』，康有爲、梁啓超、黄遵憲、嚴復、林紓等人的作品可視爲『中期啓蒙』，胡適、魯迅、蔡元培等人的作品可視爲『晚期啓蒙』。當然，這種劃分并非嚴格意義上的，大部分啓蒙思想者隨着時代的變化，其思想在不斷進步。縱觀整個近現代史，可以發現，要求變革不是在某一個領域，由某一類人發起和完成的，而是全社會的要求。

變革，已經成爲全社會的共識。

從清末民初的文獻中，我們能够發現一種豐富性。這些作品涉及政治、經濟、軍事、教育、外交、宗教、心理、情感等方方面面，從内而外地净化着中國兩千年以來的封建積習。它不衹是對社會的改造，更是對人心靈的重塑；它首重國家社會之建設，同時亦重靈魂心智之唤醒；它是宏大的，也是微觀的；它是嚴肅莊重的，也是活潑靈動的；這些作品結構精巧，思想内容深刻，擁有濃厚的人文主義色彩，對推動社會主義建設，實現中國夢有重大意義，是近現代中國一百年來最宏富的智識與情感的寶藏。因此，整理這些文獻作品，無論是出于資料保存的目的，還是爲圖書館提供資料副本，都有不可估量的意義。

特定時代下的文獻，當它一旦形成（既指草擬，創作的完成，也指其成爲一個載體），就不可再複製了，也就意味着它將面對消亡。對于文獻資料而言，越接近歷史事件發生的時代記録，越具有研究價值。文獻本身具有不可再生性，它衹會消亡，而不會增多。盡管文獻本身的文字可以保留下來，并進行傳播，却失去了當時的時代氣息。當時的作品可能在技巧上，文字的成熟度上不及當代，但它所負載的信息，創作者的情感都反映了當時的歷史，也就是説，它具有不可替代的歷史意義。

影印的版本有三個特點，第一是擁有文獻的『原始性』；第二個特點是『未經改動的』；第三個特點是『歷史的原貌』。所謂『原始性』，也就是説，它是第一手資料，而非轉述的，回憶形成的；『未經改動的』，是指未被篡改、删節、挖補的；『歷史的原貌』是指在影印製作過程中，完全依照文獻的原來模樣……這樣製作出版的作品，無异延續了文獻的壽命。

近現代思想史上的一個最重大的思潮就是『開放』，從林則徐的『開眼看世界』到蔡元培的『兼容并包』，都是在倡導一種開放式的胸襟。而《清末民初文獻叢刊》最有魅力的部分就是『開放』這一主題，衹有融入到世界文明發展的進程中，中華文明纔能歷久彌新。

《清末民初文獻叢刊》編委會

二〇一七年四月十四日

凡例

一、《清末民初文獻叢刊》（以下簡稱『叢刊』）爲影印本，舉凡所用之底本，均爲該書之早期版本。有清末刊本，亦有民國印本。

二、《叢刊》均依底本影印，未予刪改，僅代表作者個人觀點，不代表官方立場；原刊本有誤，不予校改，以保留文獻之原貌。

三、《叢刊》所用之底本，因時日久遠存在漫漶的情況，均進行了修復；底本闕文、印刷不清，均保留原貌。

四、爲讀者閱讀之便，《叢刊》中之舊底本目録未標記頁碼者，編了目次；原底本有頁碼和目録，未予重複編目。

五、爲保持文獻的原始風貌，影印本保留了原書書影（原書爲多册，則保留第一册書影）、扉頁等信息。所用底本無相應信息者，則不予妄添，以免錯訛。

目録

松龕先生全集

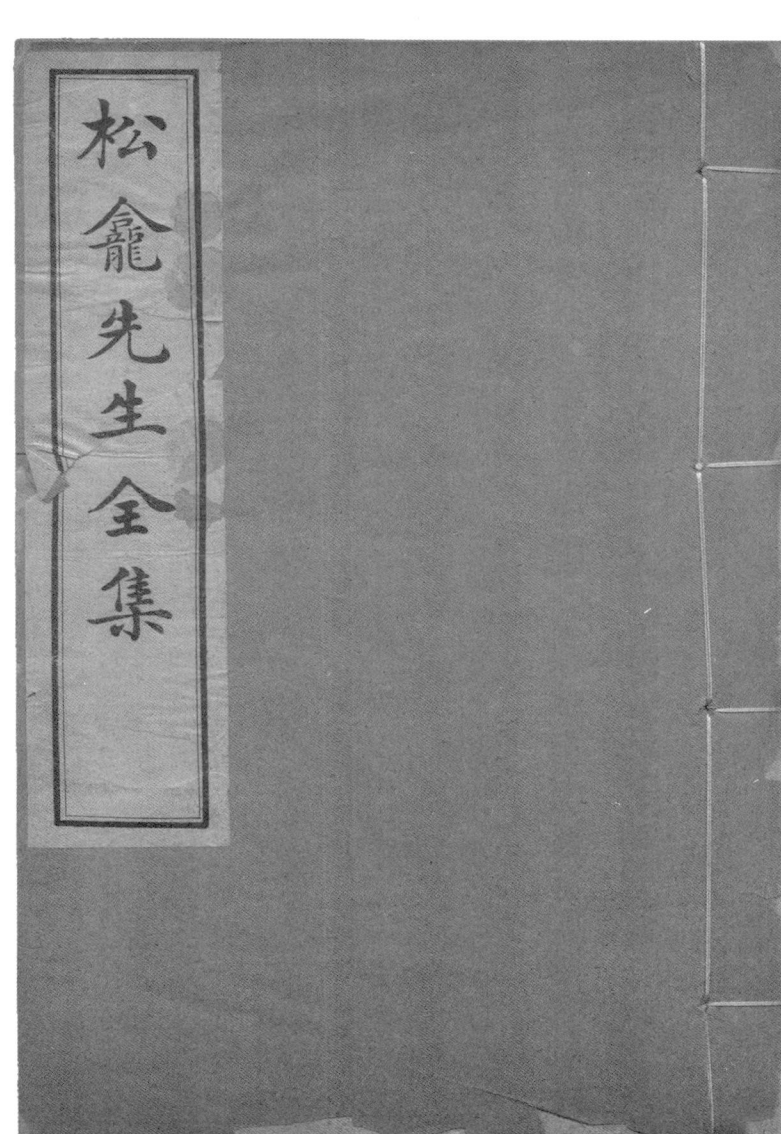

松壺先生全集

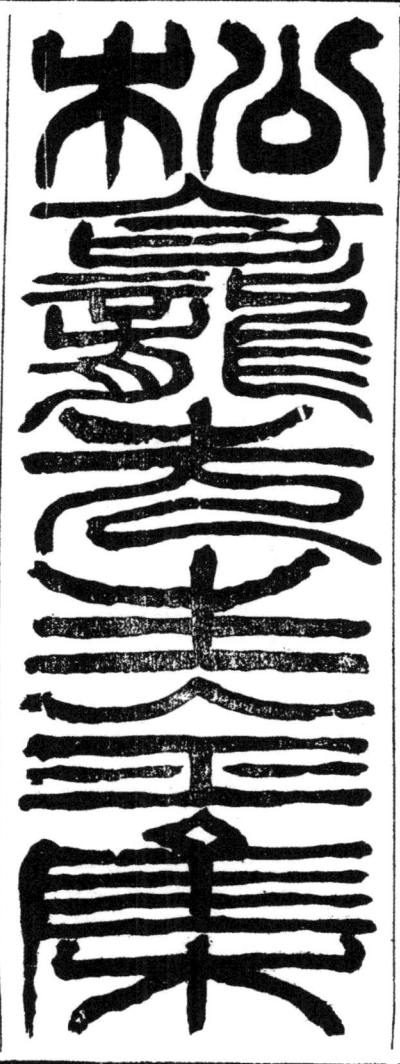

敘

是編奏疏二卷文集四卷詩集二卷又兩漢幽并涼三州今地考略一卷徐氏本支敘傳一卷予同里徐松龕先生遺箸也先生以碩學爲名臣出入三朝歷臺諫任封疆所條陳時務洞中機宜前清道咸之際海氛初熾英人百計狡嘗當事者率狃於侈大不能究厥底蘊或失則激往往有之先生涖閩久務得其強弱勝負之所以然而不爲旦夕功曲意諮訪隨事防維大要不輕啓釁端示之無閒可入以服其心而屈其計而深識遠慮常燭照數計於數十年之前數十年之後覆成局而案之有歷歷不爽者焉惜當時輿論囂然廷議未協先生雖疊荷知遇卒不得諸抵瑕者尤媒孽之旋即罣議去而閩事亦日以壞矣先是朝廷命先生撫粵西時

相密陳以閩撫鄭祖琛易之粤西事敗幾危全局識者歎焉事具五臺縣志同治初總理各國事務衙門奏設同文館先生奉召供館職年已老徘徊卿署者三載時西教習畢利干丁韙良等皆泰西名碩獨敬禮先生諸王大臣莫能擬也今先生歿四十年矣世益變而事益亟而先生之一身始也紛然今也漠然噫可慨也已錫山生也晚未及親聆教訓而生先生之鄉讀先生奏議及詩文集忠誠愷切規畫詳明未嘗不三致意焉初先生著瀛環志略板藏同文館罕行世見者亦不之重自東瀛翻本出而坊肆乃流傳殆遍蓋人心之好尚如此海防外復關心藩部有幽幷涼三州考略之輯凡邊疆形勢無不口講而指畫之今集中所載是也先生以絕異之才承尊人廣軒先生家學平生最篤嗜兩漢書嘗有評

釋未及訪得諸著述亦多散佚茲從其門人畹香杜公處蒐得奏疏古文若干卷先生堂姪悅庭公所手鈔也晚而學詩不主一家稿出人爭誦之近復搜集若干卷依類分次都爲一編而以考略敍傳附焉鄉邦後學儻有學先生之學志先生之志者乎則是編之刻已足津逮至先生之爲傳人與先生文之必傳而無疑者則又不恃乎此也民國四年陽曆十一月五臺後學閻錫山謹識

松龕先生奏疏目錄

奏疏上

奏疏下

松龕先生奏疏卷上

特參州縣入省鑽營疏

爲嚴禁州縣久離職守入省鑽營以重地方而息奔競事竊維州縣爲親民之官必須時常在署公事方無遺誤臣聞各直省州縣往往托故進省爲營求升調之計累月經旬遷延不返署門懸公出之牌典吏代拆行之事相驗則委之鄰封案牘則畀之幕友寃抑無控訴之所動釀巨案緝捕無催比之日一任逋逃吏治廢弛莫此爲甚以臣所知如山西州縣中史夢蛟林樹雲並稱能員史夢蛟任忻州最久一年之中在州署者不過三四月其餘八九月常在省中臣籍隸五臺密邇忻州知之最稔聞林樹雲任保德州亦復如此不知兩人終年在省所爲何事若云面禀公事何至曠

日持久如曰委審要事省中豈無幹員大約非爲本身營求遷擢即爲他人旁通線索耳聞各州縣欲得好處者以兩人爲先容每到省中其門如市兩人在山西最久亦歷州縣甚多問其官聲紳民絕無頌感不過長於酬應善於逢迎歷任上官倚爲心腹名爲兩地守土之官實爲省垣壟斷之首一則由忻州升知府旋調首府一則由保德州調署汾州府此其盤省垣之功效也查兩州地方百里戶口數十萬一歲之中常有七八月無官不知倉庫監獄何人典守命盜案情何人勘驗戶婚爭訟何人判理水旱偏災何人查辦幸兩州民淳事簡尚無他變而刑政之廢弛不問可知墮職守而啓奔競此風斷不可長恐各直省中似此者正復不少相應請旨勅下各該督撫嚴飭各州縣非奉檄調或親解要犯不得

無故進省其有事到省者事畢不得任意耽延希求調劑違者即予嚴叅庶州縣各重職守而奔競之風亦漸息矣臣愚昧之見是否有當伏乞皇上聖鑒謹奏

特叅州縣諱災催徵疏

爲特叅諱災催徵之州縣請旨飭查以紓民困事竊查上年山東一省收成歉薄經該撫查明被災州縣分別奏請緩徵當蒙恩旨允准在案臣聞上年山東被災登萊青三府情形最重該撫奏請緩徵惟登州一屬不在其內查訪登州被災情形係上年七月間海風陡作一日一夜勢極猛厲秋禾正茂之時全致偃折仆地竟係顆粒無收與萊青不分輕重該州縣諱匿未報上年下忙錢糧照舊開徵災黎竭蹶完納膏髓已罄目下青黃不接糧價騰翔賣

男鬻女道殣相望壯者棄產奔逃弱者填委溝壑人心洶洶朝不謀夕而今年上忙又開徵矣聞現在該府英文親赴各州縣勸捐蓬萊捐得制錢一萬餘千黃縣捐得制錢三萬餘千其餘各州縣亦俱捐有成數苟非情形急迫未必如此辦理何以上年秋間竟爾諱災不報既已諱災必須開徵既已開徵則分數不足便干參處該州縣自顧考成勢必從嚴催比當此災荒極重之時富民猶可輸納極貧下戶嗷嗷待哺加以胥吏之追呼必且激而生變在該州縣不過貪得平餘陋規有心諱匿而民間慘酷情形置之不問如果登屬並不成災該府縣何以紛紛勸捐勸捐與催科並行尚復成何政體皇上軫念災區山東一省恩施普被而登州一屬獨困於州縣之屯膏以勸捐解玩視之謗而以催徵收囊橐之私

下爲民命益殘上爲國家斂怨居心如此何可姑容相應請飭下
該撫確查該府州縣諱災實情從嚴參辦速將上忙錢糧停徵緩
至今年秋後庶渥澤得以下究而民困稍蘇矣事關民瘼臣既有
見聞不敢不陳伏乞皇上聖鑒謹奏

特參藉端科斂疏

爲特參藉端科斂之知縣請旨嚴行查辦以儆官邪以蘇民困事
恭查上年恩詔案內祭告歷代帝王陵寢在山西者欽派平陽鎮
總兵部費音往祭其商湯王陵在蒲州府屬之榮河縣界內臣聞
該縣知縣武履中於上年十月奉文之後在署內設席遍請書差
告以努力辦理大家沾光隨傳喚値年里長逐日在縣聽候辦差
城內設公館七處湯陵附近設公館七處科派乾菜鋪墊銀一千

五百兩修理祴糊器皿燈籠綵綢紅氈夫馬一切雜派又五千餘兩其餘無名之費不可勝數該縣分十三里半每里按地丁一兩須攤銀六七八錢不等合計該縣地丁三萬餘兩自上年十月奉文之後胥吏四出日事追呼闔境騷然民不聊生臣訪聞之下不勝駭異竊思官祭品物例有支銷致祭大臣宜減從前往何至張皇數月朘削一方一切科派至二萬餘兩之多是該縣起意狼吞自飽私橐情節顯然兼恐該總兵有藉差需索情事山西祭告不止一處榮河如此他處恐亦不免相應請旨飭下該撫嚴行查辦勿事姑容勿任消弭以儆官邪而蘇民困是否有當伏乞皇上聖鑒謹奏

特參退贓誘結疏

爲特參退贓誘結之知縣請旨嚴飭查辦事竊查上年恩詔案內祭告商湯王陵榮河縣知縣武履中藉端科歛多金經臣奏參在案臣風聞該撫委員查訊該縣武履中得信之後浼人向本地紳民說合退還科歛原贓令該縣各里長爲之出結該紳民良懦畏事業經爲之出結完案該撫疑其不實現在委員覆查等語臣竊思山西州縣貪墨成風或遇言官參劾或遇民人告發則百計消弭化爲烏有此種風氣歷來已久該縣武履中既經科歛於前復敢以此等伎倆脅誘紳民爲之出結了事現在該撫雖委員覆審而所委之員不過本省道府道府仰食州縣向來聯爲一氣原審之員既迴護該縣覆審之員必迴護原審該縣紳民既爲出結展轉欺蒙該撫亦將無如之何而貪官汙吏終立於不敗之地從此

益無忌憚矣相應請旨勅下該撫將該縣暨經年書差提省嚴究摘傳紳民里長明切曉諭務將該縣退贓誘結實情一並審出按律懲辦庶墨吏稍加儆畏而廻護消弭之積習可略除矣臣職司耳目既有所聞不敢不陳伏乞皇上聖鑒謹奏

請整頓晉省吏治疏

爲晉省吏治廢弛請旨嚴飭整頓以肅官箴以除積習事臣竊維致治之道首厲官方官方既肅而後民風日趨淳樸臣籍隸山西知其風土山西民俗勤儉古稱唐魏之遺賦稅如期不煩追比農賈相半絕少曠游惜身家而畏官吏重羞惡而鮮譸張在各直省中民情最爲安靜邇年來巨案迭興大吏多獲咎以去論者遂以山西一省昔稱樂土今爲畏途而不知皆吏治之不肅有以致之

也大端有二請爲我皇上言之一由於操守之不講也晉省向有富足之名謁選者掣得山西欣然有滿載歸來之意然山西州縣陋規如平餘雜稅之類亦復無多辦公之餘斷不足酬其夙願繼之以請富戶賣案首猶不足也於是相率而取之詞訟晉民良懦畏事富者尤甚一人被繫舉家憂惶習知非賄不行不敢不傾囊以獻但得訟息額手稱慶雖復傾家蕩產斷未有敢以勒索等情上控者累萬盈千收入囊橐而安然無患也拚不潔之虛名享無窮之厚實上官飽其酬應不特不加叅劾或反登之薦牘如榆次案之呂錫齡調繁缺者也太谷案之李聯𡖖調首縣而加升銜者也一省之中相習成風恬不爲怪或遇賭博鴉片等案牽連富家子弟官吏欣然以爲奇貨其視案牘取錢竟如他省之陋規尋常

者在百姓耳聞目見習爲故常未較曲直先籌苞苴幾不知人間有清白吏而該州縣等廉隅既毀罔惜聲名竭其聰明才力盡萃於納賄之一途至於民生之休戚地方之利弊無復有過而問焉者矣此在他省固亦不乏而在山西則尤爲錮習者也皇上澄敘官方山西大吏屢以不職蒙譴邇者巡撫兩司新經特簡在該臣等受恩深重自當整躬率屬力挽頹風惟積重難返之勢破除匪易相應請旨勅下該撫司等力矯從前廻護陋習嚴飭各州縣洗心易慮自立檢閑訪其聲名狼籍者從嚴參劾其有民間上控牽及地方官受賄情事者提省嚴加追究必使盡情敗露置之重典不得發交本管道府任其消弭或有操守廉潔民情愛戴者加以獎勸優以升擢務使貪廉異迹賢不肖殊科庶乎人知勸懲而吏

治蒸蒸日上矣一由於重案之不辦也山西民情戇拙不諳機械卽間有好訟之徒亦復伎倆淺薄其明習吏文能持官吏之短長者蓋絕無而僅有遇有命盜重案辦與不辦任州縣之顚倒而不敢深求其故於是該州縣等遂以消弭爲秘訣有人命聽其私和而不究者有橫遭慘死勸令掩埋而不辦者有逆倫服制之案開釋而不辦者有業經取供收禁忽無故而縱去者有改盜爲竊者有報盜而不勘不緝者有刃傷事主而不究者其言曰化大爲小化有爲無而其實則諱大爲小諱有爲無在該州縣等不過憚煩難圖安逸省推鞫之勤勞避承緝之處分而善良日見消沮強橫愈以得志間有不勝寃憤瀝情上控者該上官又以爲州縣業經消弭翻案必須叅劾授意覆審之官必使之恐嚇撩磨脗合原案

而後已小民稔知上控之無益也不得不隱忍息事該州縣有恃不恐遂無不消弭之事矣夫彰善癉惡者所以勸懲斯民而趨之向善也若使竊刦不捕殺害不償則是凶盜善良無所分別又何怪趙城教匪之揭竿而起也此種情弊在別省爲偶見而在山西則爲牢不可破之積習相應請旨勅下該撫司嚴飭各該州縣遇有命盜重案據實詳辦倘有隱匿不辦者經該管上司訪聞或民人告發先將該州縣奏叅解任提省嚴究如係有意消弭即將該員嚴行叅辦庶該州縣等聞風知儆刑政漸舉而吏治日有起色矣以上二條臣爲整飭吏治起見是否有當伏祈皇上聖鑒謹奏

請除大臣迴護調停積習疏

爲請除大臣迴護調停之積習以核名實以振綱紀仰祈聖鑒事

竊維國家立政期於大法小廉外而督撫膺封疆之寄內而卿貳分部院之司聖主簡任賢能於庶司百僚之中特加拔擢寘之華顯爲大臣者固宜公忠體國不避怨嫌庶足以核名實而振綱紀臣伏見比年以來外省巨案迭出或經言官彈劾或係民人控告皇上權衡輕重有交督撫查辦者有欽差大臣查辦者乃查辦之事大半融化消弭竟未有水落石出大快輿論者嘗揆其情形不外兩端督撫之積習曰迴護欽差之積習曰調停督撫之迴護也有故如地糧之平餘漕米之折色驛站之差徭行戶之官價州縣藉以辦公相沿已久而非奉明文究屬違例或有刁衿訟棍挾嫌京控坐誣則本非虛妄據實則必須參官苛一現任之州縣屬員不免含冤裁一歷久之陋規公事愈形掣肘不得不宛轉消融化

爲烏有此迴護之出於不得已者也乃久之而積習漸深遂至官吏之枉法命盜之沈冤無不從而迴護之每遇發交之案授意承審之員先思開脫之方次講彌縫之術恐科道之復言則以風聞有故釋其妄劾之愆恐原告之翻控則以懷疑有因免其反坐之罪其說曰體恤屬員其名曰護持大局務使臺垣知彈劾之無功而白簡不復施紳民知京控之徒勞而奔訴不復見一省之中苟安無事是爲太平而貪墨之倖免不問也冤抑之莫雪不問也此督撫迴護之積習牢不可破者也至於欽差大臣俱係多年京秩深於閱歷熟於世故所忌者喜事之名所避者深刻之謗祿位崇高恆虞蹉跌風裁峻厲懼招怨尤且與外省督撫司道半係年家故舊多有交際往來當其奉命出京已存一苟可塞責不欲深求

之之見迨乎入境以後館餐殷勤迎候祇肅見面生情萬難恝置於是設法調停爲一切瓦合之計事有數款則洗刷其重者而留其最輕者事止一端則掩沒其眞者而留其疑似者使被劾者雖罣吏議而不致大傷入告者雖成子虛而不致相激歷來奉簡書者以是爲萬全之策分位尊則擔承有力保全衆則感頌必多亦幾幾成爲積習矣夫事達天聽中外震悚使出親信耳目具瞻明是非而別黑白愜輿論而儆官邪所關洵非淺鮮乃委曲消弭直同於鄉里之和協失天下之望啓狎玩之心名實之日淆綱紀之不肅未必不由於此況乎使節出京沿途騷動驛站疲於送迎地方困於供應惟直隸一省習爲故常夫馬之外所費無多此外各直省修飾公館犒勞僕從鋪墊必須文錦庖廚日進珍饈雖奉差

大臣潔己自愛杜絕苞苴而一切鋪排動須鉅萬故冠蓋久駐之地虧空必多此種情形自在聖明洞鑒之中欽差之所以屢發者皇上之不得已也豈欲諸大臣馳驅千里外作和事老人哉邇者廣東一省發欽差者至三次矣原其案情一公正道府足以完結乃星軺之出至再至三言事者屢瀆聖聰奉差者屢煩聖慮幾於大廷之上無一可恃之人章奏之來無一可信之語上虧國體下滋物議不知諸大臣受恩深重何以自安臣竊惜諸大臣徒顧情面蹈於欺罔而不覺也五月間欽奉上諭朕綜理庶政十六年矣諸王大臣尚不知朕惟求一實字耶等因欽此聖諭煌煌臣恭繹之餘曷勝欽佩伏思聖主當陽諸臣畏法在外之督撫鰓鰓救過求所謂大貪大酷敢於恣縱者無有也在內之公卿斤斤自守求

所謂作威作福敢於專擅者無有也然而利未盡興弊未盡革綱維未見其日張風俗未見其日厚殆有故焉所短者惟一實字耳大臣之負清名有時譽者大約以緘默不言爲愼密以圭角不露爲深沈以漫無可否爲和平以多所容忍爲寬厚以模棱兩端爲和衷濟事之道以遵循故事爲奉公守法之規觀其章奏所敷陳似乎精密周詳了無遺憾而實則鋪張粉飾紙上空談稽諸事實大謬不然於聖訓所謂實字者固相遠矣如督撫之審理控案欽差之查辦事件據實推求何等直截而必出於廻護調停而後已此其不實之明驗也一事偶然失實所關猶小中外習於欺蒙所關甚大相應請旨勅下督撫部院大臣痛除情面力矢眞誠斥鄉愿之陋習溯正直之遺風於聖訓所謂實字者恪遵深體夙夜無

忘庶乎名實不淆而綱紀日振矣臣幸值昌言無諱之世不敢避譏切貴近之嫌愚昧之見是否有當伏祈皇上聖鑒謹奏

政體宜崇簡要疏

爲治法漸多具文政體宜崇簡要敬陳管見仰祈聖鑒事臣竊維古今治術時各異勢而大致不外兩端開創之初大難甫平政令簡質其病在於疎略而核實之意多守文之世百事求詳法制周密其病在於煩瑣而虛文之患起歷觀往古大抵如斯我國家重熙累洽垂二百年祓列聖涵濡之澤經數世漸摩之化幅員之大聲敎之廣戶籍之繁文物之盛稽諸前古罕有倫比皇上宵衣旰食勤求上理十六年中兢兢業業所謂以實心行實政固天下臣民所共見共聞者惟是承平既久庶務日繁庶務繁則政令多政

令多則科條密科條密則奉行漸不以實而諸事習爲具文臣伏見近年以來言官申明舊例部臣改議新章或邀特諭通飭或奉僉旨允行閣下之部部下之督撫督撫下之司道司道下之府廳州府廳州下之州縣牌文一張粘抄一紙司簽者纍纍抱持置之案上閱一事由畫一月日發房存案如是焉而畢矣求其細閱一過者不可多得也而何論乎奉行也夫令行禁止朝廷之所以整齊萬物也而今日之弊則患乎令之而不行禁之而不止卽如保甲之法三令五申所得者胥吏斂錢門牌一張而已其實奸宄混迹漫無稽察者如故也鴉片之禁三令五申所得者州縣出結年終一報而已其實販賣成羣肆無忌憚者如故也觀此兩端其餘亦大概可知臣以爲令之而不行不如不令也禁之而不止不如

不禁也何者未令未禁之先彼猶懼不測之威而不敢存忽視之見若夫令焉而不行而依然日日而令之禁焉而不止而依然日日而禁之彼且以爲當其令也本不求其必行當其禁也本不求其必止姑爲是空言以符合事例而已又何怪其視爲具文而束之高閣哉然以今日事例之繁多而一一責之成效則雖嚴刑峻法亦有所不行何則夫一事之行非易易也理可行矣揆之以勢勢可行矣量之以力力可行矣寬之以時夫而後責之以成功稽之以明效其有廢閣不行者嚴法隨之如是者歲不過數事焉耳若夫不揆其勢不量其力朝三暮四紛至沓來一事未行數事復積前事未竟後事已改雖使強能之吏竭蹷爲之亦苦於日不暇給不得不概從棄置矣棄置之後遲之又久終無有後咎餘責則

又何樂而不爲是故所奉之文與例不盡合也所行之事與文不相涉也所奏之案與事不相符也是之謂名實不符名實不符而欲吏治之日上何可得也臣嘗稽諸古訓書曰臨下以簡論語曰居敬而行簡易繫辭曰易簡而天下之理得矣以是知簡之一言固治法之樞要簡非疎略之謂乃核實之謂也臣竊謂當今時勢宜簡者有三一曰教令宜簡欽惟我皇上廣開言路採及芻蕘凡諸臣之所條奏苟有片長可取無不仰邀俞旨通行訓諭所以下察邇言上裨國是誠堯舜之用心也惟是中外疲玩之積習由來已久遂致言之諄諄聽之藐藐記有之王言如絲其出如綸王言如綸其出如綍言所係之重也今或以煌煌聖諭而布告之餘視爲泛常之文懱漠然不以經意輕褻甚矣臣以爲諸臣之所條奏

或推闡舊章或指陳時弊拾遺補闕職分宜然其間識見既殊淺
深亦異或非大體之所關或非時務之所急或語雖近理而事屬
難行或意涉從同而業經申諭既爾上瀆宸聽即已無慮採納原
可留中備酌不必悉見明文若其事關切要勢無阻難經聖慮之
折中而期於必行者既降諭旨宜重考成度其事之難易限以一
年二年或興或革課以明效如有仍前玩視別經發覺者宜責成
科道各官援引前諭據實糾參於本案外重治以違悖諭旨之罪
如此則教令所出堅如金石信如四時而不至於壅遏而不行矣
一曰條例宜簡臣竊見六部則例日益增多律不足而求之例例
不足而求之案陳陳相積亂如棼絲雖刪減舊文查銷舊案節經
奉有明旨而所袪者不及千百之十一且每隔數年輒行續纂其

間頭緒紛繁首尾乖舛堂官茫然問之司官司官茫然問之書吏書吏因緣爲奸顛倒蒙混無弊不生至於行之外省則或異或同參差不一或准或駁變幻多端關說未通雖完善而必阻安置既妥即疎漏而無妨有時以封疆大員而低首降心乞靈於刀筆之下吏故論者謂六部之權全歸書辦非書辦之有權條例之煩多使然也臣以爲用刪減之法則所祛無多不若用擇要之方則繁蕪自削宜令精熟部務之堂官於司官之中選其嫻熟例文能知大體者數人就現行事例中精審詳定另爲一編切於事理者存之瑣屑無味者棄之勿商確於書吏勿牽制於浮言綱領取其分明文法取其簡淨事省其十之五文省其十之七名曰簡明事例使留心公事之堂司各官不苦望洋得以知其梗概庶不至聽命

於狡猾之書吏而有司之奉行者亦不苦於煩亂淆雜而視爲具文如此則漸歸核實而叢弊可剔除矣一曰處分宜簡臣維考功職方之設議功議過使百僚各知勸懲誠澄叙官方之要法也而現行之例則苦於太繁太密而不得大體嘗見各直省州縣有涖任不及一年而罰俸至數年十數年者就今日之處分則例而事事求之殆無有一日之中能免於叅罰者左牽右掣動輒得咎徬徨四顧救過不贍如是則酷吏固無所施其虐循吏亦無所見其長究之議處之條愈增愈密規避之方亦愈出愈奇如失察造賭具則以市買爲路拾失察藏軍器則以鳥鎗爲竹銃諸如此類不可勝數彼此相遁上下相詭非所以清治道也條欵既多互相蒙雜輕重軒輊書吏得以上下其手尤非所以勵官方也此六部條

例之中弊端尤大者臣以爲各官處分凡有關於國計民生或有關於官箴品行者不妨從重從嚴使之知儆其餘事涉細微無關治體與夫苛責太深情勢所難者宜就現行事例之中準情酌理大加删削要者存之冗者去之務使勸懲之條嚴明鄭重庶罣吏議者自悔愆尤而賢能之吏才力得伸不至束手而安於庸懦矣以上三條皆因其太繁者而救之以簡簡則重繁則輕簡則實繁則虚萬物之理大抵皆然其在治術尤關至要臣嘗考三代之治商人尚質其法駿厲而嚴肅故六百年中綱紀秩然而漢之制猶爲近古其科條之所存者大抵簡明質實不事煩苛故循良接迹而吏治稱盛師其意而用之以救今日之時弊亦其宜也臣管見所及是否有當伏祈皇上聖鑒謹奏

授閩撫謝恩疏

竊臣於上年十月蒙恩補授廣西巡撫當即具摺恭謝天恩一面束裝迎摺北上行至浙江衢州地方奉到硃批著來見欽此隨即趲程前進道光二十七年正月初七日行至杭州准軍機處咨道光二十六年十二月二十五日內閣奉上諭鄭祖琛著調補廣西巡撫福建巡撫著徐繼畬調補徐繼畬接奉此旨無論行抵何處即馳驛折回新任鄭祖琛著俟徐繼畬到任交卸後再赴新任均毋庸來京請訓屆滿三年再行奏請欽此臣即恭設香案望闕叩頭謝恩伏念臣一介庸愚毫無知識十年之中由知府擢任封圻方慮才輇任重隕越堪虞茲復渥荷溫綸調補福建巡撫聞命之下悚惶彌切閩省山海錯雜民氣囂淩邇年以來更多掣肘臣在

閩多年雖備諳其土俗而整頓乏術時切冰兢茲以孱弱之才驟膺艱鉅之任臣惟有殫竭血誠力圖挽補盡其心之所能盡爲其力之所能爲斷不敢畏難苟安以冀仰荅高厚鴻慈於萬一現遵旨由杭州馳驛折回除俟到任後恭疏題報外所有微臣感激下忱理合具摺恭謝天恩伏乞皇上聖鑒謹奏奉硃批知道了欽此

報接任疏

竊臣欽奉寵命調補福建巡撫在杭州途次具摺謝恩遵旨馳驛折回道光二十七年二月初一日行抵延平府境准調任撫臣鄭祖琛將欽頒福建巡撫關防王命旗牌委員齎送前來臣恭設香案望闕叩頭祗領任事於初六日到省伏念臣猥以疎庸渥蒙簡用自道光十七年陞授延建邵道二十三年擢任藩司先後在閩

已逾七年雖稟承聖訓尙未蹈於愆尤而殫盡愚忱終抱慙於竭蹶兼以閩省素號瘠貧福廈兩口現又爲夷人互市之區官民交困催科與撫字兩難番漢雜居彈壓與羈縻匪易臣受恩深重固不敢因積疲難返而相率循延亦不敢因嫌怨易生而少存畏葸惟有勉策駑駘將地方夷務與督臣劉韻珂悉心商榷督同屬吏力圖妥善冀酬高厚鴻慈於萬一所有微臣接任抵省日期除恭疏題報外謹繕摺叩謝天恩伏乞皇上聖鑒謹奏奉硃批一切認眞勉力夷務尤當細心妥辦欽此

報福州將軍出缺疏 與副都統東純會奏

爲福州將軍因病出缺現將海關將軍各關防暫由臣等分別代辦請旨先行派員接署一面迅賜簡放循例由驛馳奏仰祈聖鑒

事竊臣徐繼畬於本年六月十二日接准督臣劉韻珂抄摺咨會以前在臺灣行寓因舊症復發精力不支奏請給假調理茲已內渡病體尚未減霍合將關防印信交臣接署等因並將總督關防鹽政印信各一顆於十三日早一并委員賫送前來臣徐繼畬當即接收兼署正在具摺奏報間適福州將軍敬斆於十二日未刻因病出缺臣徐繼畬聞信後遂會同臣東純前往看視見該將軍僵臥榻上僅有一二僕從在彼哭泣臣等當向該僕查詢據稱該將軍到閩後不服水土本未斷醫藥又因各口稅課雖竭力整頓終形短絀萬分焦急以致本年夏初染成痰喘之症服藥調治總未見效至六月初旬病益增劇該將軍猶力疾辦公日形愁歎遂致痰氣上逆兩腿浮腫延至本日未刻因病出缺等語伏查該將

軍於道光二十四年由福州副都統蒙恩擢授是缺迄已時歷三
年凡所爲招商之計裕課之謀均無不兼籌並計臣徐繼畬前在
藩司任內與臣東純並督臣劉韻珂等因公接晤該將軍總以閩
海關額徵課項歷查前任從無短絀惟自英夷互市以來即征不
足數迨伊履任之後復年甚一年實屬上負國恩下孤職守臣等
見其憂心如焚恐致成疾每以閩海關今非昔比現在華稅實爲
夷稅所佔短絀勢有必然再三慰解而該將軍終焦慮莫釋以致
中氣日損染成痰喘之症臣等不時往看該將軍猶勉強搘拄至
六月初臣等因其病勢日增復先後往視見其兩腿浮腫氣喘不
息每一談及稅務即愧懼交迫哭不成聲並稱受恩深重現在呻
吟床褥自分萬無生理從前短征之咎自問已難再贖此後不能

將關稅挽復舊額益覺孤負高厚瞑目爲難伏枕叩頭淚隨聲下臣等當囑其安心調理猶冀病勢漸瘳詎醫藥罔效遽於十二日未刻因病出缺臣等入署檢視該將軍囊橐蕭然不異寒素且其在閩本止一子銳莊隨任今春又回京葬母此外並無親屬又無結實可靠之僕因思該將軍服官中外垂數十年歿後情形竟至如此臣等目睹一切不禁垂涕當將身後事宜督同在省司道代爲料量務臻妥善惟查該將軍所管八旗及海關事務均關緊要未便一日曠悞臣等面爲熟商祇可將關務由臣徐繼畬暫行代辦旗務由臣東純暫行代辦並將海關將軍各關防卽於是日分別接收回署惟臣徐繼畬甫承寵命新授撫篆辦公已形竭蹶現又接署督篆兼管鹺務量才度力勢不能再理關稅惟有仰懇聖

恩先行派員接署海關事務一面迅賜簡放以重職守而專責成除將接署督篆日期由臣徐繼畬另行恭摺附驛奏報外所有福州將軍因病出缺所遺關務旂務暫由臣等分別代辦緣由謹循例由驛馳奏並將家需鳴賫呈敬斅遺摺一件一倂附呈御覽伏乞皇上聖鑒訓示謹奏道光二十七年六月十三日拜發七月十七日准兵部火票遞到軍機處夾板欽奉硃批另有旨欽此道光二十七年六月二十九日奉上諭福州將軍敬斅由福州副都統陞任將軍辦事慎勤尚稱厥職茲聞溘逝殊堪軫惜著加恩照將軍例賜卹任內一切處分悉予開復所有應得卹典該衙門察例具奏欽此

報兼署督篆疏

爲恭報微臣兼署督篆日期叩謝天恩仰祈聖鑒事竊臣於六月初間准督臣劉韻珂自臺灣咨會以舊疾舉發奏懇聖恩給假調理等因是月十二日督臣劉韻珂由臺灣內渡行抵省城十三日早將總督關防鹽政印信同王命旗牌等件委員賫送前來臣恭設香案望闕叩頭祇領任事伏念臣才識庸愚甫膺疆任前因督臣赴臺閱伍督署一切事件奏明交臣代辦茲復兼署督篆臣才輇責重深慮弗克勝任惟有盡心竭力勉圖報稱遇有緊要事件仍與督臣面商辦理所有微臣兼署督篆日期除恭疏題報外謹繕摺附驛恭謝天恩伏乞皇上聖鑒謹奏再督臣劉韻珂在臺灣閱伍事竣於六月初七日自八里坌登舟內渡初八日在洋面陡遭風暴不能收入五虎正口收泊長樂縣之松下港口登陸於十

二日抵省臣面晤之下見督臣面色焦黑聲音發啞間形喘急據云出省後在興化泉州勘審洋盜二百餘名抵臺後校閱營伍查辦一切事件操勞過甚致犯舌間滲血舊症在臺時每日唾血三四次近已減少又因內渡遭風顛簸午後頭目眩暈喘急較甚精神難以支持現擬抵署赶緊服藥調理將臺灣所辦事件分案覆奏一俟病體略痊卽行銷假接印斷不敢因有請假兩月之奏必待假滿方出等語臣查督臣劉韻珂氣體尚強滲血舊症本係積勞所致過勞則發靜養卽痊無大妨礙茲因衝冒炎暑往返重洋又查辦事件太多勞勩過甚遂致觸發舊疾調養一兩旬當可痊愈足紓聖廑臣謹附片陳明謹奏奉硃批知道了欽此

覆查林則徐病體疏

再臣於五月二十二日承准軍機大臣字寄一件因督臣劉韻珂
出省閱伍未回臣就近先行拆閱內開五月初三日奉上諭前任
雲貴總督林則徐經大學士潘世恩等先後保奏已有旨令劉韻
珂等查明該員是否在籍能否來京該督等務即傳旨飭令該員
迅速北上聽候簡用毋稍延緩如病體實未復元諭令上緊調理
一俟痊愈即行來京將此諭令知之欽此臣遵查前任雲貴總督
臣林則徐於本年三月初間回籍醫病即住居福州城內臣當將
欽奉諭旨恭錄咨行隨親至該員宅內看視該員力疾晤面據稱
仰蒙恩旨宣召亟思馳赴闕廷求賞差使唯所患喘嗽脾泄各症
雖已漸痊而疝氣之症總未痊可略經勞頓立即舉發醫家謂之
奔豚此氣一經下注兩腿疼脹異常不特不能拜跪甚至偃臥床

榻不能起立現在遍覓良醫上緊調治一俟稍可支持立即束裝就道斷不敢稍躭安逸自外生成等語並據遣丁呈請代奏前來臣查該員林則徐面貌雖形減瘦言語精神尚覺健爽惟所稱病氣未痊委係實情臣當諄囑該員上緊調理一俟痊愈即行遵旨進京切勿延緩至前奉上諭查明林則徐陳慶鏞能否來京候簡之處係督臣劉韻珂於閱兵途次接奉現經恭錄轉咨到臣查陳慶鏞住居泉州督臣閱兵路經泉州可以就近查詢除俟督臣回省另行覆奏外所有傳旨飭諭緣由合先附片陳明伏乞聖鑒謹奏

請宋儒李綱從祀文廟疏

奏爲請以宋儒從祀文廟恭摺奏聞仰祈聖鑒事據署邵武府建

甯縣知縣周保勳教諭林觀雲訓導鄭依仁會詳稱宋丞相李綱諡忠定籍隸邵武縣政和二年登進士第歷官至觀文殿大學士公忠亮節冠於同朝讜論忠言形諸奏牘所著易傳論語說等書粹然一出於正洵足昌明正學扶持名教於人心學問有裨詳請具奏從祀　文廟以崇儒術而闡幽光等由臣查宋朝李綱當南渡之際立朝守正風節凜然捍大難於倉卒之間定危疑於頃刻之際經明晦而不變歷初終而不渝其論災異也以人身之氣色爲徵而言聖人觀變於天地而修其在我者故能制治保邦無危亂之憂其論用兵也以士風爲表裏士風厚則議論正而是非明功罪當而人心服且言天下之理誠與疑明與闇而已故其指陳時弊而以十事上請無非推本探原發明斯義實有得於聖賢明

新至善之旨晚年究心經學手著易傳內外篇論語詳說等書皆足以羽翼聖經昌明正學迹其生平鞠躬盡瘁似諸葛亮忠讜至計似陸贄先憂後樂似范仲淹明體達用似王守仁洵為千古之眞儒非止一朝之名相臣伏查道光年間先後崇祀兩廡者有陸贄文天祥呂坤劉宗周黃道周湯斌孫奇逢陸隴其諸人李綱之學術經濟方之諸儒皆可不愧似應俯如該縣學所請崇祀兩廡之列以彰國家惇崇庠序表樹風聲之至意茲據藩臬兩司轉詳請奏前來臣謹會同福建學政臣黃贊湯合詞恭摺具奏伏祈皇上聖鑒勅部核議施行再閩浙總督係臣兼署毋庸會銜合幷陳明謹奏奉硃批禮部議奏欽此

奉諭密防英夷疏

再臣於五月二十五日承准軍機大臣字寄一件因督臣劉韻珂出省閱伍未回臣就近先行拆閱內開五月初五日奉上諭本日據訥爾經額奏委員開導英夷現已起碇南旋一摺已有旨諭以該夷將來難免復來令訥爾經額布置周密嚴加防範矣因思英酋心懷叵測此次先至上海投遞公文旋即遣人駛赴天津雖經訥爾經額委員親赴夷船諭以所備公文二件已由江南驛遞一分呈覽何必重複投文再三開導該夷情願折回上海聽信不復投遞隨即起碇南旋而夷性譸張往往聲東擊西言此意彼即使陸建瀛等遵旨曉諭仍難保無妄念挑釁沿海滋擾從前夷船由海入江浙一帶屢經失事追溯前因能勿早為之計最可慮者如江南之海口及鄱湖等處一經夷䑸闖入不惟驚擾居民兼恐阻

礙漕運而浙江之定海孤懸海外尤為夷人所覬覦着陸建瀛傳繼勛福珠洪阿吳文鎔各就緊要處所悉行察看豫為籌防斷不可稍存大意文武官員總須慎選曉事得力者分布防堵其一味卑諂懦弱者概行更換經此飭諭倘有疏虞惟該督撫提督等是問其福州向准通商且有夷酋在城居住平日尚屬相安惟當此夷情浮動之時劉韻珂徐繼畬亦應留心查看擇要密防切勿恃其平日安靜致有猝不及防之患至徐廣縉葉名琛連年籌辦夷務一切悉臻周妥此時該夷忽有反覆欲行反間未墮其術亦應多方準備勿致激怒生變使有藉口惟防夷之策各省皆可籌維而馭夷之權粵東似有把握將來該夷回至粵東如果俯首聽命自可仍前貿易倘因所請不遂挾其故智駕駛兵船竄擾腹地則

防之於後仍不若制之於先徐廣縉葉名琛惟當督率紳士激勸夷商告以上年議欲進城各國便停貿易歸怨英夷使之利鈍曉然暗銷桀驁自遠勝於撻伐申威諒徐廣縉等必能善體此意設法控馭使之頹然自阻也總之有備無患惟在先事豫防夷燄縱復鴟張靜鎮必可得力該督撫提督等共輸忠悃振刷精神藉口無由防堵足恃朕實有厚望焉訥爾經額此次摺片均著鈔給閱看將此各諭令知之欽此并將直隸總督臣訥爾經額原奏一件片奏一件鈔寄前來臣隨即恭錄密封飛寄督臣劉韻珂欽遵辦理并與在省司道密商查福州一口於道光二十四年開關夷人初到時與本地民人猶時有爭競近三四年以來華夷相安毫無枝節就現在情形而論安靜無異平日惟犬羊叵測之性喜人怒

獸難以情理揣度誠如聖諭不可恃其平日安靜致有猝不及防之患伏查福州港道口門最狹沙淺復多各國小船雖往來無礙而大船易於擱淺是以英夷貨船向在口門外慰斗洋面停泊用小船撥貨入口道光二十八年英夷曾有巡港兵船在員山汛港內擱淺損壞從此大船再未入港然恃險爲古人所戒安保夷人不乘潮冒險駛入大船且炮火之驚擾亦不必定用大船自應預籌密防以備不虞福州港內各炮臺係道光二十七年臣與督臣劉韻珂親行履勘修築長門暨閩安南北岸新建炮臺勢扼險要新鑄炮位皆在炮臺安設地近省城尙覺便於調度惟英夷此時并未露蠢動形迹辦理一涉張皇不特居民驚擾且慮夷人猜疑肇啓釁端反多未便只可暗中籌畫外面仍寂然無事臣已密飭

辦理通商各員時時留心防察該夷有何動靜即行密稟至厦門亦係五口通商之地港道深通無險可扼防範頗爲不易督臣劉韻珂此時正在南路閱兵可以就近體察情形密飭各文武妥爲辦理除俟督臣回省後籌商一切另行具奏外合先附片密陳伏乞聖鑒謹奏道光三十年五月二十八日具奏八月初六日奉硃批知道了欽此

報英人租住神光寺並探買臺灣煤炭疏

再福州一口當道光二十四年開關之際英夷派有領事夷目李太郭來福駐劄李太郭即欲在城內租屋居住時臣徐繼畬尚在福建藩司任內經臣劉韻珂密與商酌以夷目准住城邑雖已載入條約但城廂重地使醜類雜處諸多未便務當設法拒絕方臻

妥善惟官爲禁阻該夷必以有違條約藉口必須密約紳耆居民公同出阻然後臣等覆以衆心不服衆怒難犯等情危詞聳動或可使之畏葸中止隨飭前署侯官縣保泰向紳民密爲授意並令先具聯名公呈以便由縣據此照會俟李太郭進城之日再行邀集多人在南門外堅持力阻俾臣等得以措詞理拒詎聯名遞呈者雖有二百餘人迨李太郭進城之日紳耆士民竟無一人出城阻止閩縣差役家丁上前勸阻幾致決裂李太郭隨入城租住烏石山積翠寺房屋嗣該夷等在南臺口岸開市貿易臣等復以該夷之索要馬頭無非欲廣銷貨物若能勸諭居民舖戶不與交易則該夷無利可牟自必無所貪戀棄之而去隨復密飭署福防同知裕祿及保泰邀集紳耆囑令密約居民舖戶公立議單不與夷

人來往貨買及開市三月果無一人前往交易該夷情急將洋布等物零星拆售仍不能出脫該夷正在窘迫即有奸民向英夷私通消息謂夷貨之不能銷售由於官爲主持並非百姓本意該夷即求臣等出示曉諭臣等佯爲不知仍飭該廳縣向舖戶居民默爲勸諭堅持議單竟無成效臣等以閩省民情既不足恃自不必再露端倪致令饒舌仍與之要約明白嗣後惟領事夷官准租住城內房屋其餘商夷俱遵條約住城外港口並令將賃屋租約送地方官用印不准私租六七年來雖口舌不免臣等隨時隨事寬嚴互用相機羈馭尚各相安無事本年英夷領事若遜回國交繙譯官金執爾代辦通商事務該國有講經夷人二名來福租屋金執爾即在城內烏石山下之神光寺代向寺僧租屋兩間將租約

送侯官縣用印該縣興廉因勸辦夷務之前任浙江甯紹台道鹿澤長先經臣等委赴邵武府一帶查辦鹽務出省未能禀商憶及上年曾有夷官租賃城內寺屋收存行李之案誤謂事同一律即于租約內用印交給嗣臣徐繼畬查知以講經夷人應住何處約內雖未載明惟既非夷官即與夷商無異斷不聽其入城居住與廉即往向夷官金執爾言明錯誤囑令遵約搬移金執爾索要照會與廉即引據原議條約照會金執爾令在城外另行租賃金執爾當將照會鈔呈在粵夷酋吱咹查核並覆興廉以應否出城須侯吱咹批回辦理臣徐繼畬當以夷人之不准居住城內確有原約可憑現在金執爾既堅欲等候夷酋吱咹回文似不妨暫行從緩且侯吱咹覆到再行圖維詎數日後即有在城紳士倣照廣東

紳士前致夷酋書信之式繕寫公啓交侯官縣轉致夷官令講經人作速搬出城外旋有書院肄業生童謂神光寺係各生童會課之地難容夷人租住應各約會同至寺內與之講理等語公具告白在城遍貼又閩省士民亦貼有公白數十紙其語意均與書院生童所貼告白約略相同因之匪類人等卽以割取夷人首級寫列字條黏貼數紙希圖乘機滋鬧藉得肆行搬搶金執爾接到公啟當至侯官縣署交給與廳送還仍約侯吱咬批回再定嗣見公白字條復至臣徐繼畬衙門兩次投遞申陳先則剖訴緣由求爲保護繼以此事伊已具禀夷酋可否不敢自主乞候批回辦理臣徐繼畬卽一面劄覆一面與臣劉韻珂往返密商均以閩省紳民果能同心協力與地方文武一氣相承不稍退縮則衆志成城不

但現住之夷人驅逐甚易即有此此重大之事當亦無求不得尚何顧慮無如福州民氣孱弱重利輕義心志不齊與廣東情形迥不相埒即就臣等前飭阻止進城及禁絕交易兩事已可概見該夷目等駐閩已久此等情形知之甚悉若但以文人恐喝之詞爲脅制夷人之計非惟無益實恐有損且此時夷酋吱咬既以廣東阻其進城在江蘇天津投文申訴凡屬通商口岸縱或事事如常假示和好猶恐挑釁生端若辦理稍涉歧異則該夷有辭可藉鮮不執爲口實況此次該夷之違約租房固屬理曲而興廉之誤行用印亦不得謂非差錯現在講經夷人既已進屋居住該繙譯官金執爾又堅欲等候夷酋回文再行定見自須從緩設法使之心願情服自行搬遷方爲正辦斷不宜操之過急致令別生枝節臣

徐繼畬當飭該管府縣密諭生童各體此意勿再肇釁一面故示優容以講經夷人現尚未得住處豈忍逼令遷移致使露處但省中紳民既不甘願必難日久相安祇好在神光寺內暫行借住不准租賃一俟城外覓有妥善房屋卽行退還等語劄覆金執爾知照刻下生童等均以默喻止息該領事金執爾亦別無異詞仍由臣徐繼畬密派兵役在於神光寺附近各處彈壓巡防以免匪徒乘間釀釁至侯官縣知縣興廉辦理錯誤咎有應得若遽因此撤任轉使置身事外並恐啓外夷輕視之心故由臣等先行飭司記過仍責成該縣從容布置務令該夷人等自願搬移如或不知愧奮辦理始終失當卽當從嚴參辦以示懲儆所有講經英夷租賃城內房屋現經臣等設法籌辦緣由謹合詞附片密陳伏乞聖鑒

再本年三月臣劉韻珂於出省閱伍之前數日接到夷酋哎咹照會欲求採購臺灣雞籠山煤炭以備火輪船之用臣劉韻珂當以臺灣非通商之地該國船隻不應違約擅到該處向不產煤所有居民亦從無燒煤之事雞籠山爲全臺總脈該處居民係閩粵兩籍性情強悍保護甚嚴久禁開挖以培風水斷非官員所能強此事斷不能行等詞照覆並咨兩廣督臣徐廣縉就近向該酋諭阻一面飛飭臺灣鎮道府會督淡水廳固結民心堅爲防拒使之無可覬覦嗣後該酋並無續瀆茲於六月初四日接據臺灣鎮道府會禀本年三月二十六日有英吉利火輪船一隻駛進雞籠口停泊該處文武各員問其來意據夷目嗶哈吠囉聲稱欲赴天津公幹船中缺少煤炭求爲代買該文武覆以此處本不產煤且經紳

民呈請嚴禁私開山坡久已封禁無從代買該夷語甚恭順隨於三月三十日開船北駛等因臣等卽將奉到防夷諭旨恭錄密行該鎭道密飭各口文武隨時留心防範切勿稍涉大意復飭淡水文武時時密查如有私挖煤炭者立卽杖斃以杜勾串夷人之漸合併陳明謹奏奉硃批另有旨欽此

再奉諭密防夷情疏

再臣等於道光三十年六月二十四日承准軍機大臣密寄道光三十年六月初三日奉上諭據陸建瀛傅繩勛馳奏天津夷船已回上海卽日起碇回粵一摺據稱夷目麥華陀於五月十六日由天津駛回上海經蘇松太道等開導現已情願回粵定於五月二十七八日起碇等語是該夷徒勞往返其技已窮惟夷性叵測難

保不竄赴沿海各岸遊奕著該將軍督撫等密飭各海口文武員弁隨時偵探加意防守不可稍涉張皇如遇該夷船駛近口岸仍當妥爲曉諭勸令迅速回粵不得違約恣行等因欽此臣跪讀之餘仰見聖慮深遠訓示周詳下懷欽佩莫可言宣伏查此次夷船於上海投文之後卽遣人駛赴天津迨經直隸督臣訥爾經額委員開導該夷船卽由天津折回上海旋復由上海起椗回粵忽南忽北往返徒勞誠如聖諭其技已窮臣等於奉諭後卽分別咨行水師提督及各該道府隨時查探設有夷船駛至務當示以鎭靜妥爲理諭使之無端可藉廢然而返現在福廈兩口並未報有夷船駛入亦無經過轄洋之事查閩省洋面相距上海本不甚遠屈計夷船自上海起椗以後爲時已逾一月旣未駛入兩口自必早

由外洋回粵惟夷情反覆無常偵探不容稍弛臣徐繼畬於五月二十五日接奉寄諭飭令擇要密防因臣劉韻珂先已出省閱伍當一面飭屬欽遵一面密咨臣劉韻珂遵照查辦臣劉韻珂當以厦門一口四面環海港闊水深無險可扼値此夷情浮動之際巡防堵禦固宜講求而駕馭牢籠亦應衆酌總以制夷而足以服夷息事而不致生事爲要隨於閱伍至厦時將該處應籌各機宜與水師提臣及該管道府廳縣面商指授密爲布置其福口預籌情形業經臣徐繼畬附摺陳奏至兩口夷情均極靜謐從前福口民人與夷人初到時尚不免有口角爭競之事近則華夷相安卽日前講經英夷租賃城內神光寺房屋一事始因在城紳士繕寫公啓公白促令搬移彼此不無猜疑迨臣徐繼畬令該夷暫行借住

並密諭紳士從緩設法該夷疑團已釋該紳士等亦無異詞茲臣劉韻珂於回省後復飭經辦夷務委員候補道鹿澤長候補縣丞郭學墺密為查探知神光寺內所住兩夷一係講經一係行醫因醫死兩人該委員等即密遣親信廣為傳播數日內絕無就醫之人行醫之夷即欲搬出而講經之夷未允現雖同住一寺不時爭論業已分炊其勢似難久處臣等即密飭該委員等隨時隨事相機勸諭務令即早遷移勿任久居城內就目下兩口情形而論均安貼如常惟居安必先思危有備乃能無患臣等惟當督飭委員及各口文武確探行踪密察動靜不稍懈忽設有夷船駛至亦必持以鎮定勿涉張皇籌防堵之宜而不露防堵之跡務使該夷頹然自阻無可挑釁仰副我聖主廑念海疆告誡諄諄之至意所有

臣等遵旨飭屬密防及夷情安靜各緣由謹合詞附片密陳伏乞
聖鑒謹奏

覆英夷租住寺屋實情並鎮靜籌辦偵察謠言疏

奏爲英夷租住寺屋原奏不足爲信謹臚陳實情並將鎮靜籌辦偵察謠言各緣由密摺覆奏仰祈聖鑒事竊臣等於道光三十年八月初十日承准軍機大臣字寄道光三十年七月十八日奉上
諭有人奏英夷突欲借住福建省城之神光寺侯官縣知縣不察輿情遽將租約用印經該士民疊次呈控並公給該夷書信明白勸阻該夷仍執印文不肯退租地方官意在遷就有帶兵護送入寺之說朕思馭夷之要莫先於固結民心若如所奏強民從夷勢必激生事端關係匪淺著劉韻珂徐繼畬按照所奏情節妥爲曉

諭不可致生夷釁亦不可稍拂民情總期民夷兩安方爲不負疆
寄其地方官如查有辦理不善之處必當從嚴參辦不可稍存姑
息原摺並士民公信刋本均著鈔給閱看將此諭令知之欽此跪
讀之下仰見我皇上智周慮遠弭釁安民之至意臣等曷勝欽服
遵將原奏及士民公信逐一披閱公信與閩省傳布刋布無異原
奏情節不無臆斷謹爲聖主縷晰陳之查英夷租賃神光寺房屋
二間係租定之後卽行搬入止有兩夷並箱籠數隻彼時城內紳
士尚不知其事經臣徐繼畬查知以該縣興廉辦理錯誤嚴行申
斥飭令設法勸諭搬移始有紳士公呈又數日始有紳士致夷人
公啓暨書院生童及闔省告白旋有匪徒黏貼某日定取夷人首
級帖子臣徐繼畬以省城五方雜處良莠溷淆道光二十五年南

臺地方民夷爭毆即有匪徒黃坤坤等乘機搶奪夷行之事在紳士明白事理固不肯造次搆釁而奸匪藉勢倡亂或貪夜滋事殺傷夷人釀成大事或肆行搶掠殃及居民均不得不豫爲防範而稍露形迹又恐該紳士謂保護夷人衆口交謫故密飭營縣暗派兵役在神光寺附近一帶彈壓巡邏以防後患當暗派兵役之時已在夷人搬入寺屋旬餘之後實無帶兵護送入寺之事此原奏之不足爲信者也興廉一奉申斥自知錯誤即函致代理領事夷目金執爾促令搬移復又照會金執爾勸令赶緊搬移臣徐繼畬亦兩次劄令金執爾轉飭二夷必須迅速搬移方可無事而夷性狡執尚未能遽使轉動迨臣劉韻珂閱兵回省即面晤紳士等以英夷二人租住城內寺屋係屬有違條約漸不可長必應令其移

寓南臺港口惟緩則可圖急則生變現值夷酋在上海投文天津赴訴之際不可使之藉口總宜從容設法令彼自退該紳士等並無異詞旋據夷目闞那申陳以伊接夷酋哎咹批示原定條約外國民人亦准往城邑講經人未便搬移等語臣等詳加揣度該夷因粵東不准進城心不甘服現赴上海投文控訴故將原定條約中夷商准往港口之文翻賴爲准往城邑若由臣等咨會兩廣督臣徐廣縉照會該酋未免轉增饒舌隨由臣劉韻珂逕行照會哎咹以原定條約分明中外咸知不應翻異且闔城士民積憤不平卽暫時暗中彈壓終難保不有變故該二夷原租寺屋以六個月爲滿應屆租滿之時卽自行搬出泯於無迹等情交新換代辦領事夷目星察里寄投哎酋尚未接其回文是臣等督同興廉先後

辦理總期使二夷搬出城外文卷具在並無稍存遷就之意此又
原奏之不足爲信者也臣等查明該二夷一係講經一係醫病其
所租寺屋亦多敝壞若令城廂居民皆不赴寺聽經就醫該夷株
守無聊自必居處不安再令泥作木匠皆不受僱與之修理房屋
則風雨漂搖該夷亦難久居復密飭在邵郡督辦官運回省之候
補道鹿澤長授意閩侯兩縣及委員郭學典等以士民公議如有
敢與夷人修理寺屋者即捆送重懲並將其住房拆毀向泥作木
匠人等徧爲曉諭又向城廂居民徧爲告述仍以士民公議爲詞
不准赴該寺聽經就醫適各生童等投遞公稟臣劉韻珂傳至署
中復以前情密爲指授囑其分投禁阻各生童皆欣然樂從而去
臣劉韻珂又據公稟檄飭鹿澤長照會夷目星察里並以衆怒難

犯各情而向該夷目明白開導該夷目口雖巧辯而實不無餒心至今寺屋穿漏赴寺之人甚屬寥寥以情勢揆之省垣居民果能同心一氣該夷寂處蕭寺斷難日久遷延臣等猶恐各廟僧人貪利向夷人私自租屋又密飭鹿澤長轉飭兩縣除南臺港口房屋准照條約租與夷人居住外其城內及東西北關外所有寺廟士民公議一概不准租與夷人居住均令住持僧具結存案是臣等現辦此事雖不動聲色無非藉民以拒夷並未強民以從夷有驅夷之實而無驅夷之迹不拂民之情而可關夷之口此皆臣等鎭靜籌辦之實在情形也特是閩民性情浮囂喜造謠言從前夷目遵照條約進城居住間有帶礮入城之謠經臣等查明曉示謠言頓息嗣後夷目時有箱籠出入民人皆見慣不以爲異近年久無

造謠之事乃本年謠言紛紛屢經紳士傳說有謂夷人用十數人扛擡大箱進城內係暗藏炮位者有謂閩安海口大炮四尊被夷人釘塞火門者有謂夷人僱內地鐵匠鑄造兵器者有謂閩安海口外有火輪船數隻聚泊者有謂夷人兵船入港安礮五十餘門者有謂夷人兵船在南臺開礮居民驚惶者又有謂夷人收買萬人坑內屍蟲二千錢一枚用製火藥其毒異常者均經臣等密委文武幹員隨時查明實無其事並查明居民有患吐血之症者因俗傳偏方謂死屍蛆蟲燒灰調服可以療治以二千錢僱人在萬人坑邊尋取適有鄉民於中元節在附近萬人坑之寺內建醮惡其不潔將尋取之人扭送侯官縣涉訟處結與夷人毫無干涉復飭廳澤長向紳士告知該紳士亦默無他說惟此等謠言迭出不

窮臣等實所不解訪察其故因紳士等以夷人既強租房屋必以兵船數隻前來福州恐喝欲議捐貲僱募水勇數百名在海口防堵約以有事方給口粮該水勇等不能速得錢文故任意造謠以聳紳士之聽而紳士輕信各謠卽不時傳說以撼臣等之志臣等總堅定不移行所無事不拂各紳之意而安百姓之心第已往之謠既屢起屢息而未來之謠難保不愈出愈奇遠近傳播或致上達宸聽臣等忝膺疆寄責無旁貸夷情苟有可疑何敢不密速入告而浮言滋惑亦不敢壅於上聞此又臣等偵察謠言之詳細原委也伏思夷人不畏紳而畏民緣紳士之筆伐口誅不能懾其氣而百姓之力強勢衆實可挫其鋒誠如聖訓馭夷之要莫先於固結民心如果民知大義志切同仇地方官正樂於激勵以爲防禦

之資無如福州民氣散弱心志不齊與粵民迥殊臣等在閩多年
知之最悉自辦理夷務以來士民從不過問即現在夷人租屋一
事紳士雖有公啓告白而城內居民咸謂樂業數年又欲鬧事使
彼遭殃之言互相含怨且不特居民含怨也即紳士與紳士所見
亦各不同彼此頗形齟齬書院生童隨聲應和更不主其事臣等
密爲查訪紳士中倡議者實不過數人在該紳士等忠憤所激洵
足令人欽重然以目前之小事不顧後日之隱憂究屬失計臣等
又何敢逞一己之才能而不體宵旰之軫念博一時之名望而不
計黎庶之安危現在民夷雖安靜如常該紳士等是否別有籌畫
尚未有所聞臣等固不便明阻其所爲致露不和更不敢曲徇其
所爲致生外釁惟有凜遵疊奉諭旨事事處以鎭定不露張皇務

期華夷兩安仰副聖明綏靖海疆之至意至侯官縣知縣興廉係誤行用印旋即悔悞引據條約照會夷目更正實無強民從夷情弊惟事關夷務率與用印究非尋常疏忽可比臣等本擬立即撤叅第恐我叅官而彼尚不搬移於大體反覺有礙現仍督飭該員將此事妥協辦理如始終不知奮勉即以空言特疏甄劾斷不敢稍存姑息所有臣等籌辦夷務實情及偵查謠言緣由謹合詞密摺覆奏伏乞皇上聖鑒訓示謹奏

籌防英人購買臺灣煤炭並換港口疏

再臣等於道光三十年八月十七日承准軍機大臣密寄道光三十年七月二十六日奉上諭昨據劉韻珂徐繼畬奏英夷欲往臺灣採煤一節已寄諭於拒止之後加意防備矣本日據徐廣縉葉

名琛奏探得夷酋吱咹回香港後連日在港與商人私議福建港口虧折甚多思換臺灣作爲港口等語此說雖出自新聞紙爲其生心設計之端然與採煤之詞相合其陰謀覬覦必非無因臺灣爲懸海要區民番雜處平時尚易生事豈容奸夷到彼借貿易爲窺伺現已密飭徐廣縉等靜俟其間先折其萌惟恐其侈心不肯中止勢必向臺灣附近洋面尋衅不可不豫爲之防著劉韻珂等密飭臺灣鎮道督率文武嚴密防備於從前夷船撞遇礁石之處加意布置勿存畏怯亦毋事張皇如該夷目有求換港口文書即答以成約內通商五口本無臺灣地方斷難允准該督等一面飛咨粵省正詞駁斥絕其妄念慎勿稍涉游移致貽後患是爲至要將此密諭知之欽此臣等跪讀之餘仰見廟謨深遠聖訓周詳下

懷曷勝欽佩伏查臺灣地方並非通商馬頭亦非各國夷船應行經由之處乃自道光二十六年以後節據臺灣鎮道稟報淡水廳屬之雞籠山一帶洋面時有英夷船隻駛往游奕臣等查知雞籠附近各山有產煤處所該夷火輪船隻需用此物其頻年駛往未必不有所垂涎因恐內地奸民貪利勾串或竟私自採挖均不可不防其漸當經密行該鎮道轉飭前任淡水同知曹士桂糾合各鄉士民公同查禁並刊立禁碑嚴密防範在案本年三月駐福州夷目金執爾呈報英酋哎咹照會果以採煤一事徑行干請經臣等備文照覆正言拒止復密飭該鎮道等固結民心重申禁令使之無可希冀旋據該鎮道密稟以委員會同淡水同知史密邀集紳民公議嚴禁挖煤立有禁約復刊碑碣重申厲禁等情臣等自

照會之後時隔數月雖未據吱咳再行瀆請福州夷目亦從未再提此事惟該酋回至香港後與在港商人私議欲將福建港口易換臺灣是其因所求未遂復欲藉詞於虧折之多易換港口已可概見誠如聖諭陰謀覬覦必非無因伏思海外嚴疆斷難容異類雜處但使臺地文武聯結紳民同心敵愾協力防範採煤之想既不復萌即換港之議亦當中沮臣等現復密諭該鎮道並由省派委幹員前往會督該處文武傳集紳民諭以大義怵以利害務令全臺百姓億萬一心互相查禁使該夷恍然於煤炭之未得採購實由民自爲禁並非官與作難縱令貪狼狡黠亦將頹然自失藉口無由並密飭該鎮道等查明各口要隘及夷船前撞礁石處所相度形勢妥爲布置總期內無畏怯外不張皇鎮靜密防不露形

迹以固我圉如該酋吱咹竟以求換港口來闖投遞文書臣等自當堅執成約明白理諭正詞拒絕使之無釁可尋仍飛咨粵省一體駁飭俾絕妄念而弭後患仰副聖主保衛巖疆諄諄告誡之至意除先行恭錄密諭迅速密咨粵省督撫各臣遵照外所有臣等遵旨密爲防備緣由謹合詞附片密陳伏乞聖鑒訓示謹奏

覆官紳意見不合疏

再前摺正在具奏間八月十八日復承准軍機大臣密寄道光三十年七月二十八日奉上諭前有人奏英夷突欲借住福建省城神光寺該縣遽於租約用印並有帶兵護送入寺之說復據劉韻珂徐繼畬奏稱現經設法籌辦均經先後降旨飭令該督撫加意防備慎密辦理矣本日又有人奏官紳意見不合一摺並鈔錄往

來信函及該夷揭帖呈覽該夷詭譎性成固當示以鎮靜然過於遷就必失民心馭外之道莫先內安但不可稍露偏袒之意致該夷轉有所藉口該督閱伍計將竣事著即迅速回省與該撫遵照前旨妥密籌商總宜恪守成約凡該夷稍有違約之處即當嚴詞拒絕俾該夷感而知畏不致遽生嫌隙至民氣民情尤須固結閩粵之民皆吾赤子該督撫身任海疆若民夷稍有不安即係爾等辦理不善務當曲體朕意妥爲控馭平心開導毋得苟且目前致貽後患侯官縣知縣興廉於該夷賃住房屋何以不稟明上司遽將租約率爾用印與成約不符致令民夷兩相爭執著即查明嚴行叅辦毋稍廻護除福州士民致該夷公信前已鈔寄外所有此次原奏並紳士公致巡撫及巡撫覆紳士信函該夷揭帖一併鈔

給閱看將此密諭知之欽此仰見我皇上智深慮遠訓誨周詳臣等惶悚之餘彌切感慙查閱原奏持論亦正惜皆得自傳聞有激而發未悉此中底蘊所呈公函覆函核與原信相符夷人揭帖亦與臣徐繼畬及紳士鈔送無異所有此事實情并臣等籌辦偵察及暫緩察辦侯官縣知縣興廉各緣由已於另摺縷陳竊思和衷爲濟事之方巨室關通國之慕臣等雖愚豈不知此況紳士中之受恩深重者與臣等相同如其計畫萬全臣等方且請益之不遑尚何敢自存意見若事關通省之安危彼此所見各殊祇可和而不同未便曲意徇物即如英夷租屋一事臣等與紳士雖有緩急之分然皆堅意驅逐並無歧異不同之處而往來會晤談論歡洽亦無蔕薾不和之心所不同者祇有調兵演炮募勇二事而不同

之故紳士不能盡知臣等亦不敢明洩緣福州一口英夷本視為雞肋特因強求而得不能無端拋棄臣等早已逆料其不肯株守故時時防範總不予以可挑之釁非敢過爲遷就況現奉諭旨該夷在香港已有以福建港口換易臺灣之謀臣等若扶同紳士調兵演炮募勇一經各夷偵知勢必信致香港設該夷因此藉口是以小事而墮其奸計臣等何肯出此且廻憶從前軍興時各省招募水陸鄉勇不下十餘萬人帑金之耗於口糧者不下數百萬兩然卒不聞何處得一鄉勇之力而易聚難散沿海地方數年來盜賊之充斥半係鄉勇流毒臣等每論及此輒不禁涕淚垂膺恨填胸臆此臣等之所以不因噎廢食阻紳士嚮義之心亦不敢隨聲附和啟夷人猜疑之漸也原奏謂粵省不許英夷入城似處處可

以倣效不知粵省之遏夷雖由紳民之齊心寔得力於洋行之停市該省港口係西洋各國公市爲外夷數百年來生財之地二十一年英夷猖獗廣州府城幾於不守然總不敢盡力摧殘者彼不肯自壞其利藪且牽制於各國之洋商也此外四口惟上海貿易差盛如福州廈門甯波等處市舶寥寥彼此不甚愛惜既不能以停市制其死命而乃欲鼓渙散之民氣懾狡獪之夷情竊恐枝節一生不可收拾臣等愚昧之見竊以爲百姓宜安而不宜擾必於無事之時先自張皇於形迹之間效法粵省似亦疎於計矣至夷人帖子臣徐繼畬曾令郭學典持問夷目不特金執爾堅稱不敢爲此即神光寺二夷亦皆不能書寫漢字其爲出自漢奸之手無疑現時未得主名自應嚴密訪緝其五口夷目夷商所用華人難

以數計此輩下流誠屬可恨惟江南所定條約中既有准其免罪明文地方官即無拒逐之法又各外國夷人在五口習教係道光二十六年因咈夷瀆請即有稟准開禁明文并奉旨於五口張掛告示地方官何能禁其不來原稟所云係未檢查條約考究案卷伏思臣等忝任海疆辦理夷務其艱難曲折有止堪自喻而不能爲紳士共喻者有不堪自喻而并爲紳士所不能共喻者七八年來倖得無事無非內安民心外察夷情不敢有偏袒之私不敢存苟且之念總期民夷相安上慰聖懷現在夷人租屋之事百姓絕不聞問紳士亦互相齟齬即倡議之數紳近日亦少傳說募勇之舉聞亦無成福州省城極爲靜謐不致小有變故堪紓宸廑所有臣等遵旨妥辦緣由謹合詞密片覆陳伏乞聖鑒訓示謹奏

松龕先生奏疏卷下

揣度夷情密陳管見疏

奏爲揣度夷情密陳管見仰祈聖鑒事竊維中國形勢西北爲背東南爲腹自古邊患皆在西北東南海濱一帶土地膏腴財賦所出名都大邑及商賈萃集之馬頭大半近逼海濱從前僅有海賊別無外患至前明乃有倭寇然皆內地奸民勾結事平之後其患亦息自我朝定鼎戡定臺灣之後海疆宴然者垂二百年英吉利以西海島夷爲強售鴉片之故突爾稱兵在粵則擾我虎門在閩則擾我廈門在浙則擾我定海鎭海甯波乍浦在江蘇則擾我上海鎭江且闌入長江直逼江甯截我運道逆惡滔天凡在血氣之倫疇不懷食肉寢皮之恨我先皇帝憫念元元深維至計特開天

地之恩寬其奔突之罪俯准各港貿易俾得息事安人冒怙之仁超越千古逆夷得志而驕貪求無厭近因廣東百姓不許入城復在上海投文天津走訴現雖默焉止息亦未必遂無後言臣等無料事之明審敵之智敢以一得之愚敬爲皇上陳之英夷遠在西溟水程隔六七萬里彼能來我不能往奮中國之全力亦斷不能掃穴犁庭除其種類卽將其海上之船焚毁數隻亦未必揚飈遠遁永不復來此其難於制伏者一也中國自遼東至廣東海岸約七千餘里除荒僻海口不計外府州縣城池及著名之市鎭馬頭近逼海口爲彼砲力之所及者凡數十百處彼處處可到我不能連營樹幟彼時時可到我不能晝諜夜探先時知覺卽使擇要防守厚集師旅而彼舟我岸以兵勇血肉之軀與浮沉之巨艇相爭

拒鮮不爲其炮火所攻潰論者謂彼長於水我長於陸誘致內地可操必勝之權姑無論水陸長短之說未必可靠即使可靠而我之城邑市鎮在海濱者動輒數萬戶或數十萬戶苟欲撤入內地將幷其城邑市鎮而撤之乎且安揷無所抑委而去之而聽其逃亡蹂躪乎將保衞之謂何此其難於防範者二也然彼以貿易爲生其國勢之強弱民生之舒蹙其貨船雖無所不到而總以中國馬頭爲養命之源攻略割據之謀敢施於散弱之五印度孤僻之各海島而不敢施於暹羅越南況中國乎即使空我海濱數城割而與之彼亦不敢居不敢守也而一絕其貿易即如嬰兒之斷乳有不可以終日之勢前年粵東阻其進城彼亦遂暫時止息固由粵民之齊心實則受制於各行之停市特以入城不能無顏以對

各國故復爲上海天津之行欲別尋轉圜之計今我以正詞答覆彼亦既默焉回粤矣論者謂彼已技窮從此再無嘵瀆可保後日之無憂又或謂彼實慚恚旋且大肆披猖復如往年之犯順以臣等之愚昧料之知其未必然也該夷在西洋各國中與佛郎西迭爲強弱頃年逞鯨鯢之技犯我邊疆亦幾於孤注一擲未受誅勦反獲五口彼自有國以來從無此榮幸之事方且誇示諸夷自鳴得意廣東進城一節不過欲倖全頑面若竟毀裂和議大發難端調集兵船費既不貲糾約諸夷勢亦難合欲如前此之儌倖有何把握該夷心計最狡度必不出於此惟該夷作事最爲堅忍已發之端從不肯輕易歇手既已未獲所求必且致啇其夷主再作求伸之計天津之再來走訴固在意中而入長江而阻運道更係犬

羊之慣技設以兵船五六隻闖入長江以投文控訴爲名扼我之
吭妄肆要求其炮火在可開可息之間於和議在可完可毀之際
以此爲牽制之謀要劫之計是則不得不慮者耳長江海口臣等
未經閱歷善後炮臺工程既已大修自必較前完善惟江面寬闊
控扼良難當以橫檔三遠港道之狹金雞招寶口門之隘炮火不
可謂不多兵力不可謂不厚然一日半日之間尚且失事必謂長
江有炮臺可恃夷船不能闌入臣等竊不以爲然且不特長江已
也各省善後案内炮臺布置不爲不密工程亦未必不堅用以壯
形勢固邊隅不爲無補且除修繕炮臺之外亦別無善後之法然
審思粤東浙省之往事而仍欲恃炮臺以無恐臣等知聖慮深遠
亦必不全於此臣等伏讀前奉諭旨以制夷之方粤東較有把握

仰見聖謨淵徹洞燭幾先竊謂該夷果有蠢動之意卽使虛張聲勢亦必須調集兵船香港距廣州密邇且有素不同心之花旂各國信息易通一得消息應如何密諭洋商停止貿易以伐敵謀或此外另有別法可以箝制機關爭遲速之間操縱在緩急之際兩廣督臣徐廣縉沈毅詳審通權達變自必能仰遵聖訓布置周詳至英夷舉動與倭寇本不相同此番之恫喝與前事又不相同不特偏僻之海口城邑無混行殺掠之事卽濱海著名城邑不足以牽制全局者亦未必無端攻擾今若以防堵二字處處張皇甚或調兵募勇洗炮購船無論一經試辦卽須糜帑而我樹召敵之形卽難保不生其嘗敵之計宋臣蘇洵所云寂然若不聞其聲漠然若不見其形者正今日之所宜用臣等疊奉諭旨以鎮靜爲主以

張皇爲戒竊以爲廟謨淵邃已操必勝之權區區醜夷又何能越此範圍再肆猖獗惟該夷既有控訴之事言路又當宏開之時論功罪者或各矜事後之明講韜略者或不少勦襲之論喜事者或思各逞其才能僨事者或欲再賈其忠勇血性之談臚之篇章而甚易耳食之說施之實事而多誣羣言淆惑衷諸聖人伏願我皇上神謀內斷堅定不移以羣言備芻蕘之採勿以羣言亂安危之計天下幸甚臣等受恩深重忝任疆圻値此衆論紛紜深滋惶懼敢密獻一得之愚上供採擇是否有當臣等謹合詞恭摺密奏伏乞皇上聖鑒訓示謹奏

覆周天爵原奏預防英夷疏

再臣等於八月初十日承准軍機大臣密寄七月十八日奉上諭

前任漕運總督周天爵奏英夷和不可恃宜思患預防一摺並夾
片密陳兵事等語著該將軍及沿海各督撫按照所奏各條各就
地方情形悉心體察於無事之時爲有事之備總期不動聲色愼
密籌防斷不可稍有洩漏致啓疑衅乃爲妥善原摺片均著鈔給
閱看將此各密諭知之欽此仰見我皇上愼重海防之至意曷勝
欽服臣等查閱周天爵原奏夾片其所稱前此失事皆由專事海
門稱天津海口横沙炮臺兵法所謂陷地所言誠爲切中所難者
沿海之城池馬頭多近逼海口無委棄之理無移撤之法臣等於
密陳管見疏中已詳悉言之卽以閩省而論逼近省城之海港由
五虎至南臺雖有門戶數重然較從前失事之浙江鎭海港口寬
闊奚止數倍廈門則港道寬深一入大担直抵十三路頭萬家闤

閩近壓海邊既無城郭亦無退步二十一年英夷入犯時乘南風揚帆直撥岸上該處炮位多至二百餘門血戰未逾半日即已失事此乃限於地勢智勇皆無所施臣等竊窺該夷舉動現已默然回粵毫無動靜其或知難而退從此相安無事固是天誘其衷抑以未獲所欲再以別法要求亦是意中之事此時厦門則夷目夷商與華人雜處港內夷船每日不下十餘隻省城則夷目一人夷商及傳教之夷共十餘人我有動作彼皆知之若於無事之時將炮臺之炮日日演放炮臺之兵紛紛調集又或僱募水勇購備火船此風一播夷人定啟猜疑將來首先張皇之地即為首先紛擾之地是防夷而適以招夷未免失計臣等疊奉諭旨總以鎮靜為主惟有密籌防禦之策外面仍示以寂然或可卻凶焰而安居民

且福州厦門兩處夷目夷商大半携有眷口性命妻孥在人手中似不至突來侵犯果有蠢動之意亦必先相率以去臣等祇可詳察動靜相度事機設法防範斷不敢稍涉大意亦不敢稍有洩漏至周天爵片奏所云木炮臣劉韻珂於道光二十一年間在鎮海港口設防勸令慈谿縣紳士葉仁等捐製一門其粗長倍於萬斤鐵礮內安銅筒外包木皮又用厚鐵箍數十道緊緊圍束一演炸裂炮子不能及遠竟難施用石炮土炮均係創聞更不知其做法大約書籍所載世俗所傳以爲談資則奇異可喜施之實事則齟齬不合此等利弊早在聖明洞鑒之中臣等實不敢強爲附和所有遵旨體察密籌緣由謹合詞附片陳明伏乞聖鑒訓示謹奏

交涉華夷命案疏

再十月十二日據委辦夷務候補道鹿澤長轉據委員縣丞郭學典稟報有蘇以天即瑞國夷人發士呂吉士二名在城外南臺地方租屋居住十月初十日該兩夷雇坐小船赴五虎門外夷船借得洋銀二百圓回至金牌洋面突遇賊船攔搶發士用小鳥槍擊傷一賊被一賊用尖鎗將發士刺落水中淹斃呂吉士泅水逃回船中洋銀被賊搶去等語臣徐繼畬查金牌洋面係屬內洋距省城止一百數十里該匪等胆敢駕船搶奪殺傷事主不法已極未便因事主係屬夷人稍涉鬆懈當即飛檄署閩安協副將林向榮限三日內務將正賊拿獲旋據該署副將於十四日將匪船主朱青青即朱茂科拿獲并續獲朱瓜耍朱闊嘴朱恭恭三名解辦又據委員等稟報十月十三日有大西洋即住澳門之葡萄牙國護

貨船一隻停泊南臺江面船上有黑夷二人上岸買絲煙一黑夷與舖戶陳爐爐爭論價值用手携尖刀劃傷陳爐爐額顱民人林舉爲進前攔勸黑夷疑其幫護用刀戳傷林舉爲肚腹殞命行兇之黑夷當即脫逃該處居民將同行之黑夷拿獲等語當經候補道鹿澤長飭該營縣將民人拿獲之黑夷先行收禁勒其交出正兇該船主呲咥甚爲恐懼旋於十五日將行兇之黑夷協同兵役在官頭地方拿獲綑送前來隨據譯訊供詞同行之黑夷名唅嚕并未動手傷人係屬干証行兇之黑夷名淹波囉吐供認劃傷陳爐爐戳斃林舉爲屬實臣等查各國通商條約夷人犯罪應交該國領事官自行辦理惟大西洋即葡萄牙國領事官住粵東之澳門福州并無該國領事官當由臣等委員將兇手唵波囉吐干證

哈嚹二名解送廣東咨欽差大臣兩廣督臣徐廣縉發交該國住澳門之領事官查照條約辦理現在民夷均極安靜除飭將搶奪夷船之賊匪朱茂科等嚴行審辦並搜拿餘匪務獲併究外合行附片陳明謹奏道光三十年十月二十九日奏正月初十日奉硃批另有旨欽此

再覆辦理夷務疏

再十一月初六日賫摺差弁回閩奉到軍機處字寄一件督臣劉韻珂赴浙閱伍在嚴州因病請假臣敬謹拆閱內道光三十年九月二十六日奉上諭劉韻珂徐繼畬奏揣度夷情至臚陳租住寺屋情形各一摺另片奏疊奉廷寄查辦夷人租約用印地方官辦理不善並拒絕採購臺灣煤炭又叢議周天爵前陳思患預防各

等語該夷強租神光寺一事幾至激成衅端降旨查辦業已至再至三該督等既稱該夷寂處蕭寺斷難日久遷延究竟何時方可搬去前此何以聽其任意闌入事關紳民與夷人互相爭執該督等惟當持以鎮靜出以公平總期該二夷及早搬去庶紳民均可相安倘籌辦終不妥協竟至釀成事端惟該督撫是問侯官縣知縣興廉辦理地方公事不知詳慎著即行革職並該夷覬覦臺灣希冀採購煤炭並欲求換港口自當與該處紳民聯為一氣正言拒絕仍堅執成約明白理諭斷不可稍涉遷就致貽後患總之為政不在多言顧力行何如耳朕為天下臣民主不特封疆大吏陳奏不肯逆料其虛誣即紳民衆論亦豈肯遽存漠視該督等果能固結民心外撫內防籌及久遠自不致為士民藉口轉滋事端若

徒託空言夷患未消民情亦怨試問身膺重寄所謂好惡同民者安在耶懍之慎之將此諭令知之欽此臣跪讀之下莫名惶悚當即行司將侯官縣知縣興廉傳旨革職委員摘印接署查此事臣與督臣劉韻珂覆奏之後即嚴飭侯官縣興廉密諭寺僧不准收其房租並密諭城內外泥瓦木石各匠頭不准代夷人修理神光寺房屋九月間連日陰雨兩夷所住之房滲漏不堪遍覓瓦匠無敢往者夷目星察里屢向該員興廉懇覓匠人該員答以百姓不願斷難相強且神光寺無人收租自占房屋亦傷體面不如搬去爲妥該夷目無可如何始稱租屋本是小事既係士民不願官府爲難若不搬移恐傷和好惟城外一時難得住處應先搬至伊國繙譯官所租賃之道山觀暫住即將神光寺交還以免口舌等語

臣查烏石山之積翠寺房屋自道光二十四年起係英夷領事夷目李太郭阿利國若遜嗰那接連租住其東畔相連之道山觀房屋自道光二十五年起係英夷繙譯夷目夏巴巴理詩馬禮遜金執爾接連租住兩處房屋俱在山坡四無居鄰該夷目租賃已閱多年紳民亦相安無事今該夷目將兩夷搬至伊處暫住意在轉圜並非別租城內房屋自不便過與較論致令藉口惟該夷目說定之後又向委員聲稱日後欲在道山觀建蓋樓房等語經臣飭駁不准故至今尚未定局現仍令各委員及已革知縣與廉切實開導俟將神光寺退還隨時另行具奏至該夷覬覦臺灣希冀採購煤炭並欲易換港口一節臣與督臣劉韻珂於密行臺灣鎮道之後密委候補知縣丁錫赴臺會同查辦該夷倘到臺灣港口妄

肆要求務期官民聯爲一氣正言拒絕現尚未據稟復亦無接到夷酋哎咹照會如該夷酋到福州講說此事臣當即堅執成約明白理諭斷不敢稍涉遷就致貽後患今將現在辦理緣由附片密陳再福廈兩口民夷現俱相安無事合並陳明謹奏道光三十年十一月二十日奏咸豐元年正月二十七日奉硃批另有旨欽此又准軍機處夾單內稱貴署督具奏前事一件已有旨另行查辦矣爲此知會

覆英夷不肯搬出神光寺及釘塞砲尊疏

再十一月初七日承准軍機大臣字寄道光三十年十月十八日奉上諭朕聞英夷強占神光寺經福州閩縣侯官二學生員稟請驅逐該督將此稟送給夷人閱看告以城內未便多留城外都不

攔阻以致夷情益肆不惟神光寺不肯搬出更將東門外之鼓山寺西門外之西禪寺全行覇佔並南門之銀鑲浦水部門外之路通橋強買民房起造樓屋甚至五虎門炮臺內道光二十一年所鑄六千斤大炮釘塞一尊南門大樹下嘉慶二十五年所鑄四千五百斤大炮順治十一年所鑄二千斤大炮釘塞二尊其時守炮弁兵意存規避因暗雇打銅匠名旺者起釘修補然火門釘壞實已不堪施放該督委永春知州王光鍔詣驗乃以並未釘塞含糊稟覆又日有騎馬夷人四出踏勘口出狂悖之言鄉民協力驅斥地方官反出示禁阻又閩省南臺停泊火輪船五六隻向商船每隻索洋錢三百圓代其護送往來於閩浙間又八月間夷人在南臺中亭街用鳥槍打傷兩幼孩衆人向該夷索償該督委府經歷

郭學塽以查驗爲名賄和了事各等情該督撫身膺疆寄撫馭之
道豈竟毫無主見任令滋擾何以並無一字奏及其生員等公稟
又何以送給夷人閱看殊不可解以上各情節著劉韻珂徐繼畬
逐一據實覆奏不准再有廻護其神光寺所住二夷究於何時可
以搬去並著隨時奏聞毋涉含混此旨該等閱看畢毋許稍有洩
漏將此密諭知之欽此查督臣劉韻珂赴浙閱伍因病請假諭旨
寄到省城臣跪讀之下仰見我皇上弭衅安民至意下懷莫名欽
佩惟以地方應辦之事上煩宸衷尤不勝惶悚之至謹將諭旨垂
詢各條逐一分晰據實覆奏如英夷強占神光寺三學生員稟請
驅逐該督將此稟送給夷人閱看一節查六月間督臣閱兵回省
後三學生員曾赴督署具稟請飭神光寺夷人搬去經督臣劉韻

珂將衆情不平緣由札飭候補道鹿澤長照會夷目星察里催令搬移夷目星察里隨即照覆仍是強詞推延臣與督臣劉韻珂業於八月間覆奏摺內聲明在案并無將生員等原禀送給夷人閱看之事又省城東門外之鼓山寺廟宇寬闊景致淸幽每逢春夏之際遊人頗多卽琉球人之在福州者亦數數往遊不止英夷遊覽名勝事屬尋常隨去隨來并未久住廟中何爲覇佔又本年八月間有蘇以天卽瑞國之傳敎一名發士一名呂吉士借寓西門外之西禪寺欲行租賃常住委員候補道鹿澤長以該寺并非附近港口未便租與夷人飭令在城南港口左右另行租屋嗣該夷又在水部門外看得廢廟地基意欲租定蓋房因附近居民不願赴臣衙門暨福州將軍臣裕衙門具呈臣隨飭藩司慶端會同候

補道鹿澤長親往履勘旋據該司道等勘得彼處距城太近諸多未便仍飭令該夷另覓住處故至今尚在南臺覓房臣前奏夷人赴五虎門外借銀回至金牌港內被匪徒攔搶殺斃者卽此兩夷之一是該夷始欲租屋繼欲租地均因與港口較遠經臣與司道禁飭不准此人入所共見共聞者從何有覇佔之事又本年夏間有花旂夷商盧力歷甲二人在南臺之銀鑲浦租賃吳姓屋一所於門外砌築墻垣因鄰佑鄭姓以爲礙伊風水經候補道鹿澤長飭令該夷另行租屋該夷本不敢違拗卽將墻垣拆去另租張姓房屋棲止並無強買民房起造樓屋情事至釘塞炮眼一節臣與劉韻珂前次覆奏偵察謠言摺內業經聲明先是八月初間臣等聞紳士傳此謠言恐武員或有諱飾密委因公在省之永春州知

州王光鍔會同閩縣知縣來錫蕃前往查看自閩安至金牌長門共設新舊炮位一百二十三尊俱無損傷所聞釘塞之舊炮三門火門亦俱完好並無釘壞形迹復暗訪附近居民亦無夷人偷釘炮門及銅匠修補之事臣查閩省港口炮位共有一百二十餘尊夷人釘此三門何損於我何利於彼且各處舊炮多受潮剝蝕膛內凸凹不平難於施放惟近年臣與劉韻珂督同升任藩司陳慶偕候補道鹿澤長所鑄新炮七十餘門頗為堅固完好該夷不釘有用之新炮而釘殘廢之舊炮意欲何為且閩安南門城上有二千斤銅炮一尊相傳得之海中乃紅夷炮之最精者與所云四千五百斤鐵炮并安城墻大樹之下臣前查勘炮臺時曾經目睹銅炮精美異常鐵炮則繡澀不堪如果夷人心懷叵測不釘彼而釘

此尤非情理其為紳士前議招募之水勇欲得口糧造言聳聽毫無疑義此等謠言若使夷人聞之實以啟侮招衅故臣與劉韻珂密之又密不敢宣揚又騎馬夷人四出鄉民協力驅斥地方官反出示禁阻一節查兩年前曾有夷人乘馬行走道旁兒童戲擲瓦石致馬驚跌傷夷人夷人找向委員不依臣與督臣劉韻珂曾飭地方官傳諭地保徧囑各家長約束兒童不許與夷人頑鬧滋衅并令委員等通知夷目不得令夷人馳馬嗣後甚屬安靜至所云口出狂悖之言實未聞知又南臺停泊火輪船五六隻向商船每隻索洋銀三百圓代其護送往來閩浙一節臣查此項夷船并無輪係篾篷而非布篷俗名假夾板係住澳門之大西洋即葡萄牙國因英夷新開香港馬頭其澳門房屋無人租賃貧窘無聊因製

小夾板數十隻編列號數每隻配夷人五六名廣東水手十餘人安設夷炮數門護送商船往來各省港口業已數年洋盜最畏夾板望輒避去各商船借此壯胆每在上海甯波福州厦門各港口雇覓護送俱係隨時講價出自情願并非強行勒索遍查通商條約并無夷船不准護送華船之文驟然禁止未必即肯停息況閩浙江蘇三省洋面數千里水師即巡緝無懈終難保無盜船出沒設一旦將護商夷船概行查禁無論夷人不肯聽從且恐各商聞之反生怨望尤多未便止可稽查彈壓勿令滋事而已又八月間夷人在中亭街用鳥槍打傷兩幼孩一節查八月初三日有福隆棧夷行所雇之廣東人麥光在三縣洲曠野地方用鳥槍打鷺鷥適有拔草幼孩鄭春林鄭春才二人從坎下經過砂子悞傷隨經

兵役將麥光拿獲該縣驗明傷俱輕淺塡單飭醫保辜該行商代
爲延醫調治用過錢三千八百文兩孩隨卽痊愈該縣將麥光照
在曠野地方施放鳥槍悞傷人者減湯火傷二等例擬以杖八十
折責發落遞回廣東原籍嚴加管束係屬照例辦理并非賄和了
事以上各條大半皆事出有因而傳聞異詞遂致情節失實臣與
督臣劉韻珂身任封疆責無旁貸遇有民夷交涉事件固不敢遷
就縱容有傷國體亦不敢操持急切致起衅端所以七八年來尚
稱安帖若竟毫無主見任令夷人滋擾地方非特辜負深恩且閩
省民情強悍亦斷不能相安無事以至今日惟是華夷雜處枝節
叢生事之關係重大者無不隨時具奏若夫口角鬥毆謠言誶語
時時有之臣與督臣止可隨時處斷使民夷兩得相安實未便以

瑣屑細故頻瀆天聽並非有所迴護故爲隱瞞所有奉旨查詢各情節臣謹逐一據實覆奏不敢有一字含混致陷欺罔之罪至神光寺夷人正擬搬去臣已另片陳明再此件係臣親自起稿令親信在密室繕寫並無一字漏洩合並陳明伏乞聖鑒訓示謹奏道光三十年十一月二十二日奏咸豐元年正月二十七日奉硃批另有旨欽此又准軍機處夾單內稱貴署督具奏前事一件本日已奉有諭旨另行查辦爲此知會

覆英夷搬出神光寺並琉球使臣遞文疏

再神光寺夷人搬移一事因該夷目星察里欲日後在道山觀建蓋樓房經臣飭駁不准尙未定局前已附片奏明在案細訪其故該夷目之欲建樓房係爲繙譯官日後携眷居住之用經臣飭駁

亦遂止息臣仍責成已革侯官縣知縣興廉催促兩夷人搬移茲於十一月二十九十二月二十等日兩夷人先後搬至該夷目租賃年久之道山觀居住將神光寺房屋交還誤用印之租約亦繳還塗銷臣隨飭該縣將神光寺僧人傳案出具切結以後永遠不准將房屋租與夷人居住以免口舌所有神光寺夷人業經搬去緣由謹附片密陳伏乞聖鑒謹奏再據潘司慶端詳稱道光三十年十月十五日據琉球國使臣夏超羣等禀繳該國中山王世子尙泰咨文一件內開竊查英夷伯德令一案經蒙轉詳具奏一面移咨欽差大臣飭令英酋迅將伯德令並妻子一律撤回此誠皇恩浩蕩感激無涯但今未見該國撥船撤回又道光二十九年十一月初八日有夷船一隻到來隨着訪問來歷據兵頭來雲口稱

奉英國總辦外務事宜宰相巴劄文一封而來應具文回復等語
隨即飭官接劄披閱內云英國秉政各大臣所欲彼此兩國不禁
通商永久友睦倘琉球果有此意則本國商民數名即往琉球地
方寄居貿易俾資生利益多增至伯德令係屬英國子民向在泰
西國習練醫道後過琉球其心志既係救患濟人能使琉球民庶
精力壯盛仍屬琉球見諒如前再得妥保該令平安可也等因令
應好生照看毋得怠慢倘有侮辱之事日後不免兵火該官婉詞
回話並具文懇請接回伯德令并妻子旋據啓覆所留伯德令乃
吾國所珍重如琉球官民巧用壓欺強出境址吾國所不怡決不
能依順所請等由於九月初六日長行回國切查伯德令居球以
來每逢便船勸其回國不肯聽從今逢英國船隻到來即飭懇請

撤回乃該兵頭如前所言說出危懼之詞並無接回之語未知其心懷如何憂慮益切寢食不安伏乞轉詳妥爲查辦迅將伯德令幷妻子一律撤回使敝國得以安謐茲値進貢之便理合咨覆查照等因由司具詳前來臣等查此案先於上年九月二十三日據琉球國接貢使臣面繳該國王世子咨文一件以英夷所留之伯德令計今四年之久未知何日回去移咨藩司據情轉詳當經臣等密咨欽差大臣兩廣督臣徐廣縉設法諭催撤回一面附摺具奏道光二十九年十二月十八日奉到硃批另有旨欽此同日奉到十一月十一日軍機大臣片稱本日奉有寄信諭旨交欽差大臣兩廣總督徐廣縉辦理等因又於道光三十年三月二十日准欽差大臣兩廣總督臣徐廣縉咨覆英夷伯德令在琉球國尚未

撤回一案經本大臣於道光二十九年十二月十八日將查辦緣
由恭摺覆奏茲於本年二月二十四日奉到御批依議妥辦欽此
咨閩轉咨知照等因均經行司移知該國王世子知照在案茲據
前情查英夷伯德令並眷屬人等居住琉球國已閱數年其心叵
測現有英國船隻到球該國懇請接回仍未附載回國反出恐嚇
之言是其意在逗遛可以概見上年伯德令既稱非奉官諭不便
回去而前次吱嚇照覆兩廣督臣徐廣縉之文又稱通商五口伊
尚可呼應琉球遠在海外迥非內地五港可比等語顯係意存推
諉臣等查前定各國通商條約中國所屬藩封原未議及該酋吱
嚇既設詞推諉即使兩廣督臣徐廣縉再行照會亦難保其必肯
撤回惟琉球以海島微國世效共球久託天朝之覆翼今因英夷

留醫士在彼日切憂危頻來呼籲既未便置之不議更未便將英酋推諉之詞使之聞之益增危懼自當仍由臣等咨會兩廣督臣徐廣縉再向英酋吱嚙相機開導將伯德令等及早撤回以卹藩封而免驚擾除照錄琉球國王世子來文密咨欽差大臣兩廣督臣徐廣縉查照辦理外所有臣等咨請催撤緣由謹合詞附片密陳伏乞聖鑒謹奏奉硃批另有旨欽此

再覆英夷搬出神光寺疏

再咸豐元年正月初二日承准軍機大臣字寄道光三十年十二月十一日奉上諭前因疊有人奏英夷強租閩省神光寺居住民夷不安各摺常降旨交劉韻珂徐繼畬查奏旋據劉韻珂等奏稱該夷寂處蕭寺斷難久延復降旨查詢何時該夷方可搬去何以

前此任其闌入令劉韻珂等據實直陳現在劉韻珂業已因病令
其開缺新任總督裕尙未到閩徐繼畬職任封疆撫民防夷責無
旁貸乃於降旨飭查至再至三之事日久並不奏聞是既已錯誤
於前又復因循於後漫不關心成何事體徐繼畬著傳旨申飭刻
下神光寺夷人究竟曾否搬出該撫現在如何籌辦夷情是否靜
謐紳民能否相安俱著明白回奏毋再含混延宕將此諭令知之
欽此臣跪讀之下惶悚無地查神光寺所住夷人先經臣設法開
導勸令搬去業將辦理情形於上年十一月二十附片陳明道兩
夷人於十一月二十八十二月二十等日先後搬至夷目舊租之
道山觀暫住將神光寺房屋交還租約塗銷又經臣于十二月二
十二日附片具奏在案閩省道途遙遠章奏未能速達以致上煩

聖鑒尤不勝悚慄之至此事辦理錯誤雖由已革侯官縣知縣興廉未經禀明誤行用印所致而臣失於覺察致生枝節愧疚在心無以仰對君父數月以來寢饋難安時時督飭印委各員設法向該夷曉以情理喻以利害一面禁止工匠不爲興作勸諭民人不與往來實未敢漫不關心因循了事現兩夷人雖已搬去弟未能先事防範實屬咎無可辭惟有仰懇聖恩將臣交部從嚴議處以爲辦事粗疏者戒至英夷之租住神光寺本係違約迨經反覆勸諭彼亦自知理屈自行搬去毫無嫌隙可尋至紳民之不平止因神光寺係生童會課之地不容夷人佔住今旣將原屋交還其意均已釋然民夷實屬相安足以仰慰宸廑惟英夷狡詐異常稍有疎忽卽慮墮其奸計臣身任封疆責無旁貸此後惟有隨時隨事

倍加詳慎以冀稍補前愆再英吉利夷人在城內烏石山居住者夷目二人夷婦一人附住教士二人在城外南臺居住者夷商三人共計男婦八人花旂夷人在城外南臺居住者九人皆係教士又瑞國教士一人與花旂夷人同住共計十人花旂瑞國夷人均屬馴良安靜臣謹遵旨明白回奏幷將夷人名數附片密陳伏乞
聖鑒謹奏奉硃批另有旨欽此

附劉韻珂查覆英人租寓神光寺疏

再臣劉韻珂於道光三十年八月二十日承准軍機大臣密寄道光三十年八月初一日奉上諭前因英夷借住福建省城神光寺疊經降旨飭令該督撫密籌妥辦並飭劉韻珂閱伍事竣迅即回省會商茲又有人奏夷人恃強搆衅大吏撫馭無方等

語著劉韻珂秉公密查是否該撫徐繼畬辦理謬誤有無袒護屬員徇庇漢奸並現在民夷能否相安據實具奏毋得稍有不實不盡將此密諭知之原摺著鈔給劉韻珂並與徐繼畬閱看欽此遵將原摺詳細披閱並與撫臣徐繼畬閱看當據徐繼畬面稱以英夷租屋一節事甚細微乃竟辦理不能速竣致人言紛紛屢煩聖廑眞覺愧悚無地伏查此次英夷入城租住寺屋之始臣雖尚在泉州閱伍然一接徐繼畬函信卽以該夷既經入住寺屋雖係有違條約祇宜設法令其搬移斷不可硬行驅逐致該酋哎咬於上海投文之際執此藉口等情函覆臣回省後查知徐繼畬辦理此事不動聲色暗中籌畫必欲使該兩夷搬出城外並不爲倡議強逐之數紳所搖竊以爲所辦極爲合

宜迨後一切辦法均係臣與徐繼畬密為商酌所有實情及籌偵察並將侯官縣知縣興廉暫行緩叅各緣由已於另摺另片內縷晰入奏均係據實敷陳並無不實不盡是此事既係臣與徐繼畬公同商辦如果徐繼畬有謬誤臣亦不得謂無謬誤如果徐繼畬初辦時有袒護屬員情事臣豈肯扶同於後臣密加查察徐繼畬實無辦理謬誤袒護之處至原摺謂夷人恃強搆衅查該夷僅止兩人寂守穿漏之屋毫無動靜饒舌之事臣竟不知其恃強搆衅者何在又謂徐繼畬庇護漢奸徐繼畬雖至愚諒不屑為此臣即不為代剖自在聖明洞鑒之中又謂閩五口互市並未明許入城該撫廻護前非查條約內載明英夷派設領事管事等官准往五處城邑專理商賈事宜等語中外咸

知原摺所聞之語何所依據徐繼畬查照條約辦理並無錯誤因何迴護又謂五口通商而福州省會之區獨令入城居住本由督撫辦理不善所致查寧波上海兩口城內均有夷人居住並非福州一處獨令入城且均係查照條約浙江江蘇既無辦理不善之處即不得謂臣與徐繼畬不善辦理總之此時夷務除卻恪遵諭旨鎮靜密籌別無辦法現在福州省城內外閭閻安堵闤闠恬熙實係民夷相安祇以臣與徐繼畬不肯調兵演炮募勇有違數紳之意即遠近傳布而言事者但知情關桑梓不顧安危之大局即以耳食之言一再上瀆宸聽隨致宵旰軫念更難保嗣後不將釘炮眼尋屍蟲各謠言接續妄瀆臣實不知其是何居心臣與徐繼畬受先皇帝特達之知蒙聖主高厚

之眷雖無才識尙有天良且非木偶何敢因小事而肇大衅現
仍督同辦理夷務之候補道鹿澤長與興廉設法密籌不稍張
皇俾令該二夷退居港口硜硜之見總堅定不移斷不爲喜事
沽名之數紳所搖惑所有遵旨密查緣由謹據實密片覆奏伏
乞聖鑒訓示謹奏

三漸宜防疏

爲敬獻芻言仰祈聖鑒事臣伏見近日雨澤愆期皇上允侍郎呂
賢基之奏特頒諭旨使羣臣各進直言又因御史陳壇之奏而有
引咎責躬之諭此誠禹湯之用心也夫雨暘未能時若事體猶屬
尋常至若兩粵匪徒跳梁未已南河大工合龍未報又値庫帑支
絀籌措維艱宵旰憂勞莫能稍釋臣以爲此上天之仁愛聖主使

之宏濟於艱難而增修夫德業也自古帝王或多難以興邦或殷憂而啟聖逸欲者荒怠之由艱危者修省之助歷稽往籍大抵如斯我皇上自臨御以來仁孝恭儉之德遐邇同欽靜穆淵深之度臣鄰共仰而且日勤萬幾兢兢業業不邇不殖出於自然以徇齊敦敏之姿懋緝熙光明之學薄海臣民所爲欣欣拭目觀郅治之日隆者也臣幼讀虞書見禹之戒舜有曰無若丹朱傲惟慢遊是好意嘗疑之以爲舜之大聖何至有此禹之陳謨似乎過慮然舜且傾心聽納而曰師汝昌言君臣皆聖人不應有周旋之語審思其故乃知聖賢克治之功至微至密誠以人心惟危嗜慾易縱一失其閑而其流遂無所底極故以至聖至神而恆取下愚之事以爲炯戒不敢謂斷不至此而無庸措意也商書曰惟聖罔念作狂

惟狂克念作聖此之謂也現當釋服禮成事殊往昔有不得不變之起居有不能不備之儀制正羣情易涉鋪張之時亦風氣易於轉移之候雖聖人慎終如始懋德日進無疆而古人杜漸防微檢身常若不及昔唐臣魏徵有十漸之疏太宗嘉納千古以爲美談夫漸者已然之詞也正之於已然何如防之於未然臣謹師其意衍爲三防之說極知迂陋無補高深而葵藿微忱不能自已伏望幾餘幸垂採納一土木之漸宜防也我國家列聖相承崇尚儉樸大內宮殿一仍前明舊貫無所改作惟圓明園爲三時聽政之地避暑小莊爲秋獮駐蹕之所兩處規模至乾隆年間而大備嘉慶年間有歲修而無增益我宣宗成皇帝夙崇儉素力矯浮華傚神堯之築土階法大禹之卑宮室篤於孝思暫停秋獮熱河一切工

程悉行報罷惟圓明園澄爽靜穆聖性所安自正月至十月恆駐於此然三十年中未嘗增一堵一椽其遊觀不及之地座落或報應修輒令拆撤以故內府之帑前後撥出外庫者凡一千數百萬此節省之明效也然無識之徒乃謂乾隆年間營繕多而財愈有餘道光年間工程少而財愈不足此等無稽之談正亦不煩深辨昔漢文帝惜中人十家之產不築露臺史臣美之唐太宗因宰相詢問北門小營繕加以詰讓魏徵以正言爭之隨即省悟自古帝王固未有不以裁省土木為盛德者也我皇上節儉性成前徽允紹即令移蹕園居不聞有增修座落之事先聖後聖志事同揆凡在臣民胥深欽仰臣竊計數年以來園亭久曠可修之工必應不少一切管理之人未必咸知大體或以有事為榮或以沾潤為念

必且謂黯淡無華觀瞻未肅荒蕪不葺神爽未怡甚或謂先朝堂構不應坐聽彫殘九有富繁不必計較纖悉方今軍務未完河工未畢人知帑藏之空虛亦料無暇於及此將來兩事告蕆內庫稍充難保無以營繕之說漸漸嘗試者伏望皇上堅持素志概勿允從苟非萬不得已之工程一切停罷至於裝修陳設之華珍奇玩好之類可省卽省無取鋪張宮庭之內有一分之損裁軍國之間卽受一分之補益使天下知堯舜之用心出於尋常萬萬也豈不盛哉此臣所謂土木之漸宜防者也一晏安之漸宜防也臣嘗觀孔子說詩以關雎爲首曰關雎樂而不淫哀而不傷言其得性情之正也興取雎鳩因其摯而有別也漢儒匡衡之說關雎也曰情欲之感無介乎容儀晏安之私不形於動靜夫然後可以配至尊

而爲宗廟主此綱紀之首王教之端也其言有別之義可謂深切著明矣蓋主德之或昏或明君身之或強或弱政治之或怠或勤民瘼之或通或隔揆厥根原皆肇於此齊風雞鳴之詩曰雞既鳴矣朝既盈矣匪雞則鳴蒼蠅之聲朱子傳曰賢妃當夙興之時心常恐晚故聞其似者而以爲眞非其心存警畏而不留於逸欲何以能此亦有別之微旨也是故姜后脫簪珥而周宣賴以中興班姬辭同輦而漢史嘉其知禮匡衡所謂綱紀之首王教之端此之謂也顧以事涉宮闈絕於聽覩非外廷之所能悉亦非臣子之所敢言雖有折檻之忠牽裾之直止能言得失於殿陛之間豈能爭是非於宮壼之際是故聖帝明王卽以是爲修省最切之地懲燕昵之過嚴蠱惑之防一嚬笑不敢輕一詞色不妄假務使淸明之

志氣在宮無改於在廷肅穆之風裁在內無殊於在外所謂袵席之上天命流行而盛德大業胥於此乎審端也我皇上健法天行至剛無慾邇者釋服禮成將備周官九御之制衍大雅百男之祥竊以為聖德之日新又新聖政之久安長治皆將肇基於此臣謹臚往古之陳言以當瞽矇之諷誦所謂晏安之漸宜防者此也一壅蔽之漸宜防也自古壅蔽之患由於言路之不通然亦有言路既通而壅蔽之患轉生於不覺者不可不防其漸也何者言事之人學識不同賢否亦異其切中事理有益於國計民生者固不乏人然亦有本無卓見未悉事情欲露姓名勉陳勦說拾藍本於邸報之中論事機於已然之後不特人人所能言抑且人人所不屑言此等奏事何堪屢省又或意在沽名故為激聒鼓其矜張之氣

不顧事理之安以迕旨爲伸節以獲罪爲成名前明中葉此風最甚究其用心豈曰純白甚至不肖之徒隱藏欺詐或懷挾恩怨以公濟私或受人指揮以言爲市諸如此類難保必無夫人主之開言路欲得嘉謨嘉猷也所求若此所得若彼雖有納諫之君亦生厭薄之意既生厭薄之意卽無採擇之心縱有可用之言亦將視同一例從此公車章滿不過故紙相仍而耳目之司不能不別有所寄疎遠者不可信不得不寄之親近文墨者不可信不得不寄之粗材始則轉信而成疑繼則廢明而用察馴至以羣言爲徒亂人意而無事折中以衆論爲各挾私心而每伸獨斷如是則偏重之勢成而壅蔽之患生矣夫稂莠雖多嘉禾不可棄也駑駘雖衆騏驥不可沒也因稂莠而怠耕耘嘉禾亦摧殘而不植因駑駘而

倦芻秣騏驥亦躑躅而不前是故聖帝明王有見於此不以言事者多所乖紛而遂疎於採擇也我皇上御極之初卽以開言路爲務自倭仁一疏手詔褒嘉言事者紛紛而起皇上虛懷聽納一言可採立見施行縱有謬談亦不深責邇因天旱求言又復諄諄獎誘而空言塞責受人指揮激直沽名之三弊切實指明使之知所愧悔淵懷若谷之中寓教誨裁成之意凡在臣工孰不感激奮興思所以稱塞明詔者惟此臣庶之中大抵中材居半其無識之流本無眞知灼見慮蹈三者之弊固且緘默以自全卽有志之士仍思慷慨發舒其於三者之間亦或疑似之難免臣以爲空言塞責事出庸愚一覽擲之無關輕重激直沽名由於器小在其人客氣用事難以語學術之眞純在皇上大度優容適足見聖懷之淵邃

至於受人指使迹涉營私果其確有可憑必當明正其辜總之羣言淆亂衷諸聖人亦在乎我皇上之權衡酌量而已臣竊計在京言事之人約有三等其以章奏陳者曰九卿科道以章奏陳而兼得面陳者曰部院大臣不以章奏陳而時得面陳者曰內廷王公此三者各有所優亦各有所蔽九卿科道員數衆多爵秩未崇少迴翔之意聞見較廣多採訪之途以風節相磨怯懦者亦思奮起以彈劾爲職貪縱者有所顧瞻此其所優者也其有所蔽則前之三蔽是也部院大臣久在朝列既歷受乎恩知豈無効忠之微念兼明習於時事非比新進之迂疎此其所優者也然而階級既崇時虞蹉跌天顏日近倍益冰兢或有所顧忌而不敢深言或過於矜慎而不敢盡言究其胸臆之所存莫能傾吐其十一此則其所

蔽者也內廷王公日依禁近或處肺腑之地或膺璜玉之尊外無私交黨援之患內無希倖爵賞之心此其所優者也然國家法制森嚴例不與外人交接廷評固有所不盡聞輿論亦有所不盡曉採訪不越近侍聽睹不及幽遐其心可保無他而其言不盡可據此則其所蔽者也臣以爲聽言之道以理爲衡揆之於理而是芻蕘亦有可採而況於臣工揆之於理而非親信者亦難曲從而況於疎遜因所優而忘其所蔽固慮莠言之雜陳因所蔽而廢其所優亦慮嘉言之攸伏我皇上明目達聰幽隱畢照屢下求言之詔曲施獎勸之方而臣乃鰓鰓以壅蔽爲虞者誠慮言事者之限於才識終未能仰副淵衷致聖主察納之虛懷不免悵然而思返惡鴉鵲之鳴噪雖有鸞鶴亦將有所不願聞厭蕭艾之縱橫雖有蕙

蘭亦將有所不暇採然而鸞鶴從此無聲蕙蘭從此不茁矣臣所謂言路既通而壅蔽之患轉生於不覺者也夫取士之道拔十得五不爲少也求言之道聞十得一不爲虛也伏願我皇上聽納之勤長如今日則言路永無壅蔽之患而直言極諫之士且接踵而起矣以上三事皆載籍數見之談亦古人熟陳之義仰維聖德如日方升並無纖翳之可指何慮塵埃之或侵而臣顧爲此未然之慮先事之防迂闊之譏其何能免顧嘗聞古之人存理遏欲不待其端之已兆也陳善閉邪不待其機之已萌也端未兆而閉之雖凡庸亦易爲功機已萌而折之卽聖哲亦難爲力臣本書迂憒無知識前在御史任內一知半能亦常妄有數陳上年奉職無狀自蹈愆尤荷蒙皇上曲予矜全改補京秩自念犬馬之齒已迫遲暮

常恐蒲柳先衰終無以仰酬高厚夫才力由於天賦盤根錯節非臣之所能勝也愚戇由於性生拾遺補闕猶臣之所可勉也惟皇上鑒其迂愚而俯賜採納焉臣曷勝欣甚謹奏

特參晉撫貽誤嚴疆疏

爲晉省情形危急撫臣貽誤嚴疆據實陳明懇恩速撥重兵就近赴晉援勦以固根本而衛京畿由五百里借印馳奏仰祈聖鑒事竊查粤匪於五月間竄入豫省旋渡河圍攻懷慶撫臣哈芬檄飭太原鎮總兵烏勒欣泰帶兵赴澤州堵勦該鎮奉文十餘日尚未啓行該撫任其遲延並未參奏迨奉會勦之旨該撫於六月十七日始帶兵出省緩程五日始行至距省一百三十里之子洪鎮迨行抵攔車屯扎該處距懷慶咫尺明知各路大兵在東北兩面進

攻南面距河羣賊潰竄必向西路之濟源該處與晉省之垣曲接壤山路可通河東道張錫蕃赴垣曲防堵連稟請兵該撫始則不與後乃撥與大同兵五百名亦並不催促前進遲至一月之久始於七月二十九日行抵垣曲而次日賊已由濟源竄入垣曲倉卒之間不及布置縣城遂至失守該道張錫蕃暨該縣晏宗望不知下落由垣曲至絳縣有橫嶺關天險可守並無一兵一卒致賊匪竄入絳縣由絳縣直趨曲沃現據平陽府稟報曲沃已於八月初七日失守由曲沃至平陽止一百二十里道途平坦毫無阻礙平陽係省南屏蔽城垣曠闊經總兵烏勒欣泰帶兵赴澤存城之兵止一百數十名萬分危急該撫在澤州具奏於七月二十八日帶兵赴陽城一帶防堵乃遲至八月初六日始由澤州赴陽城明知

三縣接連失陷平陽危在旦夕絕不帶兵赴援烏勒欣泰之兵於八月初三日已折回攔輿經署臬司郭用賓稟請速飭該鎭帶兵回平陽固守以免疏虞乃該撫批駁不准烏勒欣泰之兵現亦不知逗遛何處省中現接該撫來文云潞安之屯留一帶藏有奸匪現在彼搜拿等語至三縣連接失陷平陽一路危急情形置之不聞不問是該撫統帶重兵竟以澤潞爲避賊藏身之地城池之接連失陷一概置之度外其措置乖方已可概見臣等查平陽以北至省城一路平坦各州縣存城之兵多者七八名少者一二名中間僅有靈石之韓侯嶺有險可守乃該撫既不馳赴又不催烏勒欣泰分兵把截明知省城之兵止剩一千餘名乃飭令分兵五百赴韓侯嶺防堵竟置根本重地於不問合省軍民聞信惶急經臣

等暨衆紳士遞呈阻止已據布政司臣郭夢齡具奏在案臣等查
現在情形平陽危在旦夕聞陝安鎮臣郝光甲已帶兵迎截內閣
學士臣勝保亦帶兵追躡究之行抵何處尚無確信該撫哈芬該
鎮烏勒欣泰將境內之兵掃數帶出又復逗遛澤潞不肯迅速西
行平陽大城斷非百餘兵所能固守此城一有疏虞一路各州縣
城守無兵勢必望風瓦解旬日之內卽可直抵省城至懷慶各路
重兵雖經布政司臣郭夢齡兩次具奏請旨督催來晉援勦究竟
由何路進兵何日可到殊難懸揣省垣城周二十四里守以千餘
挑剩之兵實覺茫無可恃現經布政使臣郭夢齡暨臣等偕同衆
紳士招募得壯勇二千數百名逐日教練現又添募數百名期於
同心合力保守城池惟外無援兵究竟聲勢不壯且慮賊匪由固

關一路竄入畿甸關係甚重惟有仰懇聖恩於保定防堵兵內抽撥三四千名由平定州一路馳赴山西迎勦如賊匪已竄至省城固可援手如其尚在南路亦可迎頭會勦其保定防兵由京營再行撥補亦甚近便臣等家居省垣身受天恩備員卿列即以百口殉城毫無怨悔惟念山西一省爲神京右臂二百年侮亂不生正供無缺兵興以來屢次捐輸均能踴躍急公爲國家所倚賴今因該撫措置乖方開門揖盜致令賊匪竄入腹地肆行焚掠省南精華各縣一經蹂躪元氣蕩然不特捐輸無從辦起即正賦亦不免殘缺該撫誤國之罪當居何等臣等守制在籍不應越分言事惟情形萬分緊急不能不上達天聽但於國事有裨毫末褫戮固所甘心謹借藩司印花由五百里馳奏曷勝惶悚待命之至謹奏

請命將助剿疏 時充總理各國事務大臣

爲陝賊竄入晉疆逼近畿輔急宜派兵助勦恭摺具奏仰祈聖鑒事竊自陝賊竄入北山與晉山隔一河冬令河冰漸合本屬萬分喫緊之勢今聞賊匪果由吉州渡河夫數年來回捻猖狂陝右猶可稍寬聖慮者爲有黃河天險可恃故也賊既渡河天險已失一出山口千里平原封豕長蛇惟其所向不特三晉生靈盡遭荼毒晉省殷富之地歲供京餉需數百萬金俱無所出且與直隸界連脣齒一旦長驅東犯更恐震動畿輔爲皇太后皇上宵旰之憂此不可不急籌也撫臣趙長齡職任封疆責無旁貸今賊既竄入晉境撫臣似宜速帶標兵赴韓侯嶺及上紀略坡一帶杜賊北竄如賊匪現尚盤踞西山一帶即速派弁兵堵截各隘口勿令逸出

是其專責臬司陳湜素稱勇敢此次雖已疎防若令其移兵追勦萬一河西賊衆乘隙過河貽禍更大似宜責成陳湜仍專辦沿河口岸不准再有一賊一騎渡河至於勦滅此股賊匪陳湜不能分身必須派員專司勦辦查咸豐三年粵匪自河北三府竄入晉疆席捲長驅勢已不可收拾幸賴先帝宸算飭令勝保帶領馬隊兼程赴晉截斷橫流故山西大半得以保全今陝賊竄晉左宗棠自必派兵追勦然追躡賊後適足驅之北走太汾東走直隸而不能繞截賊前臣聞陳國瑞勇敢善戰賊久憚其威名現奉旨派往山東尚未啟程又直隸總兵余承恩雄毅敢戰且籍隸山西熟悉形勢可否即簡派該二將速帶勁旅三四千馳往山西會同左宗棠所派援兵合力兜勦即可就近聽左宗棠節制調遣至該二將進

兵之路應探明賊勢如賊犯太汾則取道獲鹿如賊趨解絳則取道臨洺大意在由東北而擣西南步步進逼以剿爲防不惟保固晉疆並可遏絕壺關黎城各口斷賊匪東竄直隸之路臣愚昧之見未知是否伏祈皇太后皇上聖鑒謹奏

嚴查教匪以靖閭閻疏

臣聞聖王之致治也期於道同而風一必先除莠以安良是故左道有誅奇衺有禁所以一斯民之心思耳目而使之歸於大同也教匪之興由來舊矣溯自竇角初興黃巾倡亂宋則有王則之變明則有徐鴻儒之役其始不過有一二奸黠之徒妖言煽動惑衆歛錢迨夫滋蔓既多遂至跳梁妄作動煩征勦杜絕萌芽誠不可不預爲之計也將欲消患於未萌其道有三一曰申教化以洗其

心孝弟忠信之義入之者深則邪說不能移也一曰嚴保甲以分其類比閭族黨之聯稽之者密則匪類無所匿也一曰勤偵訪以燭其萌動靜作息之間察之者周則端倪可豫悉也然而教化之行易於儒紳而難於編戶布以文告視爲虛文矣保甲之法易於鄉僻而難於城市重以連坐或滋擾累矣偵訪之法易於耳目而難於腹心所託非人或累善良矣總其大要則在司牧者之實心任事耳本實心以申教化則感格必深而異端可以自息本實心以嚴保甲則良民有恃而敗類將無所容本實心以勤偵訪則鉤距必精而櫱萌可以早折由是根株既盡異說不興沃之以膏澤牖之以詩書所謂無偏無黨遵王之道者也我皇上心壓保赤寬嚴並用疆吏仰奉宸謨稽查嚴密固宜經正民興而臻平康之至

治也豈不倬哉臣謹疏

商辦盜案稟上劉次白中丞

一諱盜之風宜嚴禁也職道聞閩省州縣習氣慣於暗地賠贓事主報案之後託人關說約略賠償令其抽呈報竊事主計其所得較原贓或至倍蓰無不欣然樂從故事主之意不以獲盜爲快而以賠贓爲樂該州縣等拚數百之金錢免四參之嚴議衣鉢相傳以爲通融曉事故疊刦之賊或至身犯數案而州縣轉無案可查捕獲之後亦無由寘之重典張羣盜之膽長百姓之刁捕務之日益廢弛其根源實坐於此職道自抵任以來於各州縣接見時諄懇勸誡告以疎防之公罪可原諱盜之私罪不可逭且賠贓之所費用之緝捕正盜未必不獲胡可昧心苟且自貽後患該州縣亦

多有猛省者應請憲台嚴飭各州縣嗣後如有仍蹈故習暗地賠贓消弭重案者一經訪聞由道府據實詳揭立予嚴參庶乎各顧考成而捕務日見起色矣

一盜之巢穴宜搜也職道查延建一帶搶刦各案其首夥籍隸永春德化大田者十居八九本境之人十無二三細訪其故緣永春州三屬萬山叢雜田土瘠隘居民資生無策半游食於延建兩府或小販或傭工或入茶山或拉短縴匪徒雜處其間勾誘徒黨乘便肆刦得贓之後星夜竄回鄉里迨州縣勘明差緝早已飛行出界矣永德一帶山路歧嶇雜以深林密箐延建兵捕地形不熟眼線難求越境捕賊往往望洋而返其盜首相約在本土不許犯案故來延建則疊刦之梟賊回鄉里則負販之良民該州縣事非切

已接有鄰境關移不過一覽置之地非延建道府所轄卽使牌札紛行亦俱束之高閣歷來破案之難實由於此本年後四月間職道因巨盜林春爲延建一方之害從獲案之郭阿如究出該匪等已竄回永春當與彭守商委代理嵱峽巡檢陳德奎密赴永春未入王家賓密赴德化職道作諄懇手書密致章牧曹令囑其上緊協拿章牧接信之後毅然身任覓得妥線託故下鄉將該匪等首夥五人登時擒獲曹既協獲林春等又協同世職吳金魁弋獲臭頭申一名此兩地合力不分畛域之明效也誠使延建各州縣不惜勞費認眞緝捕而鄰境州縣俱如章牧曹令之急公不存膜視之見該匪等巢穴既傾退無藏身之地自必聞風膽落不敢頻仍犯案矣應請憲台飭司札飭永春三州縣卽以章牧曹令爲法勿

存畛域之見闗移一到協力同擒巨盜當次第就獲而延建居民可安枕矣

一盜之窩住宜查也職道聞沙縣尤溪一帶各有鐵爐磁窰若干座坐落深山之中匪徒託名傭工大半寄迹於此往來不定聚散無常其窰戶爐主亦多係無藉之徒強者因以爲利有意容留弱者懼其強梁不能禁止本年南平刦案之康阿亮即從鐵爐搜獲實匪徒之逆旅羣盜之淵藪崇山巨壑僅通鳥道兵捕望而惕息不行查辦職道現與彭守相商札飭沙尤各縣令其將境內鐵爐磁窰逐一親身查勘將如何稽查防範之法繪圖列册妥議章程先行詳覆或職道等暇時親往覆查或委妥員逐細覆勘務使窩住肅清萑蒲無容身之地斯羣盜益知歛迹矣

一盜之包票宜禁也職道聞延建一帶凡家道殷實者多令丐頭寫立包票貼於門首每年給錢數千米數斗一年之中不許惡丐登門擾索向來有此風俗濟貧杜擾似亦無礙然而居民之意非畏丐也畏盜也所謂丐頭者卽盜首也名爲包丐實則包盜捕務不修居民知官長之不足恃不得已而求庇於盜其情亦可憫矣若治以通盜之罪不特株累堪虞有司亦實有媿色然而此風不革是使殷實之良民爲羣盜之糧戶也旣已寫立包票倘其偕徒黨而來偶求宿食不得不屈意容留是又使守法之良民爲羣盜之窩家也旣有無數之糧戶復有隨處之窩家羣盜之垂涎於延建也固無足怪職道與彭守相商宜出示曉諭居民告以無資盜糧自貽後患一面嚴督各州縣講求捕務勿稍懈弛朞年之後盜

風稍靖居民有恃不恐自不肯割貲取戾羣盜既無所資其勢益當衰息矣

一捕盜之人宜簡練也職道竊見各屬所獲盜犯大半身材瘦小形容鄙猥並非強橫有力或善拳勇如北方之大盜也然而一入山林既成兔脫差勇成羣或拒捕致傷睹其跳梁而去莫敢誰何非盜強而捕盜之人太弱也職道嘗將各屬馬快傳喚問話見其猥小怯弱力既不強膽復不壯縱有妥的眼線一旦與賊相值賊能拚命而差不能故數差不敵一賊至臨時招雇之鄉勇得傭錢數百誰肯捨身命以攖賊鋒故一遇拒捕之賊輒鬨然四散賊乃掉臂而去矣職道現飭各該州縣將馬快之中擇其能事者留之其怯懦無用者全行汰革別募身強力健之人充補或訪求稍通

拳技之人敎以擊刺跳走之法以通曉賊蹤幹練能事者爲總頭
每縣得健捕十餘人治羣盜而有餘矣
一浮開贓數之風宜嚴禁也職道抵任以來查新舊搶刦各案事
主報贓動輒稱金銀數千百兩衣物數千百事及至捕獲正盜起
得眞贓若係輕微衣物往往不肯認領細訪其故一則不肖州縣
向有暗地賠贓之習誘其訛索之心一則贓數太少恐地方官不
以爲意從而張大其事以爲聳動之資訟師以此爲秘訣惡習相
沿千案一律查事主浮開贓數例有應得之罪惟其人既遭盜刦
不得不存寬恕之思而事主恃其理直又往往任意狡執既未便
傳喚拖累與羣盜頻頻對質又恐其藉詞上控別生支節因謂搶
刦之案贓數多寡無關於罪名出入於是曲徇事主之意坐羣盜

以虛數之贓贓無可追總以業已花用一語開銷完結此歷來辦案之故轍也夫強刦之盜律予駢誅罪名之所關至重也盜之眞假以贓爲憑贓卽已銷以贓之確數爲據案情之所關至要也今因事主之狃於浮開州縣之憚於翻控而相率爲遷就之計贓數不眞卽案情不確非所以重人命而愼刑章也職道現擬出示曉諭居民凡有搶竊強刦案件贓數不准浮開如有浮開者捕得正盜審定確供卽將該事主治以應得之罪應請憲台飭司嚴飭各該州縣審辦盜案贓數必須切實如首夥供贓數確實無疑而事主始終狡執者卽將該事主照例擬杖以儆刁風庶案情俱歸確實而捕務易於講求矣

一聯甲之法宜變通也查編聯保甲爲弭盜第一良策行之者歷

著明效惟同一聯甲而情形之難易不同斯奉行之虛實亦異大約易於通途而難於山僻易於土著而難於客寮其故何也通途所經州縣下鄉之便易於編查樹牌舉首耳目昭彰亦易於見好故為之甚易窮山僻壤去城或百數十里限以峻嶺崇山竟有兜輿不能達者宿食無地往返需時委佐雜則徒屬具文差胥吏則更虞苛索此山僻之難於編查也查各州縣俱分里圖似宜每里舉公正紳士或有品耆民二人為正副總甲給以牌文授以章程凡州縣所不能到之地令其裹糧編歷逐細編查開列細册事竣回繳其辦理認眞者該州縣待以優禮給以牌匾定為春秋二季編查一次其宿食紙張之費該州縣自行捐付如此辦理較諸假之書差者其虛實功效當相倍此山僻之宜變通也土著之民據

有田宅聚有族姓按戶而稽莠良易辨至於外來游民俱係江右下府之人多在山廠之中搭盖棚寮往來不常搬移無定建甯一帶此輩以數萬計不特居民不能識其同類亦不相知暴客奸民混迹其間因而伺便竊刦靡所不爲既不能使著迹之居民與之相聯復不能使散漫之游民與之互保編查之法幾於窮矣

條陳山西防守事宜致王雁汀中丞

現在畿內賊匪在獨流大兵四面圍合數過十倍似無竄走之理天津閩廣海船九月間早已回南賊匪無從奪佔即奪佔數隻不能駕駛亦一步不能行以此度之此股賊匪似無不殲滅之理一經殲滅河北無賊北五省可幸安枕惟聞南中賊匪現又潰竄四出闌入皖省楚北在皖省者跬步即入豫省在楚北者西南則入

荆襄入湘南西北則窺關陝現屆嚴冬賊皆南人不耐寒凍未能北行一交明年春令則豕突狼奔殊難意料現因畿甸事亟勁兵皆聚於此此股賊匪一經殄滅畿內勁兵自必轉旆南征幸能滅此朝食如天之福惟揆度目前事勢南中之師皆疲老又饋餉竭蹷仰給無資南方之賊何日殄平無從揣測山西接壤之豫陝兩省明年春間難保其必無警動山西通省之兵止二萬餘北鎮一萬二千餘南鎮止八千餘省標三營止二千零竊意畿甸賊平之後晉省各口防兵不能不撤惟慮明年春間或須再行防堵則調遣防兵事宜似須畫有成竹方不至於誤事弟謹就一得之愚擬爲節略續行陳上其尤要者則須於鎮將中物色數人但得膽氣堅壯見賊不跑者便好否則雖十萬之衆皆無所用此須豫先物

色非倉卒所能驟得也今將山西防守事宜就鄙見所及演爲四條以備採擇

一守口宜擇要也北方地利可恃者山西陝西兩省陝姑勿論以山西通省言之表裏山河重疊環界北面地接朔漠爲自古戰場我朝綏服内蒙古編入旂分蒙古王公半皆宿衛禁闥與滿洲臣僕無異故歸化綏遠一帶古爲烽燧之衝今成闤闠之地是北面無可防也西面重山疊嶺之外界以黄河與陝西之延榆綏一帶爲界陝之北境無事即晉之西界無事是西面現亦無可防也揆度目前事勢宜防者惟東南兩面耳東面自廣靈靈邱起稍南爲五臺再南爲盂縣平定州此與直隸之蔚州廣昌阜平靈壽平山井陘爲界者也再南爲遼州潞安澤州此與直隸之贊皇邢臺河

南之武安涉縣林縣輝縣修武河內濟源爲界者也通計東一面處處皆崇山峻嶺除平定州驛路之外並無通車路之處其通騾馱者皆盤折山腰岐嶇萬狀故通省地利之險以東面爲最而歧路之多亦以東面爲最南面則黃河廻繞與河南之陝州陝西之潼關一帶互爲脣齒此地形之大略也竊謂東南兩面有地利之可恃較之直隸山東河南地形平衍四無藩籬者較爲易守然防守之法無處處設守之理若不分通途小徑處處設防則東面山路南面渡口大小不下數十此處二百彼處一百甚者數十數人分布未能周徧而額兵亦已不敷口糧亦已不繼弁兵襲承平之習不知戰陣爲何事人數既少膽氣益怯其見賊即走也可以先事而逆料故分兵過碎非計之得者也賊不來則以爲布置周密

賊一來則形孤勢弱無一口之可恃聚之不及援之不及倉皇招引而賊已入腹地矣竊謂防守之法在於審度大局擇其要害在於兼用虛實在於偵探的確在於屯兵要地可以馳赴而不誤事機此則平時必宜講求者也

一練兵宜聚集也查晉省在前明爲邊塞故兵額不下六七萬我
朝蒙古綏服久成腹地故南北止設兩鎮額兵止二萬餘省標三營止二千餘較之川陝閩廣等省不過三分之一而此南北兩鎮之兵散於七八十州縣一州縣之中又散於各小汛除鎮將駐紮之地尚有一二百或數十名此外散在各城汛多者一二十名少者三五名此在平時不過藉資彈壓供護犯護餉之用而在有事之秋則全不可恃何者勢既散漫渙然不相聯屬一旦被符徵調

非旬日不能湊合軍火鍋帳非數日不能齊備又復候行糧候車馬計其就道動須一兩旬警報忽來已虞緩不濟急卽使湊集成軍而帥與將不相習將與備弁不相習備弁與兵不相習無所謂紀律也無所謂號令也無所謂賞罰也名爲官兵實則市人戰則望風而逃守則聞風而散何足怪哉故兵不練猶之無兵也然練兵之說言之甚易行之甚難營中操練雖有成規而各城汎之兵寥寥數人不成隊伍無可操練其距本管之營或數十里或百餘里若營將時時招集日日操演奔命不遑裹糧日耗各兵月餉多者一兩餘少者數錢加以營中朋扣所餘無幾盡以供操演之用猶若不足卽在賢能將備亦且格於事勢不能不循照例文一報塞責而其虛額分肥老弱充數者更不待言也故兵不聚集無所

謂操練也三年例閱未嘗不聚集一處而先事招集事過卽散情不相聯氣不相屬不過敷衍一時仍與不聚集同若欲其聚集一處練而成軍則其費不減行糧旣格於例銷之無術又苦於捐措之無資籌畫之難專在於此查山西南北兩鎮之兵北勝於南合兩鎮而挑其精悍者總可得四千人分爲兩軍一駐平陽一駐潞安擇鎮將之勇幹堅實具有膽略者時時操演其操演以鎗礮爲主而刀矛次之有警則今日奉文明日卽可就道所難者惟在籌畫經費耳竊以爲兵貴精而不貴多以晉省兩萬餘兵之費練成精兵一萬則何守不堅何戰不克若謂兵額缺少營汛虛空慮有變亂則今日之賊匪起於兩廣兩廣兵額水陸將及十萬所謂遏亂銷萌者安在哉當此緊急之時事體卽少有變通部臣事同一

體諒不至於梗阻達鎮軍洪阿在臺灣嘗鍊精兵五百人悍銳無比藉以摺伏奸民全臺安枕者數年其時臺灣富庶經費皆取之各廳縣今則時勢不同籌畫固未易也至山西省標三營兵本無多就近督操尙易爲力然根本重地宜專留爲城守策應之用斷斷不宜外調

一將才宜物色也國家承平日久宿將大半凋謝故身經行陣之武員百不得一必待身經行陣者而後任之將無其人而遂已耶霍去病有言顧方略何如耳不在學古兵法歷觀自古名將大半起於草澤彼其身經百戰功成名立乃後來之事耳當夫初入戎行乍冒鋒鏑亦何嘗非嘗試爲之總其大要曰謀曰勇謀資乎智勇生於膽而無膽則智亦無用戚南塘之收復興化也夜引死士

二十八人行數十步輒捫其心探其舌心跳舌乾者遣回比臨城止餘已與大旂李姓一人遂登城舉火而城以復此驗膽之說也膽於平時無可驗惟於其行事性情驗之其柔媚韋脂工於趨蹌應對者無膽者也其樸誠倔強拙於周旋世故者有膽者也譬之而喜不自持怒之而倉皇失措者無膽者也譬之而不甚喜怒之而不甚懼者有膽者也而尤要者則在於能得兵心與士卒同甘苦兵未有不出死力者加之以賞罰嚴明號令齊一兵雖弱而亦勁矣

一火器宜講求也川楚之役賊每股至五六萬而勦除較易者官兵有鎗礮而賊無之偶擭得亦不善用且無火藥故官兵得用其所長而賊易挫今日之賊起於兩廣長於火器其難制者在此然

其火器火藥亦皆從搶奪而來不能製造不能常繼則官兵之制勝仍當以火器爲主鳥鎗營中所習其力止及數十步最利者無如擡鎗可及一百數十步舊制三十二斤苦於太重兩人擡之趨走不能捷裝放不能速近年閩廣減爲二十二斤甚爲靈便用以打靶其力不減於三十二斤此善法之必宜遵用者也至於礮法輕重懸絕式樣甚多三十斤以上之大礮乃海口江濱所宜用以擊船非擊人也陸路要口安設數尊用以壯威懼賊未嘗無益然不能移動不能携走非臨陣利用之器也陸路之最宜者惟行營礮（山西營中稱爲威遠礮）其製以熟鐵打成外有鐵箍重者不及二百斤輕者不及一百斤（舊礮所鑿斤兩字樣皆不足據須用秤稱之）身小膛大乃陸路之利器其施放之法大有區別若用以懼敵則宜用單子以綿絮裹塞閉緊（總以閉氣及達

（爲度）計可及二里餘然單子打入八叢不過斃一兩人多則三人若打到空處一無所傷求其實用則不用大子而用羣子羣子不足則鐵鍋碎片及碎爛鐵釘皆可用其法不用封門大子用敗絮爛紙填塞閉氣（總以閉氣爲要）施放時用石塊土塊墊之仰頭賊將及二百步然後施放一噴可及二百步碎子所擊可斃三四十賊較之鳥鎗擡鎗可抵數十桿惟礮身太輕一放必翻折即用沙袋壓之亦必折轉用礮車則坐回至七八步不止點礮之兵閃避兩旁亦並無傷損南方用竹篾籐絲綰於礮口兩旁作圈耳兩壯夫就地拖之即可行不必用礮車也道光年間臺灣有張丙詹通之亂馬提軍濟勝率精兵四千渡海征之以二千守營二千出隊臨陣帶行營礮八門裝碎子賊及二百步乃發每發斃賊數十人如牆轟塌大

兵以連環鎗繼之十戰而賊無遺有遊擊馬攀鳳者隨軍目睹繼畲頃在漳州曾聞馬遊擊備細言之（時馬遊擊因公降千總後勒休）馬提軍川楚宿將臨陣談笑若無事然其制勝謀定後戰固不專恃乎此而此亦其一端也

潞鹽芻議致王雁汀中丞

一復商斷不可行也晉省鹽務向係商辦充商者大半太汾兩府富戶從前銀價與錢價相平商人之善於經營者有利無害迨後銀價漸增浮費日多正商又不自經理一概委之舖夥舖夥任意侵漁遂致接連疲倒其後充商者皆係舖夥包辦每年貼銀若干兩迨家貲貼盡又復另舉以致通省富戶盡消耗於充商其情形與閩省之西路幫大致相同各殷戶家貲皆在買賣其買賣在三

江兩湖者十居八九自粵匪竄擾以來南省半爲賊擾山西買賣十無一存祁太汾平各縣向所稱爲富戶者一旦化爲烏有住宅衣物之外別無長物叉前年因急於措餉准現商捐銀免充各商竭蹷完繳得銀二百八九十萬兩富民膏血已罄竭矣今若將捐免之商再行勒令復充是罔民也失大信於天下朝廷斷無此政體而各商尙有家貲者僅止數人亦無裨於全局此外各疲商捐免之餘僅存皮骨卽忍而爲之亦不能變溝瘠爲陶猗若於舊商之外另行舉充則各屬富戶數十年來搜索已無餘剩此外鄉間所謂富戶者僅僅溫飽者耳必欲將中人之家全行破盡不特地方元氣剝削無遺而兵燹連年民氣浮而易動使平日安分良民人人不自聊賴必致激成變亂悔不可追故復商之說斷斷無庸

議及者也

一官辦難於經久也鹽務雖官事而展轉販賣事同商賈雖有精明強幹之官斷不能身入市廛自行經理官親家人書辦衙役又斷斷不可委任其勢不得不用舖夥而安分貿易自可謀生之人又斷斷不肯爲鹽店舖夥卒之所謂舖夥者仍係鹽商舊用之人此輩平日坑累鹽商侵漁肥己是其慣技滲水和沙扣短斤兩又係牢不可破之積習今一旦改爲官夥欲其潔己奉公止食議定辛工無復分毫染指豈可得哉鹽商之善自經理者尚可身到店中親自稽查無所隔閡官則不能不假手於家丁書差此輩嗜利如命一近肥羶卽思中飽賠累歸於官舖夥丁差毫無關於痛癢此官辦之一難也鹽運必須資本資本必須充足乘旺産之時而

多運乘冬春道路晴乾槖駝未出口之時而多運機會無失可以不致虧折今各縣所借司欵多者二三千少者千金杯水車薪實屬不敷運轉欲自凑資本則現在地方陋規日益減削瘠苦之缺大半買日爲生點金無術安能免湊欲勸紳富共湊資本則稍知利害者必不肯驟解囊槖爲此茫無把握之事且現在潞澤兩屬搶毁鹽店之案紛紛而起甚至房屋被拆財物被搶已湊資者且不勝其悔懼誰肯再出血本自速身家之禍欲借動官銀作本則丁耗奏銷有期一遲誤即干叅劾且交代之案逾限累累若再將鹽本一項混入正雜之中牽扯葛藤何由清理合此數端言之是資本斷難充足也資本不足勢必運鹽於缺產雨水之時成本既重安能不賠且課鹽不能運足課銀憑何完解而官鹽既不敷民

食私鹽即日益充斥兩年之後有私鹽而無官鹽矣此官辦之二
難也官與商不同商非疲倒不易官則正署迭更初辦之人即使
經理得法用人諦當而一換任則頭緒全乖衆心即變或存五日
京兆之見當運不運坐聽缺銷而置奏銷於度外又或身多債累
取鹽價以救燃眉而致成虧缺求其一氣貫注慮始圖終又何可
得官吏數任事體日益廢弛而整頓無由矣此官辦之三難也私
不緝則官鹽不消現在官辦未及一年私梟已遍地充斥晝界而
緝則面面受敵無從措手通力合作則連鷄棲桀心力不齊且慮
大夥拒捕獲辦理不善之咎勢必隱忍偷安聽其橫流而不止此
官辦之四難也閩省之興化漳泉鹽歸官辦近年奏銷不足三分
鹽引賣與商幫有事故則賠課盈千累萬咨追及於孫曾官辦之

難於經久亦可見矣

一緝私之難於扼要也晉省鹽務西北歸丁東南行引聞現在潞澤私鹽皆由花馬池來順黃河南下至臨縣永甯州之間有大鎭曰磧口由此登岸運至汾州府一帶分運各處是杜絕私路當在此矣然汾太兩屬課歸地丁向例准以吉蘭泰之鹽濟土鹽之不足吉蘭泰之鹽在石嶺關以北其價甚平運至汾州一帶道路較遠脚價已多每斤須三十餘文故近年汾州一帶皆食花馬池之鹽因其價値甚賤也吉蘭泰之鹽是否亦可由黃河至磧口抑係由關北陸路來未經查悉若係亦由黃河來則與花馬池同一口鹽難於辨認倘一概禁絕有妨於太汾民食而花馬池之鹽准入陝而不准入晉又例無明文其難一也口私之入潞澤其總路在

沁源然沁州一屬亦係歸丁之地食鹽聽民自便令禁口鹽之入潞澤並沁州一屬之口鹽而禁之其本地有無土鹽是否敷用辦理殊多掣肘若不能在沁源設卡而退設於潞安境內道路紛歧稽查難於周密其難二也現在私販已成大夥設卡查拏必須遴派妥幹員弁多帶兵役方不致有闖越拒捕之虞此須籌出經費始能辦理各縣因運本短缺措辦維艱再令湊合緝費心力必不能齊一縣不應手而各縣皆觀望成散局矣其難三也私不緝則官鹽斷不能銷而緝私又有種種窒礙爲難之處若委之本地本汎兵役則有名無實不過多一抽豐耳

一歸丁之情形不同也潞鹽行山陝豫三省陝省距潞村窵遠而附近花馬池從前充陝商者運鹽寥寥因國課皆係賠墊故陝商

之疲倒爲尤速課銀止十三萬零爲數尚不甚鉅而地界甚寬攤入地丁大約每兩不過數分令紳民呈請歸丁官不累而民不擾誠爲善策晉省自汾州以北課歸地丁引地所行北起靈霍南極解絳東抵潞澤西盡隰蒲地界本不甚寬而課銀乃多於陝乾隆末年曾辦歸丁每銀一兩加鹽課九分九釐使因仍不改亦已相安無事乃嘉慶初年又有復商之舉而旋加以河工之十二萬吉蘭泰活引之八萬今若議將晉省之鹽課歸丁合正引餘引活引河工四項每兩必加至一錢數分現在銀價昂貴民間完納丁耗已紛紛求減再加一錢數分民力實有不堪且慮因此或起波瀾此晉省歸丁之不易也豫省則情形迥別錢漕之外加以河工稭料民力疲困已極每年奏銷僅辦至七八分再將鹽課加征乃萬

不能行之事故豫省歸丁之說無庸議也而三省之能銷潞鹽則以豫省爲最查豫省不產土鹽口鹽又遠不相及其東境食衛鹽南境食淮鹽而西境則食潞鹽衛鹽與潞鹽價相若而西行則又增昂故衛不能充潞南境之南汝光淮鹽價至六七十文淮商多收買衛潞私鹽以當官鹽故潞之充淮爲最甚嘉慶年間之復潞商卽爲護衛淮綱而起道光年間河南引地改爲商運民銷充豫商者皆獲厚利卽今商已捐免豫省民販仍復暢銷是其明驗此又與山陝兩省絕不相同者也以上四條僅就聞見所及臆度言之情形未必俱確聊以備芻蕘之採擇耳此時復商一節既萬不可行且官辦甫經奏定亦無驟改之理誠使示諭之後刁民不復滋事緝私果能周密官鹽可以暢銷奏銷不致短缺誠爲至幸然

官辦之難於經久情勢顯然商疲尚可復舉官疲直是無法除却歸丁之外再無別策而豫省不能歸丁晉省歸丁民力又不能堪眞束手矣竊謂河工之十二萬吉蘭泰活引之八萬本係後加不得已而歸丁則須奏懇天恩將此後加之二十萬全行豁除則其數減矣晉省止十數萬金照從前歸丁舊案每兩止九分九釐如慮民力猶不能堪則汾太以北舊所歸丁之鹽課其數甚輕或再將引地應歸之數勻撥數分抑或將通省新舊歸丁之課通計勻攤似亦可行豫省不能歸丁課銀無著或竟倣劉晏遺法就場收稅以補豫省之短缺潞池聚於一處周廻有牆垣圍繞不似海濱之散漫稅額酌中定數不宜太多使民販有利可圖踴躍來買每年能得二十萬金則豫省之缺數可補且與正餘引之原額亦大

約相符矣其事辦理亦甚不易就鄙見所及姑妄言之以備裁酌

松龕先生文集目錄

卷一

卷二

卷三

松龕先生文集卷一

堯都辨

堯之故都漢人即歧兩說有謂在平陽者有謂在太原者堯接兄摯之統初即位時幽并未分兩地皆冀州土於彼於此理皆可通然竊以理勢揆之當在平陽不當在太原太原四面皆山北自今太原郡治起西南至介休之義棠平土不足三百里東西則兩山相望闊處不足百里狹處止數十里水道之達於河者僅有汾水而自介休以南汾水行雀鼠谷中偪仄險巇同於惶恐黯淡故秦晉汎舟之役自雍及絳而止今渭河之船截黃河横渡入汾亦至絳州而止絳州以北自古無行舟之事其陸路則自霍州以北鳥道盤空險仄或不容幰直至介休之義棠始入平土東面則太行

八陘澗谷深昧西面則萬山叢疊開闢以來無輪轍北面則狄土也唐虞時制崇簡樸京師戶口不繁兵衛無幾原非如後世之聚兆人屯重兵資漕運然諸侯朝覲各貢方物天子巡狩四嶽咸周斷不能僻處於舟車不通之地而爲九有之共主則太原之不可爲帝王都明矣不但此也太原上古時汾水下游未通壅爲大澤左氏稱金天氏之裔子曰昧爲玄冥師生臺駘臺駘能世其官始宣汾洮障大澤以處太原帝用嘉之封諸汾川禹貢冀州既載壺口之下即繼之曰治梁及岐既修太原至於岳陽梁山在離石縣今之永寧州岐即狐岐在介休皆別派之入汾者曰既修太原至於岳陽疏汾水之壅遏至霍泰之南使之達於河也考臺駘爲少昊之裔孫而神堯至少昊止隔高陽高辛兩世臺駘之宣汾洮障

大澤正當在神禹治水之時傳稱帝用嘉之帝卽堯也事在帝堯
將倦勤之時距初踐位相隔已七十年當堯初年臺駘未障大澤
神禹未奠大川太原未修尙在汪洋巨浸之中堯安得而都之如
謂洪水使然以前不爾則剖判以來從無治水之事决排疏瀹實
始於禹謂汾洮因洪水而益漲則可謂洪水以前太原並無水患
則雨水日久自涸又何勞禹之施功而臺駘之或宣或障亦殊多
事矣周禮職方氏幷州之藪澤曰昭餘祁卽今徐溝祁縣至平遙
一帶地形如釜底夏令雨水稍多驛路卽成溝渠周室定鼎已在
帝堯千餘年之後而太原附近之地尙爲藪澤况於帝堯踐位之
初太原別名大鹵見於春秋傳正因其近傍昭餘祁地多鹵斥故
得此名臺駘之障大澤卽障昭餘祁也地形如此可以爲天子之

都乎平陽地形坦拓北起霍泰南極中條左倚太行右繞大河膏腴之壤周廻幾二千里較太原之局狹迴不相侔以此爲帝王之都似矣又禹貢各州皆以達於河爲貢道平陽雖非近逼大河而汾水下游入河可通舟楫至絳州距平陽百餘里已不啻直達外府矣其陸路則方軌並進南下風陵渡河卽中州之陝洛關中之三輔四通八達無往不宜故舜之都蒲坂禹之都安邑皆與平陽相近則堯都之在平陽確然無疑也太原之說雖出漢儒實事求是吾不敢從又鄭康成毛詩譜謂堯始都晉陽後遷河東平陽亦不可遵自夏以前古帝王從無遷都之事堯以唐侯嗣統故國在今直隸省之唐縣建都何等大事豈有不擇地而但取晉陽之近便迨後知其不妥乃復勞民傷財而遠徙於平陽聖神舉事當不

如是之輕率也

晉國初封考一

晉之初封周天子畿內之侯也古者王畿千里然非規方而畫之也周之西京在豐鎬其間平地東西不過三四百里南北亦然餘皆爲名山大川所占而其中又間有古建國勢不得移而去之非絕長補短不能足千里之數千里內空閒之土大半得之兼攻取侮其東境當包河洛大梁其北境當逾河而兼有山右之河東太原非止關中片土也王畿內頗封同姓之國如虞虢之類不一而足入則爲王室之公卿出則自君其國唐叔初封之翼距鎬京不過五六百里故傳稱晉爲甸侯則晉之建國固當在王畿之內又傳稱周之東遷晉鄭是依唐叔成王之弟鄭桓公宣王之弟皆周

室懿親又同爲畿內之侯密邇東都故能夾輔平王成東周之大局也國語周宣王料民於太原仲山父諫之論者頗以爲疑謂太原晉地周天子何以料其民此仍執漢儒以太原爲唐國燮父徙晉水之舊說而不知唐國自在平陽太原乃王畿北鄙之地中間雖隔楊耿唐霍各國而王畿之千里不能以中間碁布藩封遂不隸於職方也當宣王時玁狁勢已披猖故六月之詩薄伐至於太原因其衝突往來烽燧時舉故簡料丁壯爲防守之計古謂天子守邊卽此意也若太原本是晉地則諸侯不能自守其國而轉勞王人爲之簡料是與平王之戍申戍許又何異乎迨幽王遭犬戎之難平王棄關中而畀秦霍泰以北遂淪左衽入春秋後晉獻公以并兼爲事國勢日張姜戎白狄並能驅役然太原片土仍爲狄

人所據直至春秋昭公元年荀吳敗狄於大鹵石嶺之南狄人始不敢牧馬而全歸晉之疆索耳論者不考其時以四五百年以後之晉當周室之初制而謂太原本晉地固宜多所牴牾也

晉國初封考二

史記晉世家武王崩成王立唐有亂周公誅滅唐遂封叔虞於唐唐在河汾之東方百里故曰唐叔虞張守節正義引括地志云故唐城在絳州翼城縣西二十里卽堯裔子所封是周初之唐卽後來之翼其地正在河汾二水之東唐叔之初封在於此並無晉陽之說也又晉世家唐叔子燮是爲晉侯並無徙居太原之文謂唐初封在太原後徙河東者出於班孟堅鄭康成杜元凱因而魏王泰之括地志遂有燮父徙居晉水之說張守節本其說以注史記

然史記無其文也世本唐叔虞居鄂張守節注曰與絳州夏縣相近則與史記河汾之東相合又史記晉世家自燮父而下歷武侯成侯厲侯靖侯釐侯獻侯穆侯殤叔文侯昭侯昭侯封文侯弟成師於曲沃曲沃邑大於翼翼晉君都邑也亦並無某侯復徙於翼之文惟鄭氏唐風譜謂成王封母弟叔虞於堯之故墟曰唐侯南有晉水至子燮改爲晉侯至曾孫成侯南徙曲沃近平陽焉其孫穆侯又徙於絳孔沖遠正義引杜預云翼晉舊都穆侯徙絳昭侯以下又徙於翼與史記之文皆不合春秋以前之史遭秦火百不存一其掇拾舊聞僅存大略者止有司馬子長之史記及世本若謂二者爲不足信則班鄭皆在子長後一二百年元凱晉人魏王泰唐人其言反足信乎案叔虞始封之翼距太原之晉水南北蓋

七百餘里中隔韓信嶺之斗峻雀鼠谷之窅深車不方軌險仄難行非如翼絳曲沃平原廣坦相距不過百里內外可以任其遷徙也周制公侯之封皆百里周公勤勞王室太公佐命元勳而魯齊皆儉於百里叔虞武王少子成王之弟翦桐之封年尚小弱裂地斷不能過魯齊乃初封在翼傳一世至子燮父忽北徙七百里之晉陽殊不可解燮父之嗣侯其年不可考大約當在康王之世即使叔虞壽考亦當在昭王穆王之世其時周制初定王靈未削同姓親侯忽無故多取地六百里是當使王人詰其罪不聽則詔大司馬移以六師乃周天子未嘗過而一問尤不可解考平陽迤北地近邊陲周初建國無多然晉獻公所滅之霍即今之霍州居霍泰之右亘於平陽晉陽之間嶺道紆廻一綫盤折別無可取之路

越國鄙遠春秋之秦且不能而況於周初之唐且燮父之時正當周室隆平之世戎翟未侵內患不作何所爲而徙國七百里之外至其子孫又何所爲而棄晉陽越七百里而南歸於翼書缺則有間如此大事何至無一字之流傳然而燮父之稱爲晉侯者何也晉以晉水得名戴東原謂晉水即翼城晉峽之欒池水而斥駮太原晉水之說謂荀吳敗狄大鹵之前太原非晉地然晉水出懸甕山山海經有明文古今從無異說今將人所共知之晉水一但抹煞而別取人所不知之欒池水當晉水之正名截趾適屨於義亦未安也余嘗審思其故汾水出甯武之管涔山跨靜樂五寨二縣界汾之正源也晉水出太原之懸甕山又稱龍山在汾河之西岸發源之處名晉祠居民分渠灌田宜稻宜藕餘水入汾距管涔不

足二百里則是晉水者汾之別源也晉汾既合而爲一則汾水亦可稱晉水其下流逕平陽府城之西在唐叔封之翼城境內以大川名其國不稱汾而稱晉因而稱唐侯爲晉侯此亦情勢之可揣而知者也嘉陵江之故道水本不名漢因下游匯西漢水亦稱爲漢遂州之轑河本不名漳因下游匯鳩茲之濁漳水名爲淸漳此與汾水之稱晉水正同一例則唐侯之稱晉侯又何異焉如以改易國名疑之則吳稱勾吳荊稱楚莒稱州萊杞稱淳于小邾稱郳韓滅鄭之後稱鄭王魏徙大梁之後稱粱王此類正不可枚舉即以晉而論曲沃強盛之後晉侯改稱翼侯尤其明証何獨於燮父之稱晉侯而疑之遷都晉陽之事史遷所不知而後人知之不亦異乎入春秋後晉遷都者屢矣由翼而曲沃由曲沃而絳由絳而

新田自荀吳敗狄大鹵拓地至石嶺關之北滅魏及虞虢兼有河內滅鮮虞滅鼓境達幽燕滅赤狄各種之後地盡澤潞沁遼達於平定洸洋數千里何處不可建都邑而其屢遷總不離翼城左右百餘里亦可知當周初而遷晉陽爲事理之所必無也推其歧誤之由因漢儒於平陽太原皆以爲唐之故國遂致平陽有唐城有堯城而太原亦有唐城徐溝亦有堯城以爲同一唐也於彼於此無所不可不過絳與曲沃之類而不知一南一北相去七百里風馬牛不相及也朱子毛詩傳亦仍鄭氏舊說謂唐國在太行恒山之西太原太岳之野周成王以封弟叔虞爲唐侯南有晉水至子燮改國號曰晉直以唐叔初封卽在晉陽不在平陽而其所言晉國初封之疆域北起恒山至太行南極太原至太岳蓋一千餘里

不知成王當日安得此千餘里之閒田改周初百里之定制獨以私其母弟又稱南有晉水似唐國尚在晉水之北不知當位置乎何地矣自古著書者止憑故紙未嘗親歷其地故鑿空者多實事求是者少而不知九有山川千古不能移易非比空談理道可以由入出入也吾得引史記而斷之曰晉水卽汾水晉侯卽唐侯唐叔無初封太原之事燮父亦無徙居晉陽之事

禁鴉片論

鴉片之害食貨之妖也禁之之術一曰杜來源夷船是也一曰絕興販奸民是也一曰嚴吸食官吏軍民比比是也物非中土所產夷船不載之以來安知有所謂鴉片者至於舟車挾藏布之中夏則興販之奸民也吸食由於漸染敗類固多謹厚者亦復爲之是

故夷舶之罪浮於奸民奸民之罪浮於吸食法宜先杜來源次絕興販吸食者無所從得將不禁而自止而愚竊以爲不然天下事有勢焉勢者時之所積驟而遏之無當也善爲治者審其勢之所趨而徐爲之圖則無決裂潰敗之憂而事以大定鴉片之入中國康熙末年已有之漳浦藍鼎元嘗論其事其時吸食者不過粵之廣州閩之臺厦卽此數處亦不過十一之於千百夷船挾此以來蓋亦嘗試其端未獲大利而奸民亦未有挾重貲以奔走其間者爾時司榷之官封疆之吏果有見微知著爲國家杜禍萌者以一紙諭其船主不聽則將絕其互市彼且悚然而止不復來矣事之玩忽殆且百年其間雖稍設禁防而有司以爲具文漸染浸淫愈傳愈廣由粵閩而江浙蔓延於西北諸省其求之也切於禦寒之

裘褐而迫於飢渴之於食飲一日不得則喘息且死夷人每歲以舟之勝萬斛者數十滿載而來售之立盡則載金錢數千百萬去而閩越之民自富商大賈以至網魚拾蚌椎埋剽刼之徒逐其利者不下數十萬人此如萬仞懸流下注無涯之巨壑而欲驟從其中而遏絕之豈可得哉英夷之通市也其貨羽毛洋布自鳴鐘洋表諸淫巧器物近則滿船載煙土而以餘貨掩飾之上年浙江獲夷俘據稱英吉利不產鴉片所謂大土者產於孟加剌小土產於孟邁兩地久爲英夷所幷兼孟加剌歲得稅銀五百萬孟邁歲得二百餘萬皆鴉片之利其鴉片售之中國者常十之七八是英夷之剝我元氣而富強其國者專在是矣犬羊之族不知信義惟利是圖處心積慮於百餘年之前寖以得志而歲獲金錢數千百萬

彼肯一旦舍置而專售其羽毛諸貨哉就使申以信約亦不過藉以紿我急之則狼奔豕突如今日之事緩之則沿海售賣者如故也粤之惠潮閩之漳泉其民好利輕生與他處異自鴉片之利興趨之者十人而九其事逸於農賈一出而償其息者數十倍從吾法則飢而死必且儌幸於法之所不及而爲之而不顧操之過急不掉艇於海洋而爲蔡牽爲張保即嘯聚於海島揭竿於藪澤而成爲礦徒驛卒之亂目前之畔附夷船而甘爲之死者即其人也是故治夷船者亂之已成者也奸民者治之幸不甚力亂之將成而未成者也今若因夷船之不可治轉而從事於奸民不旋踵而弄兵潢池害且有甚於夷船者然則將遂已乎曰何可已也夷以酖毒啗我載我金錢貨貝以去而我因之以貧使我耕田服賈之

民挽弓持戟之士遍餌妖淫之藥而破家廢業宛轉尫羸以死彼自泰西達於東南洋以此戕人之國者數十向不敢窺伺中國今則駸駸乎有割據之謀矣有病者於此投一劑而誤因遂謝醫却藥聽其自斃可乎然則如之何而可曰嚴吸食而已矣今夫吸食之人其初無所利也羣焉爲之則亦爲之而已矣彼未嘗殺人於市剽人於途執而誅之誠若過忍然而法者因時而變者也原情定罪法之常也立制以防亂法之非常者也鴉片之害切於國計民生近且釀爲邊患寬之以自首予之以期限亦既諄諄然示之矣此而不改則梗化之頑民也誅之又何惜焉然則吸食之人半天下將盡執而誅之乎曰法不及衆亦示儆而已矣新例未頒鴉片同於菽粟兩年以來郡縣迫於功令亦頗有案治之者然民間

之所見者文告縲紲而已遣戍良苦非所畏也若果有綴首於市者則驚相告矣凡人無不畏死彼非有所驅迫何爲冒死習之然則治之之法當奈何曰先貴而後賤先富而後貧先內而後外先豪猾而後良弱訪其素行可誅而兼有此病者藉以鋤莠即藉以警衆每歲大縣以十餘人爲率次者遞減秋讞則概擬情實概予勾決操之無過蹙而持之不少懈如是者十年其間能改者改不改者或罹法或物故鴉片亦既絕矣然則首禍之夷舶興販之奸民將遂釋而不問乎曰興販以求利也吸食者少則無利可獲彼亦將圖改業而稍稍解散矣欲治之則急於西北而緩於東南密於內地而寬於海口得而誅之無後時可以無激變之患英夷強甚然鴉片之來彼亦諱之吸食少興販絕彼數萬里載之而來將

安用之雖含怒蓄怨終不能藉爲兵端此愚所謂審其勢之所趨而徐爲之圖者也外以伐強寇之陰謀內以消奸民之反側所誅者少所全者衆愚以爲弭大患於無形而復凋敝之元氣計無有良於此者近者英夷爲寇擾亂海疆論者歸咎於鴉片之禁又或疑吸食擬絞爲過重欲從輕典是因噎而廢食也倘將來吸食之犯概擬緩決則隄防潰決不可禦止英夷知我法令之不行而愈有以輕我誠不知其患之所終也已

鹽法論

竊以爲鹽務之疲敝至今日而極矣法窮則變變則通變通之法不外兩端曰歸地丁曰行票鹽歸地丁誠爲簡易然官吏之資祿糈商賈之操奇贏皆未必有田歸地丁則不耕者食無課之鹽而

農民獨受其病且鹽法之行期於裕國而不病民民間食官鹽一觔多費錢一二十未見其重困也使其食無課之鹽每觔省錢一二十亦未見其利益也而農民於正供之外加輸鹽課則其勢甚病秦隴食花馬池之鹽山西省北食吉蘭泰之鹽山東登州傍海多鹽其勢不能行引故定制之初卽以鹽課歸地丁歷久相安民間止知輸地丁而不知其中有鹽課今於行引之地驟以鹽課加入地丁民間不知爲鹽務之窮而以爲無端加賦則怨謗羣興矣且各省情形不同在昔時卽有能行不能行而在今日則均有難行粵蜀滇黔不具論淮浙所行之引皆錢漕並重之地再加鹽課則民不堪命此在昔時卽有不行者也此外長蘆山東潞村之鹽所行者直隸山東山西河南閩鹽行於本省在國初定制時若一

概歸入地丁原無不可何者初定之引課非今日引課之數也亦無所謂生息雜欵也計此數省鹽課合計不過數十萬金歸入地丁每省多者一二十萬少者不足十萬灑之隴畝民間未見其甚病也然當定制之初因係可以行引之地不欲以鹽課累農民迨後生齒漸繁銷路[illegible]暢鹽務日益展拓更無樂乎歸之地丁於是正引之外有餘引正課之外有溢課至今日而餘引溢課之數較之正引正課或加倍或加數倍而生息之欵又幾及正引正課之半是昔之所謂數十萬金者今以數百萬計矣昔以數十萬金灑之數省猶恐病農民而不肯為今以數百萬金灑之數省其可行乎其不可行乎畿輔土田磽瘠賦雖輕而差徭極重山東河南有粟米麥豆之漕中州河患頻仍又遭大旱山西省南亦連年旱災

而銀價增昂日甚一日民間輸地丁一兩卽係三十年前之二兩今再加以數百萬兩之鹽課其能勝乎其不能勝乎此數省額征地丁惟山西年清年款若直若東若豫若閩皆征不足額近年因銀價增昂催科之難十倍疇曩若每省再加鹽課數十萬不特征解不前且慮激而生變邦本之所維繫元氣之所蟠結一有動搖所關匪細此萬不宜輕議者也至於行票之法散漫難稽譏訪不易流弊亦多然要非必不可行之策各省情形不同因時因地竭力講求亦未必遂無辦法然無一人敢任其事者其故何也夫變法非易事也引與票不能並行於一地行票不能不廢引引一廢而商散矣引商既散票法初行新造之車無轍可循有不能遽防之弊竇有不能遽合之機宜卽使竭力經營辦理得法而三年之

後課數能符舊額亦已幸矣若於甫經變法之始而責之以課如舊額雖能者亦變色而束手然而正課溢課皆爲撥餉之需生息要款又皆數米爲炊不能緩待今使變引爲票而爲三年中儘收儘解之請農部其能應之乎生息要款請改支正項錢糧農部其能應之乎既不能應則不得不責之以必如舊額以茫無把握之事而刻期以取盈誰敢任此琴瑟之不調也必須改弦然當其解弦移柱亦必有俄頃之間停指不彈宮室之將傾也必須改作然當其易樑換柱主人亦必暫移別室待其竣工而復舊今乃於解弦移柱之頃而責之以聲聲入破易樑換柱之際而主人必欲寢於斯食於斯不如是則笞伶工僇匠氏雖師曠之聰公輸之巧亦長跽而謝不能矣然至七弦俱斷萬厦全傾責備且無所施亦不

得不從容變計矣竊以爲鹽法之宜變通而不能變通其故實由於此是故歸地丁之說策之萬不可行者也行票之說策之可行而不得行者也權輕重而劑盈虛計長久而寬格限是在乎經國者之別具權衡耳

四川鄉試進呈錄序

咸豐二年壬子科鄉試屆期禮臣以四川考官請得旨以臣徐繼畬借翰林院編修候補中允臣沈炳垣往典厥事伏念臣山右下士由道光六年丙戌科進士改庶吉士授職編修補陜西道監察御史道光十六年授廣西潯州府知府歷陞廣西巡撫調任福建巡撫兼署閩浙總督上年因奉職無狀蒙恩内召補授太僕寺少卿循省愆尤方深悚惕兹迺榮邀特簡畀以衡文重任自維爲外

吏十六年簿書鞅掌學殖全荒深懼驪黃莫辨無以光襄鉅典謹與臣沈炳垣馳行抵蜀遵限入闈時監臨則四川總督臣徐澤醇協同點名則署布政使臣蘇敬衡署按察使臣胡興仁提調則成綿龍茂道臣馬秀儒監試則建昌道臣劉裕鈖內簾監試則候補直隸州知州臣音德布爰進學臣支清彥所錄士扃闈三試之臣徐繼畬偕臣沈炳垣率同考官即用知縣姚寶銘候補知縣臣王炳勳即用知縣臣劉維嶽江津知縣臣程祖潤試用知縣臣張香海即用知縣臣裘嗣錦即用知縣臣劉鍾璟隆昌縣知縣臣張敏行即用知縣臣高鑾宣即用知縣臣馬寶書等悉心衡校得士如額擇其言尤雅者進呈御覽臣謹颺言簡端曰昔司馬遷爲文章嘗遊覽天下名山大川以增益其奇氣夫遊覽者且然況生長其

間而得其鍾毓者乎臣取道褒斜溯漢沔而南至七盤關入蜀境朝天牛頭諸嶺皆高入雲霄俯羅萬象有劍閣一關天設奇險形勢之雄傑宇內殆無與埒紆蟠起伏數百里至羅江而沃野平開曠無涯既巴涪嘉陵諸江縱橫絡貫而南匯於大江其山川之磅礴鬱積所包孕而亭毒者必生秀傑之才其發爲文章必多奇氣故司馬相如王褒揚雄之屬在兩漢卽以文章顯而眉山蘇氏之文爲有宋一代大宗非偶然也夫制義與古文爲體不同而其資於氣則同韓愈所謂氣盛則言之短長與聲之高下皆宜是也盛非喧囂之謂奇亦非險誕之謂其言有物而如其物以發之是爲眞氣眞則不求其盛而自盛不求其奇而自奇矣我國家敎澤涵濡二百有餘年蜀士之奮起科名而以功業文章顯著者後先相

望臣等履名勝之區躬校閱之任曷敢掉以輕心爰合薦卷遺卷而詳核之擇其理明辭達而有眞氣者錄之非敢謂拔十得五亦願多士勉躋賢路益勵學修庶幾杞梓楩楠咸備朝廷之器使蜀中之名山大川不且益增其奇氣與維時官斯土者兵部尚書兼都察院右都御史總督四川等處地方軍務兼理糧餉管巡撫事臣徐澤醇鎮守成都等處將軍臣裕瑞提督四川全省學政翰林院侍讀學士臣支清彥鎮守成都等處副都統臣伊琫額提督四川全省軍務臣蘇布通阿署理布政使按察使臣蘇敬衡署理按察使川北道臣胡興仁鎮守建昌等處總兵官臣福炘鎮守川北等處總兵官臣伊薩布鎮守重慶等處總兵官臣皂陞鎮守松潘等處總兵官臣萬福通省鹽茶道臣清安泰分巡成綿龍茂兵備

道臣馬秀儒分巡建昌兵備道臣劉裕鉁分巡川東兵備道臣曹澍鍾署理川南永甯道成都府知府臣王燕堂例得備書太僕寺少卿加三級紀錄二次臣徐繼畬謹序

璧勤毅公兵武聞見錄序

內大臣璧勤毅公精於韜略爲當代頗牧頃在閩中嘗出所著守邊輯要相示繼畬受而讀之歎爲有益邊防亟慫恿付梓公以耆艾懸車值學氛熾甚論者謂扣囊智足以辦賊顧以耄耋抱疴不獲請纓憂時感事著兵武聞見錄八篇聖主以硃諭徵取原稿公遵旨進呈喆嗣月川方伯鋟版以贈同人以繼畬事公久屬以一言綴簡末繼畬竊維古今兵家言汗牛充棟讀者倣而行之往往齟齬不合或致敗事泥古而不通今故無當於實用也讀公所著

書實事求是無一影響揣摩之語爲將帥者果能遵而用之戰無不克守無不固正如良醫立方病者覆杯而沈疴立起空言之與實用豈可同日語哉行軍一篇末段有以毒攻毒之論僧邸破連鎮卽用此術此近事之確而可徵者要惟抱忠誠愛國之心如公者始能殫精竭思而爲斯言亦必抱忠誠愛國之心如公者始能行公之言而有實效然則讀公之書者必先心公之心焉可乎咸豐乙卯至月愚姪徐繼畬謹識

李桐溪僉憲擬議全編序

靈壽楊君敬軒以先君子施南府君手鈔李桐溪先生擬議全編相示囑爲識其緣起繼畬展讀再三不禁泫然書鈔於乾隆辛亥時先君子年三十一歲繼畬尚未生也距今七十年矣先君子受

學於三韓王含溪先生從遊最久楊君之曾祖六峰先生與含溪先生爲講學之友故先君子得以相識而楊君之祖仲彝先生爲同里李壽山姑丈之妹壻壽山昆弟皆先祖九江公弟子先君子居京師恒以壽山爲居停故與仲彝先生爲尤習此鈔本之流傳其爲得自王氏得自李氏不可考矣李桐溪先生爲余家至戚先君子晚年設帳於桐溪故里北社村嘗於其後人處索得全稿手鈔成部題曰桐溪遺書擬議編乃其中之一種繼畬頃年携至閩中欲付剞劂以公事叢冗無暇校勘而止罷官後携歸故里無力梓行繕裱收藏存先君子之手澤而已先君子手鈔之書僅存數種皆晚年筆中年所鈔已不存片紙今乃於楊君處見此本追念今昔感慨係之矣謹爲識其緣起而歸之咸豐庚申仲春五臺徐

繼畬謹識

介休冀氏族譜引

介休門人冀子以正承母命從其諸昆修族譜既成乞余一言余閱其譜支分派別朗如列眉且不敢附託華胄以厚誣先人既嘉其用意之勤又喜其所見之異乎俗也余所見世族家譜崔盧必河北鄭必滎陽李必隴西王必會稽太原考其世系大半支離其姓氏稍僻者或懸擬朝代僞撰官階甯化李元仲作縣志嘗力駁巫氏先世官職之誤蠡縣李恕谷爲惲皋聞作族譜序亦嘉其削去先世僞作夫爲人子孫孰不欲尊其祖宗然祖宗而公侯無可誇也祖宗而氓庶無足諱也鑿空僞撰以自誣其先人是可忍孰不可忍其祖宗而有知且蹙然不享其雞豚之祀郭崇韜名將也

冒汾陽王爲祖先涕泣而拜其墓人皆笑之狄武襄公旣貴有獻
狄梁公畫像者謂係其遠祖武襄謝曰一日遭逢何敢自託梁公
厚酬之而還其像兩人皆武人而度量之相越如此冀子修族譜
亦持此見其識過人遠矣冀子先人單傳者七世至贈資政大夫
一齋公乃有男子子六其修是譜也繼贈公未成之志又受命於
賢母馬太夫人犯霧露披荆榛搜剔碑碣閱半載而譜成可謂孝
而能本矣冀宗之昌熾吾知其未有艾也故樂得而爲之引

學恕谷文體峻削處參以柳州自記

彭崧屏時文序

彭君崧屏吾鄉循吏也君閩人余官閩中時君已通籍爲外吏咸
豐甲寅余以乘鄣來上黨訪其邦之賢有司僉曰壺關彭君壺關

密邇郡治君以公事數數來嘗得晤談其爲治豈弟宜民而聽察善斷吏不敢欺以故神明之頌溢旁邑其人則眞樸如老儒不類於久歷宦途者已而君以制義數十篇見示余披讀再三沈博似雲間先輩而鑱刻處又近西江於國朝諸名家穿貫出入兼擅其長且安雅合度似常習舉子業者絕不類前人之所謂宦稿余笑曰君成進士久矣而猶喜爲此毋亦見獵心喜未忘矮屋生活耶君曰非也性迂無他嗜好簿書之暇爲兒輩塗改課文借以消遣云爾余歎曰君之過人遠其在於本色乎士當未釋褐時驟晉謁於顯者登階揖讓手足或強而不習一入宦途不逾年而聲音笑貌爲之一變趨蹌日益嫻熟世故日益諳練刓方爲圓向之所謂書生面目者蕩然無有復存君初筮仕山左即以賢能移劇邑及

來山右又以循卓膺上考人皆推爲老吏而君則翩翩修飭無改書生之舊其所謂不忘本色者乎爲吏而不忘書生之本色與爲文而不忘舉業之本色其致一也古之賢豪能自樹立於不朽者皆由此道君甫以年勞晉郡丞他日踐歷監司擢任疆圻勳業方未有艾亦皆以本色爲之而已矣因書其語以叙君文

陳啟齋太史時文序

余丙戌成進士出黔中宋芝皋先生之門房首爲蓬萊陳君啓齋君爲前明壬午殉難大宗伯陳忠愍公之裔公二子丹山鳳山同時被難史所稱臨刑口占詩句有云阿兄何必淚潸潸取義成仁在此間者是也幼子在繦抱中乳母挾之逃七八歲時發覺捕之下獄成丁後安置蓬萊入軍籍故子孫爲蓬萊人君讀書最刻苦

尊人蓮軒先生自教之辛卯鄉薦第三人會試第二人既與余同入詞館朝夕過從親若昆弟君齒長以弟畜余入詞館後接丁內外艱歷己丑壬辰癸巳三科均未得散館至乙未將散館年近五十矣遽患黄疸卒同譜中時命之窮未有如君者也君困名場爲文根柢大家而俯就墨裁洗鍊堅實刮垢磨光蓋不啻三折肱而爲良醫矣余宦遊二十餘載至咸豐丙辰設帳平遙君嗣子崧千里來視余賫君窗課一帙乞爲序將謀付梓余批閱再三不禁有車過腹痛之慼也君爲忠臣嫡裔越四百餘載乃以科名顯治舉業二十餘年而得一第又治詩賦八九年而以病歿卒不得授館職持文衡一紓其生平之所蘊蓄古稱文人少達而多窮又曰窮而後工君之爲文工矣又烏得不窮哉乃揮老淚而爲之序

雷劍峰制義序

爲科舉之學者探源不過啓禎嘉隆以下例視爲太羹元酒無過問者余門人冀子於淦奉其外王父雷劍峰先生制義求序余讀之喟然曰此可以解世俗之惑矣先生爲清源岳先生廷元高弟子乾隆乙卯中副車嘉慶甲子鄉薦第二名其乙卯闈中文猶是啓禎途徑甲子鄉墨則由隆萬而正嘉且駸駸乎化治矣先生久困棘闈宜其文之降格從時乃進而愈上風格高不可躋卒遇識者掇高魁以去此何故也或謂先生文太高故遲之又久而後發然則專攻惡濫時墨誦近三科如瓶瀉水自以爲逢時利器而白首落孫山外者又何說也余少時久困禮闈寢饋於啓禎者十餘年後乃稍加修飾以就墨體晚年課訓生徒則教之以整齊華贍卑

之無甚高論但書理不許錯誤文律不許偭越而無知者且苦其太高試讀劍峯先生之文其風格又高余數等而竟得鄉魁夫亦可以恍然悟矣冀子其速梓毋令先正典型久沒沒也

和倪齋時文序

五臺劉君樵里余外兄弟也受學於先大夫施南公與余同筆研者數載君穎悟過人好莊子老泉文爲時文亦肖其體童試屢不售納粟入太學錄遺才復不取竟不得入棘闈至丁酉乃薦於鄉而君已年近四十矣其鄉壘人仍苦其太高而君則降而從時自以爲卑之無甚高論也後腰生疽仍力疾入闈甲辰會試卷分余同年朱朶山殿撰房朶山極爲欣賞力薦不中歸後疾轉劇遂於丙午仲春捐舘舍余生平所見慧業文人無如君者乃蹭蹬名途

賚志以沒其可悲也已哲嗣孫怡年少而舉於鄉從余受學者數年鈔輯君遺文將梓以問世乞余爲敘余俯仰今昔不禁有車過腹痛之感也乃揮老淚而爲之序

涵碧樓詩稿初刻序

陸穀泉茂才浙西名士游學於閩余分巡南劍延之下榻細君蘅卿爲女史工吟詠所著涵碧樓詩稿初刻甫竣再三讀之氣韻清絕無靡曼嘽緩之音與尋常閨閣詩迥異穀泉故能詩伉朗得高岑遺響花晨月夕相對微吟倡和之篇疊赫蹏者累累穀泉負軼才治舉業甚勤他日讀中秘蹟華顯女史職修內政載詠蘋蘩續集之成其詩境必有更進於是者余特於穀泉劵之道光戊戌中秋中澣山右徐繼畬序

太乙舟詩集序

余初入詞館嘗於壽陽祁相國園寓晤新城陳石士司空德容粹然沖和之中森森有矩度爲之肅然起敬司空爲桐城姚姬傳先生高足以文章衣被海內當世仰之若歐陽少師之在北宋也所著太乙舟詩集及制義壽陽相國已序而刻之余乙卯從軍上黨喆嗣淮生太守以新刻太乙舟詩集見寄曰先子之詩門下士携稿入吳中將付剞劂值江淮被兵遂不果稿亦散失今從家藏稿中重錄得十三卷鐫於澤州官署工已竣矣而未有序子其序之余自維素不工詩何足以言詩且後學小生不能窺大雅之堂奧又安敢序先生詩顧念先生爲館臺前輩嘗有一日之雅生平之所嚮往又師友源淵於世誼爲晚輩義不當以管蠡辭因取詩集

再三披讀竊見其出入唐宋不名一家而自抒性眞語必已出於閑邪抑蕩之旨三致意焉昔朱竹垞氏論詩謂一心專事規摹則發乎性情也淺善詩者暢吾意所欲言爲之不已必有出於古人意慮之表者曩嘗服膺斯言讀先生詩而益知此語之不誣五古淡樸和以天倪七古曲折盡意尺幅中往往具奇勢尤余所篤嗜至先生之詩足以蹈藉一時而傳於後世固有目者所共見而不待余言之贅也淮生太守治劇郡又理戎事簿書日不暇給而斤斤以刻是集爲先務可謂賢矣謹書數語寄淮生附之簡末若用爲弁言則非所敢安也咸豐乙卯世晚生徐繼畬謹識

慎獨山房詩集序

唐賢五言古詩宗法淵明者有王孟儲柳韋諸家太祝純乎陶而

摹倣有迹右丞襄陽柳州學陶而兼二謝蘇州亦兼二謝而清深閒遠別開逕塗沈歸愚尚書獨推爲五古正宗其論確矣蘇州起家宿衛不由進士科以省郎出典大郡自開寶至大歷身歷五六朝計年蓋百餘歲晚歲清齋閉關謝絕人事胸次人品之高遠出數公之上故其詩靜中得趣盎然有道氣存介休郎敬軒先生少孤貧事母至孝年十五始從塾師受論語有聲黌序以明經就教職意不屑五斗米築室所居之南岡授徒供食指意曠如也性好花木培蒔別有心得遇佳山水或春秋佳日輒爲詩然不自重其詩稿爲友人携去亦不復省錄故詩多散佚存者無幾文孫孝廉夢元夢元猶子輔周皆從余受學辛酉秋夢元錄先生遺詩乞余爲序余先讀其五言古詩曰此蘇州之詩也胸次之淡靜似蘇州

故不必專於學韋而神骨臭味自與之合七言古詩出入高岑王李節律安和自然合度近體五言清澈似孟襄陽七言往來中晚兼有劍南余所見山右詩人卓然成家如先生者蓋不多得遲之數十年而後付梓豈亦顯晦有時耶淵明之詩李杜未嘗過問而蘇州獨好之性所近也安知無好先生詩如蘇州之好淵明者乃弁以序敦夢元使速梓毋再延

種石山房詩集序

介休門人郎子夢元錄所作古近體詩相質細加披閱其七言古詩導源昌黎出入東坡遺山才思筆力能達其興象之所到五言古詩出入唐宋斐然成章五律宗法襄陽間有沉峭似杜者惟七律較弱五七言斷句亦皆成體郎子大父敬軒先生古詩得唐賢

三昧其尊甫鑾坡先生亦能詩郎子承家學風雅固有淵源也昔杜必簡學士以近體詩冠冕三唐其孫少陵遂爲一代詩人之聖五七言近體沈雄處繩武之迹顯然郎子詩學近在家庭何患不工當日求其所未至揮斥以盡其材如少陵之於必簡詩史中又成一故事矣郎子鄉薦後以多病謝公車近復游藝岐黃數數以方劑活人於世事淡然無與獨吟興不能裁抑時時就余談詩余無以益郎子但勉之以述祖而已

有不爲齋詩集序

古詩人多循吏唐宋元明詩人無慮千數百家行治不盡同總未有以貪墨敗者次山之守道州左司香山東坡之守蘇抗其較著者耳人非得乾坤淸氣不能爲詩亦不好爲詩一行作吏薰心非

一端朝入苞苴暮狎聲歌焉有閒情作此冷淡生活故稽阮有詩和嶠王戎無詩觀其嗜好而其人可知也王蓮溪明府滇人而生於晉尊甫蘭畹先生以乙科宰襄垣最久復量移陽城甘棠之頌至今不衰君鄉舉後筮仕適補襄垣又調陽城兩地之民讙曰我先府君之子也老隸乳媼仍呼爲公子君治譜悉遵庭訓罔敢墜失已復調任平遙地當孔道訟牘繁多君炳燭治獄恒至夜分平遙夙稱殷富君獨不善取錢無投暮夜之金者故終年恒苦貧人誚其處脂膏不能自肥君亦置弗辨性平正通達不解沽名公餘別無嗜好獨喜爲詩所著有不爲齋試帖已授梓平遙生童素不解詩讀君詩漸能成句近復彙古近體詩示余出入唐宋不名一體要其自抒懷抱皭然不滓讀其詩如對寒潭秋月知不爲利慾

所薰也爲循吏且爲詩人矣乃拜手而爲之序

學李恕谷文體自記

傲霜園詩鈔序

定襄薄君石農余姊丈也君長余四歲少時居遊如昆弟君又受學於先君子與余同研席以文章相切劘志相得也君幼即好爲詩望水眺雲輙成句長於孤苦之中故多幽愁憂思而吟益苦制義得先君子法出入啓禎諸家文心清絕先君予極許之而試不利屢入棘闈不售中年抱怯疾不能研食境益窘而吟愈多余爲粵西八閩吏君嘗泛洞庭溯瀟湘越桂林沿邕江視余於南甯潯州又踰仙霞汎劍西視余於福州遊覽名山大川詩境益拓而數愈奇終不得中雋迨余罷官歸里而君與余皆皤然老矣自鈔生

平所爲詩刪去少作得若干篇於唐賢中獨喜孟東野嘗自謂詩學東野余讀君詩體近襄陽蘇州峻削處微似東野實不專於孟也其好東野詩蓋取窮而後工之意耳夫東野之窮與君相類君性不諧俗遇富貴人輙望望引去孤介之性與東野相似宜其相去千年而投合如鍼芥與然東野雖窮而生平知己得一韓昌黎昌黎在中唐爲一世龍門其大氣之所噓拂足以振孤寒而延聲譽故東野雖窮而死而詩遂以千古君窮居里巷當代名公鉅卿無知之者其引爲知己者余一人耳而余浮沉仕宦力不足以濟君之窮聲望卑猥又不足以顯君而使之知名當世則君之窮殆視東野爲尤甚也其可悲也夫君屬余選其詩且令爲序乃爲之序而存之

菊園詩鈔序

舅氏續菊園先生先外祖宅南先生堂姪也襟懷冲澹似魏晉間高人持躬儉素終身與人無競性好藝菊庭階皆滿種菊者率用糞取其肥碩先生謂菊高潔不應汙以糞且瘦爲黃花本色不應使之癡肥故所蓺之菊瘦潔一如其人家多藏書披吟皆遍余嘗侍坐聽先生說往古事蹟縷析條分如指諸掌間爲詩歌自娛惟性所適不立漢唐宋門戶而動與古會中歲謝棘闈杜門掃却惟以藝菊讀書爲事年躋耄耋神明益清嘗嘆先生胸次之高淡非近今人之所能窺測也先生既撤瑟其後人錄其詩稿之存者得若干首藏以待梓屬余爲序之如此

書田蓮房詩卷

辛酉余館平遙介休田子逢露執贄來學詩余謂之曰余不工詩而子欲爲詩弟子問道於盲矣取其詩閱之有性靈亦有興象但未入老境耳五言律詩已成體七律七絕亦多風致古詩則初學尚未成也田子好讀書不喜爲科舉之學嘗渡揚子江縱遊吳越西走長安過五丈原弔諸葛武侯入陳倉棧道抵漢中所至多有題詠是固有詩人之性情者余生平足迹半天下舟車歷十五省古所稱名勝之地大半遊目騁懷溯三湘踰五嶺往來桂林南海又久宦閩中乘桴浮海窮武彝九曲之奧卒乃典試西川親歷蜀道之難山川風景回憶歷歷在目而簡書迫促未嘗得數卷之詩嘗自笑爲風塵俗吏有愧於田子多矣今年近七旬息影鄉閭無復四方之志擬閒時就昔年宦轍所經補作數十篇以留雪泥爪

迹但未知天假以年否他日田子學詩有成造我山居抱詩卷就我商搉我亦出晚年之作令田子訂正誠爲快事田子其志之勿忘

王印川詩集序

山右詩人右丞柳州香山傑出三唐嗣後代有作者皆在太原以南石嶺關之北爲舊太原北境接雁門代郡雲中定襄地近邊塞自古列鄣開屯名將接踵獨未有以詩鳴者關中出相隴西出將地勢然也至金源季年忻州乃有元遺山直接東坡昌黎蔚爲大宗故關北詩人以遺山爲鼻祖遺山而後嗣音絕少雁門孫白谷司馬七律雄鬱具體少陵然不以詩名世亦罕見其詩此外作者雖多未見有成家者忻州王印川廣文夙負詩名余向未識其人

亦未見其詩辛酉秋君選臨汾校官省試路出平遙手詩卷相質余讀之驚曰君與遺山同里而詩亦具體關北詩人當屈第一指矣因留其詩細讀之出入唐宋元明不名一體尤工七古合昌黎東坡遺山爲之其得意處興象不讓古人而識解之超持議之正不受古人籠絡亦不作名士佻語時時以匡扶名教表正風俗爲志不止風雲月露遺興而已此又工部香山之遺意非詩人之詩也君以拔貢生秋賦十餘上華髮而氣不衰連城之璞終有識者勿以三刖爲憾也余生平未嘗爲詩年過六十乃偶爲之授徒餬口不能肆力於此釘餖籠桶嘗自鄙笑讀君詩恨相見之晚未能早得他山也乃弁以序而歸之

求益齋試帖序

余素不工試帖曩在詞館亦嘗勉強爲之而自問無心得之處後爲外吏遂荒筆墨迨歸田後研食平遙每以試帖課生徒亦間作一篇示式參用唐賢五律法以求免俗然用典則強不可使運筆則驕不可馴鑿痕滿紙每自媿不足爲人師也崞縣武芝田觀察主講西河書院以所刻求益齋試帖見寄余讀之旬日乃卒業法律之清數典之博構思之密趁韻之巧幾於無以復加而金鐵瓦礫入爐即化清空一氣柔可繞指余一讀一擊節幾欲自焚其筆研矣芝田以名進士作吏關中循廉之聲溢四境簿書鞅掌數十年何暇拈弄筆墨乃公餘別無嗜好明窗棐几萬卷獺陳惟以詩文消永日熟極生巧故試帖之工乃爾正昔人所謂與俗殊酸鹹者讀其試帖亦可想見其雅量高致矣詩凡二百二十首風景小

題一百二十首超妙處幾頡頏穀人愓甫兩作者經題一百首工雅莊重不雜一纖佻語尤可爲後生之式余將借其版印若干部令生徒誦之而先之以弁言

茹古山房試帖序

試帖一體唐人所創其時規模粗具研鍊未工如月中桂湘靈鼓瑟等篇稱爲超詣餘則多失之疎拙至我朝而館閣諸公始多名篇鉅製乾隆中鄉會塲增試帖詩於是操觚之士人人學之金爾叔侍郎紀曉嵐相國講求其法至詳且備吳穀人王愓甫兩先生以唐賢五律之音節氣味運入試帖海内風趨而試帖之精華畢洩矣近年館閣諸君子無人不工此體顧但取隊仗之工而其語或竟不可理解則其流弊亦已甚也長葛田枚郵太令喜爲試帖

刻有茹古山房試帖初集二集俾余作序余讀之卒業爲之心折其隊仗何嘗不工而氣脈流貫逸韻橫生洵足爲後學之圭臬而藥其堆垛之病矣君於錢穀簿書之暇別無嗜好而獨耽此冷淡生活其襟懷之高曠可以想見余嘗謂人非得乾坤清氣者必不能爲詩亦不好爲詩觀於大令而益信乃攄所見而爲之序

張廣文新鐫絃歌必讀序

壽陽張君曉峰以名孝廉爲沁水校官咸豐乙未因送考赴幷門時余設館平遙曉峰枉顧以所刻絃歌必讀相質余讀之歎其用心之勤也夫耕氓賈豎不知詩書爲何語獨至村郊演劇男女聚觀遇可喜可駭可悲之事則撫掌歡笑或歎且泣訓俗者宜俗不宜文勢固然也聖諭溺女之文知之者少聖諭廣訓則朔望宣讀

垂之功令然久已視爲具文且窮鄉僻壤無由聽睹今曉峰演爲彈詞瞽矇可入之絃索百人聽之而有一二人感動其爲益已不小矣夫天地之善氣賴乎導迎培養凡爲士大夫者與有責焉曉峰爲學校之官而殷殷於訓俗如此可謂不曠其官者歟乃書數語而歸之

松龕先生文集卷二

送顏魯輿制軍謝政歸第序

壬寅二月吾師制府顏公謝政歸粵東福州延平建甯卲武汀州五郡征兵泉州六營防兵皆蒼黃奔走呼籲乞少留不得則裁紅帛蓋數十細書軍士姓名又製木牌數十百事鏤禱頌之辭羅列衢巷幾滿公禁之不能止祖道將行控弦持戟者數千人夾道羅拜皆啜泣莫能仰視耕者漁者負販者黃髮之老垂髫之童婦人之襁負其子者族立阡陌間肩摩踵接數千里望之如林皆咨嗟太息若慈母之遠行而孺子之牽衣也公亦愴然於懷傳語慰藉之親兵數百人公所養死士也裹糧徒步從之行却之不肯歸至粵境乃涕泣返於虖何其入人之深也公以辛丑二月來閩至則

駐節厦門七月徙屯泉州治軍有法爲政務大體未嘗以煦煦之惠取媚於兵與民也顧其感人若是者何哉公性至仁而氣甚厚其視將吏兵民如家人父子不尙文貌不事機權眞誠惻怛之意流貫於賞罰政令之間如春風之釋寒凍甘雨之流枯槁故治閩方朞月而淪浹之深有不期其然而然者公以世臣膺節鉞其孫碩膚而去也過則歸己大臣之義天子壽且召之以澤吾民安知不重涖此土以慰吾兵民之望也公之行也泉之士大夫祖餞西郊柯君易堂繪爲圖屬題詠於同人繼畬不工詩詞謹爲文以紀其事

別劉莊年觀察序

余與莊年初未相識也聞其爲江左廉吏心嚮往之余以戊戌二

月來閩而莊年以次年八月至時余監試局棘闈未獲相見莊年誤聞人言謂余非庸庸者留贈墨數丸致殷勤而去庚子七月夷寇報警余奉檄署汀漳龍道莊年駐厦門相距一水手書商搉公事旬日中三四往還郵人苦其煩也私淹滯之案治乃已積半年兩處緘札各盈尺辛丑三月余以謁制府顏公至厦門乃初相見莊年長余十歲以弟畜之潔斗室掃一榻臥余烹蔬貯以宜興盌素所珍也漏下四鼓猶瀹苦茗相對論時事雜以嬉笑怒罵時或泣下霑衣僮僕皆厭苦之各引去鼾睡六月再至厦門留旬日其後寇氛益亟莊年在同安余數以軍事往會壬寅正月余以任糧臺事駐泉州莊年亦在泉則無日不相見矣莊年與余皆好言天下事又好較量古今議論不盡同而志趣無不合者時或不相比

附必往復辯折期於無所疑而止以此益相得莊年性嚴而余失之寬余臨事苦緩而莊年有時過急兩人者規勸之辭時或及之未嘗數數然也然莊年每盛怒余至輒解遇事有所督責余一言多寬假之而余觀莊年之律已嚴潔治事精整時時自覺其疎縱之病亦每思有以矯正之禮云相觀而善謂之摩詩云他山之石可以攻玉殆謂是歟莊年精於吏術利弊所在燭照數計名法之學尤邃專門者自謝弗如余不習例文多就莊年請益焉余好爲汗漫之文致當事書動輒數千言氣矜不能自制以是多迕莊年臨文最慎時以戒余孔子言益者三友余之疎陋實不足以益莊年而莊年之所以益余者固已多矣余以壬寅六月將適粵東與莊年別於東門之外意氣甚壯未嘗有黯然之色別後思之甚切

卽余之思莊年而知莊年之思余不置也思其人則其人之性情狀貌亦不離心與目之間余之迂緩固萬萬無取莊年偶一思之或不難節取焉以自平其氣而余思莊年不置則莊年之嚴氣正性儼然在余寤寐之間將以是砥厲其廉隅而堅忍其志節余雖遠別其相益亦何異於聚處哉願與莊年共勉之矣

送程立齋大令入覲序

同治元年十一月關中大帥勝保以玩寇逮問其部將宋景詩雷鳳鳴持多帥僞札率潰勇馬步二千人渡河由稷山絳州北上聲稱奉令回籍事起倉卒腹地無兵晉撫英中丞遣德都統率兵邀擊緩不及事宋景詩已率潰勇逾韓侯嶺而北州縣皆閉城門助以資斧幸其速去然宋雷本招降盜魁其所部皆椎埋惡少沿途

騷擾淫掠不能禁也山陽程立齋太令宰徐溝聞其來也令西關居民鋪戶空舍宇備餱糧爲宋勇宿食之地而自率丁役單騎出城彈壓宋勇仍有入民舍強姦婦女者君善技擊手縛三人讓宋景詩曰君奉令回籍非叛也而縱令勇丁欺凌婦女何也宋不得已斬二人請留一人君弗許詳明就地正法均竿其首於市潰勇皆震慴出境去二年七月十九日德都統在關中差弁兵赴北口市馬行至徐溝解行路之驂而奪之民奔訴君君單騎率丁役追至太原界獲犯四人馬二匹英中丞奏請以首犯發新疆餘擬罪有差得旨嘉獎余設帳平遙與君初未謀面然神君之頌久洋溢於耳聞此兩事意君必強鷙猛起如古之趙廣漢張敞其人者及見君則恂恂儒雅意思安詳其愛民也出於至誠其治獄也片言

立決莠民畏其威而逃避塞外良民懷其德而親暱之如父母乃知君固循吏非世俗之所謂能吏也余奉命督辦團練苦於事不能舉民怯懦而無膽且無貲官多困於案牘無暇及此兩年以來偕幫辦諸君子殷諄勸諭幾於舌敝穎禿乃得規模粗立而有名無實之弊仍所不免獨君所治之徐溝城鄉一律舉行無廢缺者余過其縣治見其城關練勇器械鋒利練丁皆有精悍之色問其費之所從出曰吾君能均徭役出其所省之半製械器而有餘也先是徐溝爲通省衝衢近年兵差絡繹書役循舊規把持中飽民力疲悴不支君察其利弊別立條規向之萬金不足者今所費不及五千金事畢舉而民不擾故團練一事一呼而畢應也於虖此所謂信而後勞其民者歟我皇上聖政維新兩宮皇太后勵精圖

治求賢若渴壽陽祁相國薦晉省循吏二人一爲君一爲汾陽吳月峯太令得旨送部引見徐溝之民聞之卹然若奪其慈母而惟恐君之遷擢以去也余維時事孔亟宇內幾無完土獨三晉表裏山河閫外諸大帥仰體朝廷德意竭力護持幸未遭兵火之刼所賴以固民心而培養元氣者惟在乎賢能之大吏君文武兼資才識足以幹事學術足以濟時智深勇沉而持之以鎭靜洵所謂能任大事者將來剖符持節洊歷封圻受福者且不止於三晉而詎止於徐溝百里哉吳君悃愊無華其治民廉靜不擾余所素識知汾陽之民攀戀無異於徐溝也因書其語以慰兩邑之民且以送君之行焉謹序

小序贈梁君問青

人生有聰明有器識二者往往不相兼且竟似不相涉聰明者發於心思牖於耳目古今文人學士有過目成誦下筆千言才藻足以涉風雅之藩[illegible]折足以關流輩之口又或智計隱深足以揣測世情投時俗之好而遂其所取求不能不謂之聰明也然其處家國鄉黨之間於是非可否之介往往狐疑顛倒不能自決一遇小利害則急趨巧避毀廉隅汙身名而不顧此有聰明而無器識者也器識者根於性分其器能有所容畜其識能有所區限其人或讀書或竟不讀書而臨財能讓遇侮能容遇事則行止立斷而無所猶豫於其間士大夫之所不能立足者其人終身無蹉跌聰明或絀而器識獨優商賈中間或有之以余所見梁君問靑其最也余與君爲姨表親幼則相識君守先人世業設磚瓦窰於京師之

齊化門外余以道光丙戌入詞館君令兩子攜謙鳴謙從余學時時過從余索米長安出無車君假以車助以薪水使無困乏自余入詞館至出守潯州前後凡十年無勌色以是相親如昆弟君孝友性成篤於倫類其處家也能忍人之所不能忍讓人之所不能讓其與人交也依於誠信有季路無宿諾之風君所設磚瓦窰製造獨精良凡內廷陵寢所用之磚當事皆令君承辦性慷慨至好丐貸無遴色或不能償即付度外所用鋪夥或舞弊至千餘金但辭去不暴揚其事君與介休張申甫爲友申甫卒十餘年猶時贍卹其妻孥方君商務盛時人以爲累貲且巨萬矣然磽田數頃之外無所有也君循循彬雅望之有清氣絕不似市井中人遇事行止立斷確不可移以是凡識君者無不深信其爲人古所謂言忠

信行篤敬者幾無愧焉晚年好讀書暇則手一卷喜方術始好子平繼好堪輿及與張申甫遊又好方劑雖所信有太偏之處而皆欲求其所以然方先君子設帳於君所居之北社村好與父老閒談閒及良知之學人多不解君獨聞而深信默有解悟於虖君非絀於聰明者特以改業廢書不及於詞章之學至其器識則余所見士大夫中能如君者未易一二數也自癸丑以來南方多故官工大半停輟君商務折閱頗甚恬然不以爲意以捐輸米局得五品武銜亦不屑意庚申八月夷氛逼近京城君所居之通和磚窰附近卽戰場鎗礮之聲震窗紙衆戰栗無人色勸君避去君不肯曰死生有命何怯也子鳴謙強扶登車迂道歸里窰場旋爲夷人所據和議成乃去君聞之亦坦然也君年已逾七十而余亦將近

七旬嘗欲有言以贈君而卒卒無暇君有小册子存余處係屬余作書者館中度歲殘臘偶得少閒輒作此序書於其後咸豐庚申嘉平二十八日書於平遙超山書院雪窗

晚梅說贈陳劍芝

北地苦寒植梅溫室中冬月能作花然亦易謝若置冷處則交春始發蕚二三月乃華避暖就寒其華遂晚勢固然矣余以甲寅乘部上黨乙卯花朝同年陳劍芝太守贈盆梅兩株時已屆春分梅始含蕚尚未華也劍芝逾弱冠即成進士初爲楡社令神明之頌溢旁邑八年而移浮山又三年而移陽曲陽曲省會首邑故事皆晉直隸州牧君獨得潞安郡丞郡丞閒官也當事夙重君才每讞大獄決大疑凡煩難棘手人所嘖嚄畏避者悉以委君君悉心擘

晝必其事得當而後已其勞勩乃甚於爲縣令時獨至榮進有階人皆唾手策高足君乃循循退避默無一語以故不言祿祿亦弗及吾友兆柗崖爲晉撫知君深登之薦牘甲寅冬月乃奉命擢守柳州蓋官郡丞已十四年矣余謂之曰君之晚達與晚開之梅何異哉然梅不能自主人置之暖地則早置之冷地則遲君之才望非不能自謀位置者卽聽人位置所處亦不盡冷地而乃作此寂寂至十四年之久得非恬退之性有與人異趨者耶求有益於得比比皆是而君乃篤信孟氏語以爲無益何信命之深也余性躭寒寂有似於君爲史官歷臺諫足未履權要之門而受知獨早自强仕敭歷幾二十年卒罣吏議蒙恩放歸田里迴憶生平乃類於早開之梅然非能自就暖地而致然也君雖晚達而神智烱烱聰

強如少年人建樹方未有艾他日建牙吹角爲國家安養元元老圃秋容黃花晚節且將爲君移贈也因作晚悔說以送君行

誥封一品夫人穆太夫人八十壽序 代鄂松亭太史作

歲癸巳某以春坊需次乞假出都門驅車燕趙歷齊魯抵淮泗買棹吳江飲於皖公山下積半載歸來甫解裝晉謁於鶴舫夫子大人之門摳衣登堂錦屏張於四壁趨而讀之乃知甲午四月上澣爲我太師母太夫人八秩壽辰門下士爲文以致祝者也某以爲駘自丙戌入詞館夫子不以爲不才而進之受知爲最深今壽母年躋大耋我夫子效斑衣之舞居門下者皆作爲詩歌奉兕觥於堂下而某獨以南遊之故不得隨屬於二三子之後中心養養猶不自釋欲有言以補過而未得其所以爲說冬至之後三日我夫

子恭膺簡命入贊綸扉宣麻之日卿大夫欣於朝都人士懽於國
如韓富之入兩府也某作而言曰吾知所以壽太夫人矣夫人之
養其親也得升斗之祿或喜動顏色然極人子之心必致身通顯
凡可以致於吾親者無不極其至而後慰夫致身通顯而極其至
非宰相不足稱也昔張晉公齊賢之入相也其母魯國夫人年八
十矣太宗召之入宮勞之曰婆婆老福當世榮之考之史晉公以
太平興國二年登第八年入政府開創之初用人不次甫釋褐屬
即登台鉉故晉公之母封大國享萬鍾榮則榮矣而未見其難也
我國家枚卜之典其難其慎敭歷中外動輒數十年迨乎物望允
孚翕然耆德然後貯之金甌啓諸揆席其最早者亦且華鬚盈顛
求如古之所謂黑頭公者不數數覯故當世以宰相之祿逮養其

親者百不一二也我夫子以清愼公忠上蒙殊眷鹽梅之任簡在帝心而致蒼生之仰望者非一日矣然自乙丑入翰林歷侍從踐卿貳長六曹襄樞府優游洊晉不辵一階通籍三十年而以大冢宰參知政事非如昔人之驟登台席者也聖心默簡遲回踰半載綸音乃降明良遇合詢事考言非如昔人之片言入相者也以國家選相之重聖天子擇相之難我夫子歷官之久而黃閣旣開慈幃有喜衣三公之服奉上方之珍愉愉色養百十年來未聞有如此事太夫人之榮遇同於晉公之母而事之難能而罕覯則又過之矣抑考晉公之相宋也勳業爛然載在史册然當其少時任俠自喜而其後以邊功著故德器之純粹不如韓范司馬我夫子起家文學出入台省數十年學術之淵邃氣量之恢宏所以輔休明

而光日月者當接迹於韓范司馬而不同於晉公之好奇尙氣則夫承歡侍膳之餘太夫人陶以天和而昭以訓言所以成就我夫子惇大之德業者又豈尋常之所能意計者哉某以遠遊之故致祝後時而適聞我夫子宅揆之命誠歡誠抃而喜得其所以爲說乃列之爲一觴之侑謹序

誥封一品夫人周母陳太夫人九十壽序

皇帝御極之元年我穉圭夫子以侍從觀察西川迎養我太師母陳太夫人於錦官之城既而廉訪於越開藩桂林已復奉天子之命以節鉞撫豫章旄纛前驅板輿安吉南中名山勝水遊歷幾半載乙未爲太夫人九秩壽辰至是我夫子以監司牧岳之祿養者又十餘年矣竊惟當世卿大夫自郅通顯而逮養其親者固不乏

人然壽近期頤者蓋鮮年登百歲者疆臣以人瑞入告然大半出
於岷庶之家若我夫子以清忠幹略上受主知擁幢建節敭歷封
圻其來也陰雨成膏其去也甘棠遺愛重裀列鼎足以爲太夫人
養謳思歌頌足以爲太夫人娛而太夫人年躋九秩益復康強純
固眉壽且無有艾於虖此豈偶然也哉繼畬年未弱冠即受知於
我夫子迨後遊學長安時時摳衣請業太夫人之懿行聞於侍坐
之餘者指不勝僂也而總其大德則曰明達慈惠喜戚不以動其
心於虖可謂難矣方我夫子之由翰林而官司業也索米長安瓶
無儲粟太學生執贄來謁留其名紙却其金弗受十餘年冷官落
拓清節彌峻知太夫人之明於義利不敢以苟得爲養也迨我夫
子之分巡於蜀也專榷鹽茶入稱膴仕我夫子剔蠹弊謝供張常

例所入却之以惠疲商囊橐蕭然一時有脂膏不潤之目知太夫人之安於儉素不敢以豪華爲養也我夫子之陳臬於淛也嚴明剛斷執法無撓嘗因事力爭於撫軍詞色俱厲坐者色駭汗流默不得語蓋謹持三尺不以得失縈懷知太夫人之達於義命不敢以詭隨保位爲養也粵西邊裔荒瘠民猺錯處我夫子之涖行省於斯也察吏以嚴撫民以寬期年之內政治人和峒戶黎丁歌舞於蠻烟蛋雨之間蓋仰體太夫人慈惠之德而以煦育爲治也江右民俗稱好訟大吏持成見或袒吏而挫民民以是益囂我夫子來撫是邦慨然曰民俗固殊民情無二鬭民而治民何以堪於是糾貪墨擢循良民與吏安訟益衰息迨後連年水溢賑恤兼施民無轉溝壑者蓋仰體太夫人公明之訓而不以偏黨爲治也善乎

李塨剛主之壽鄭太夫人也曰孟母之賢不問耕田學校敬姜之賢不問朝事獨今世形管諸志類迹其相夫課子助之學助之政非閫德之正疑傳之者失其眞斯言則信然矣太夫人懿德淵邃固未嘗於含飴弄孫之餘間及外事而我夫子靡鹽之餘温温色養又豈嘗以簿書錢穀之故商搉於慈母之前乃其淸操峻望之所由立惠心善政之所由成稟承於問安視膳之暇而視聽於無形無聲之中者皆太夫人大德之所陶成此則門下士知之最深者也所尤難者我舟之師伯箎仕粵東未一載而修文太夫人聞訃盡哀既而曰彼已成進士爲縣令命之修短數也夫何憾哉不煩慰解而眠食無恙我夫子以壬辰入覲歸而染疾數旬累疏請解聖主情殷倚畀温旨慰留太夫人謂受恩深重不宜自逸我夫

子遂力起而任事於虖毛裏之愛顧復之情自古哲人賢士往往不能勝而太夫人哀樂中節大義克明如此此其性地之恬和神明之清定舉凡人事之變無足以攖吾天而滑吾眞者享人間未有之福得前古未聞之算固事理之必然而非出於偶然者矣昔張晉公齊賢入相其母魯國夫人年八十餘太宗召入問曰婆婆老福當世榮之他日太夫人壽躋百齡我夫子晉階端揆被聖主之恩施必且與魯國齊榮而希有之年又非魯國之所能並此則門下士拜稽而致祝者也繼畬遠在都門未克躋堂稱兕謹述其所見知而爲之序

韓芸昉中丞七十壽序

吾晉自古爲帝都其山拗勁其水清駛其民俗勤儉而思深生其

間者名臣碩輔後先相望多犖犖堅正不苟於時在國朝者澤州陽城臨泉三相國其最也而封疆大吏樹政績光史乘者則以于清端公爲稱首所謂天下清官第一者也越百餘年而大中丞韓芸昉先生爲之繼先生爲汾陽人于公永甯人兩邑古西河地今並爲汾州府屬相望蓋百餘里云先生由翰林歷臺諫洊任封圻受兩朝特達之知服官三十餘年宦迹所至輒著政聲守絕一塵而不以詭激爲名高明周庶務而不以苛察自喜其爲政也持大體計久遠熟思審處期於當可而後已蓋先生之爲治與于公異于公當定鼎之初孑遺凋敝巨盜林立不草薙而禽獮之無以安元元而流惠澤故用趙張鉤距之術其治尚嚴猛先生當承平之日法令明具曩時豪猾之風馴伏久矣而戶籍殷繁蓋藏易罄科

條稠疊奸蠹或生故用召杜牧養之法其治尚精詳其設施之不同時則爲之而潔白之操惠愛之德所以濡澍蒼生而上酬殊眷者固先後如一轍也聞昔于公之去羅城也闔境之人號泣遮留一瞽者以賣卜助資斧致公於蜀乃返先生再撫七閩以辛卯謝政歸閩之人扶老携幼張筵祖餞塡衢溢巷無慮數千萬人鳴鉦吹籥伐修竹長丈餘繫彩帛爲旛幢枝葉葱翠夾道如林人手一橘獻與前曰公持桔去閩音呼橘如桔桔者吉也祝以康強逢吉也如是者十數里不絕相與咨嗟涕洟不忍言别先生謝遣之乃罷去於虖先生之得民如此與于公豈有異哉先生解組之後長君室臣官部郎迎養京邸閉門却掃萬卷獺陳朱墨校刊泊然如老書生時復蒔花種竹聽孫子讀書爲樂前後三典文衡諸弟子

布列中外貴者爲冢宰漕督以時來起居拜跪趨座隅先生從容竟日訓以立身行政之道年屆古稀而神益清色益腴望之如神仙中人此又于公之所願樂而未逮者歟乙未仲冬五日爲先生七十壽辰晉人之官京師者將躋堂致祝而思有以爲言也謹撮其梗概而爲之序

武次南觀察六十壽序

戊申七月爲次南六旬初度僚友將製錦屏以祝而公峻辭鄉人之官於閩者相與謀曰古稱六十杖於鄉鄉人敬長鄒尾盈握村醪盈瓶登堂而介眉壽古之人弗辭也公官於閩鄉之人亦官於閩去故鄉蓋五六千里而公之視鄉人如里閈也鄉人之視公亦無殊里閈也請以鄉人祝公公其毋辭吾鄉俗儉嗇而人性質樸

公家雲中近接邊塞爲秦漢戰守之地其民風慷慨質直尤爲近古公少時爲名諸生賀耦庚尚書督晉學獨器公取爲優貢困鄉薦者十餘年尋入成均考充武英殿校錄乙酉舉京兆丙戌捷南宮公年已近四旬矣分部得刑曹讀律精苦如治舉業時讞獄詳審明决而用心仁恕不以鑱刻矜赫赫名嘗因獄事當罣吏議獄非公所具也公自謂主稿銳身獨任不肯累他人而讞是獄之今福建方伯陳公亦力爭不肯累公堂官咸嘉歎語在薦紳間一時以爲美談京察一等召對公氣貌偉碩多髯奏對語樸誠無枝葉上心識之尋擢福建鹽法道抵閩時正當鹺政敝極全綱岌岌將隳地公踵前任尋觀察議請豁除舊欵一百六十萬不以累新商制府劉公據以入奏得俞旨由是新商不肩舊累方得舉充如額

在閩五年兩權廉訪一權方伯名法公所素諳引例案如夙誦書較比精詳無毫髮差忒筦度支課羣吏尤簡重得大體今公膺卓薦旦夕且陟烏臺躋方岳制封圻建樹非常勳業彪炳皆可爲公券也而鄉人之所以重公者則更有在公性樸實胸次坦豁無纖毫障翳不解作欺人語亦不能作周旋語其爲監司也無改於其爲京曹時其爲京曹也無改於其爲秀才時夫黜華崇樸著誠去僞古之訓也公則能爲樸不能爲華能爲誠不能爲僞士生鄉曲間終其身不越數百里所遊處者田舍之翁所更歷者鹽米之事以是自葆其璞固易易也公少時卽遊關陝後應京兆舉遊京師數年入比部居長安十餘年爲外吏又數年於世味何所不嘗於世途何所不歷素衣化緇百鍊爲柔蓋賢達往往不免而公則入

世愈深處懷愈樸機詐百出之夫厚貌深情之士一見公而城府自開鱗甲自剷如公者殆不失吾鄉之本色者乎昔司馬溫公登政府東坡以啟賀之曰青天白日奴隸亦知其清明璞玉渾金舉世莫名其寶貫天下傳誦以爲定評蔚州魏敏果公以清儉誠篤受知聖祖御書寒松堂以褒之溫公吾鄉之夏縣人蔚州舊隸山西距公所居之陽高僅百餘里兩公皆吾鄉賢喆請用以祝公可乎鄉人皆曰可遂書之以爲傷侑

候選道春潮沈公八十壽序

余癸酉丙戌鄉會同譜六安沈氏昆仲得兩人焉一爲舜卿侍御以名解元由翰林官臺諫疊司文炳有聲一爲厚齋大令以癸未貢士丙戌補殿試即用知縣歷宰吾晉數大縣所至有遺愛兩公

與余雖同譜而宦轍分馳未獲謀面其共事最久而知之最深者則兩公之同懷弟春湖觀察也咸豐二年余罷官歸里爲中外諸公所牽率奏派帮辦勸捐團練等事公以優貢考教習任陽曲縣升太原同知時在省城總局時時晤談知其天性勁直不避嫌怨而規畫大計輒中肯綮心竊敬之時中丞哈公惡公切直屢尋釁挫折之賴郭小房方伯主持公道未遭中傷既而賊由垣曲之風門口竄入晉境哈中丞棄軍逃回省城大震人情洶洶謀閉城拒之時賈亮才鴻臚郭棣園讀學在省垣總辦團練挈余名飛章劾之郭小房方伯亦馳疏劾奏得旨褫職逮問哈中丞謂皆公所爲銜之次骨臨去猶補兩章彈之新任恒怡亭中丞抵任諭交確查恒中丞採公論查案卷知哈中丞劾疏皆屬虛誣力予辨雪並以

心直口快不避嫌怨覆奏是時公已有退志恒中丞知公可倚任慰留不使去尋委兼署太原府篆先是河東鹽務屢易章程富室皆以充商傾敗全綱岌岌將倒咸豐壬子欽派王雁汀司農聯秀峯方伯會同晉撫兆松厓中丞查辦公爲隨員得以深悉鹽務利弊其後浮費雖裁而商困未能盡紓恒宜亭中丞知公能斷大事密與商謀公請改易爲官運官銷准令充商之家悉行捐免可得巨款以濟軍需河東引地各州縣試行官運官銷之法正課亦可無虧恒中丞據以咨部得旨照行遂委公與張秋坪太守總司其事既而商捐得三百餘萬官運亦暢銷無阻入告得旨嘉獎公遂特擢貴州鎮遠守秋坪亦擢四川鹽茶道旋晉臬司矣公以年屆七旬精力漸減而舜卿厚齋兩先生皆以故鄉遭兵燹挈百口僑

寓并門不忍拋之遠去遂捐升道員而令長子弼臣以知縣指省
分發山西補太谷縣清正廉明日坐大堂理詞訟環觀者如堵牆
皆歡呼稱快或感歎泣下一時有沈青天之目公慮其以孤直抵
尤亟令引疾旋援例得太守隨撫節馳驅大府甚倚重之適晉鹽
初改官運各牧令以先課後鹽貲乏不能興辦大府知公深悉利
弊勸令貸貲試辦官運以爲之倡由此晉引暢銷公亦藉以資旅
食焉忌者因謂公壟斷鹽務致入彈章長君弼臣亦以員氏爭繼
之案牽連罣誤致前後兩發欽差來晉訊鞫然公父子之未嘗染
指不特士民知之卽星使亦知之甚悉弼臣卒以承審失實擬戍
旋援例贖罪養親竟奉兪旨方事之殷也勢如鼎沸衆謂禍且不
測公父子處之坦然曰問心無媿禍福聽之旣而浪靜波恬公父

子卒得完名全節以去乃歎聖主之顯忠遂良無幽不燭而天道之報施善人未嘗爽也江南蕩平皖省已成樂土公將率弼臣歸治田園爲終老計適逢公八袠壽辰皖人之官於晉者將製錦屏以祝謂知公者莫如余也遂以壽文相委余聞公與舜卿厚齋兩先生相約年至七十乃著朱履壽陽相國嘗爲詩以贈之余上年年屆七十亦效公著朱履然公年八旬而聰強健步不減中年余則蹣跚疲曳非杖不行乃知東施之效顰適足爲西子笑也因書其語爲公侑一觴焉是爲序

誥封武翼都尉周公樸齋八十壽序

雁代以北爲古邊陲戎馬時來保塞之民多貧瘠我國家德威遠播漠南漠北蒙古各部悉編入八旗爲臣僕在漠北者爲外蒙古

四部服賈者涉瀚海往來如內地在漠南者爲內蒙古分東四盟西二盟東四盟直直隸盛京邊外西二盟直山西陝西邊外在陝西邊外者曰鄂爾多斯卽所謂河套者也在山西邊外者曰兩翼牧場曰察哈爾八旂在歸綏兩城者曰土默特此外則西二盟之喀爾喀右翼茂名安四子部落烏拉特四部承平日久內地無業之民多負耒租墾草地服賈者亦時以百貨往車駝往來殊無限隔生聚既多蒙民交雜乾隆中乃於其聚成都會之地分設七廳以兼理蒙民薩拉齊一廳在最西北附近黃河爲四子部落烏拉特兩部牧地接套外額魯特阿拉善部秦漢時雲中五原兩郡邊外地三晉之人種地服賈者尤多往往赤手起家成素封聖朝二百餘年涵濡之澤中外一家遐邇禔福洵亙古所未有也忻州誥

封武翼都尉周公樸齋先世以貧無生產移家於薩拉濟勤苦治生粗能溫飽公繼嗣於世父錫嘏公錫嘏公棄養時公年甫十五兄復齋公年十八兄弟繼先業協力謀生不數年而少有又不數年而富有迨公年四十餘己累貲鉅萬矣公以塞外非首邱地復移家於故土晚年家益豐忻州屈指巨室者必及於公方公壯年時勤瘁治生冒寒暑往來塞外手足皴瘃面目黎黑雖少藉先世遺基而繼長增高皆由於拮据經營而來得之亦不易矣得之難惜之必甚慷慨施予之事出於席厚履豐者易出於銖積寸累者難然公輕財好義婣族之貧急者周恤無虛日親串之婚喪不舉者量爲佽助晚歲取積年借劵拉雜焚燒之遇荒歲指囷周濟無難色得之甚難而出之甚易以故公雖驟富而感頌者多無妬怨

者昔馬伏波游牧塞外三致千金之產輒自散之蓋自古賢豪之士其識見度量與世之僅知守財者不可同日語矣公性孝友嘗以失怙甚早爲恨事母彭太孺人能以色養與兄復齋公白首同居怡怡無間言蓋其至性之純篤如此公室既完美則教諸子修文武業次子召南入州庠以教諭候選三子召虎中道光癸卯科武舉人議叙遊擊公以例誥封武翼都尉年已七十有六神明不衰有是德宜有是福理不誣也親友以公年近八旬將製錦屛以祝浼余姻親張澹園先生以尺書來屬爲之序余既羨公之厚德足爲富人矜式且有感於公之際遇熙朝中外無疆域之限故能起家塞外無異於起家州里也爰樂得而爲之序

冀母馬太夫人七十壽序

易曰地道无成而代有終也又曰無攸遂在中饋大雅斯干之詩曰無非無儀惟酒食是議無父母遺罹蓋陽性明陰性暗陽主剛陰主柔故婦道以順爲正男子之事不以之責婦人蓋知其智力不及此不責之以所不能也若夫身處閨壼之中而夙明大義深識遠見或爲男子之所不及此則古今不數數覯而苟有其人史傳未嘗不豔稱之若鄧曼知心蕩之祿盈敬姜知民勞之思善辟司徒之女以君與父免爲喜嫠不恤緯而以君老而太子少爲憂孟母斷機成其子之學王陵之母自裁成其子之忠曹大家爲太后師贊和熹之內政馮酋之母洗氏開闢嶺表坐鎮一方柴紹之妻平陽公主特起娘子軍佐興唐室古今奇女子如此類者指不勝屈以坤道之柔順秉乾德之陽明間氣所鍾不可以尋常論也

乃今於誥封夫人冀母馬太夫人見之太夫人爲誥贈資政大夫
一齋冀公之繼室母家簪纓世胄夙嫻詩禮贈公自祖父以上單
傳者七世家稱富有而苦於襄助無人自太夫人來歸乃準母家
儀式相之以立家規贈公貲業半在荆楚又有在京師畿輔山左
者往來照料井井有條而家政則一委之太夫人贈公自奉儉約
兩餐恒雜粗糲太夫人曰此惜福之道也然自奉宜薄待人不厭
其厚既擅素封之名義所當爲不宜居人後贈公深以爲然故指
囷贈舟之事不一而足會垣修貢院首捐萬金族戚鄰里之待以
舉火者無慮數十百家皆太夫人贊助成之贈公既逝太夫人以
諸子未更事內外諸事悉自經理南北貿易經商字號凡數十處
夥歸呈單簿稍有罅漏卽爲指出無不咋舌駭服不出戶庭而六

嚮在手綜理精密不減贈公在時又待夥極厚故人皆樂爲盡力
咸豐初粵賊竄入湘南兩湖騷動太夫人曰此吾家報國之時也
時勢如此守錢欲何爲卽寄信各夥令竭力捐輸助餉而晉省捐
輸之議亦起接連六七次計前後捐輸凡數十萬金是時全楚被
兵商號之遭兵燹十餘家貲已去大半近兩年來海淀字號被焚
掠者四山左直隸諸字號貲本尤多亦大半被焚搶較之從前家
貲不及十之三太夫人坦然無憂曰享國家二百年太平之福世
世溫飽以至今日今逢厄運聖主宵旰憂勞大江南北城池尚多
未收復我家之毀又何足言所恨貲財將竭不能如前此報効耳
庚申辛酉介休連年荒旱道殣相望太夫人惻然曰吾力已綿不
能遍及不可使鄰里有餓莩令諸子按戶口造册散給錢米所居

之北辛武村戶逾千口逾萬無流亡者歷屆捐輸諸子議叙得二三品銜封贈及三世太夫人查會典例得立廟乃令諸子建家廟叙昭穆分龕設立虔修祭祀又以先世塋墓在鄔令諸子披荆榛鈔其碑碣分支修族譜於虖報本追遠敬宗收族根本之要圖也世俗多忽忽不講太夫人乃以此爲要務宜乎巾幗丈夫之稱遐邇如出一口也太夫人男子子五有已出有庶出撫之如一教之如一諸子雖得高爵而皦皦修勅不敢以裘馬耀鄉閭供客極豐腆而家中兩餐仍儉素曰惜福則福自長也以故諸子生富家而能飽粗糲此則唐魏之遺風富家多變古俗而太夫人能存之所見者大所思慮者深而遠即求之古賢媛中又豈可多得哉余頃年設帳綿田曾與贈公相識季子以正治舉業從余受學已數年

故太夫人之風範知之爲最詳太夫人年屆七旬親友將躋堂以祝而屬予爲文予故就所知質言之爲太夫人一觴之侑是爲序

侯節母趙太恭人七十壽序

節婦之重於令典也舊矣定例守節在三十歲以内逾二十年則旌表合例衿呈學學牒縣縣核而申府府核而申司核而詳院院乃具題交部核覆奉俞旨乃得建坊旌表典至重也論者謂貧家守節難富家守節易余謂不然貧家之難於守節謂既失所天艱於衣食耳然家既空乏之須自食其力紡績則轉軸連宵縫紉則篝燈達曙飢咽糟糠寒緝敗絮勞力既多游思悉絕但得曲突生烟孤雛獲哺即已快然無求寂寞淒涼之感其心固不暇及也若富家則異是饔飧有廚井臼不須操也衣裳在笥曳婁惟其便也

廣厦無暑洞房無寒婢媼足備洒掃廝養堪供驅使天與之以佚樂不能卻也而或琴瑟方調宮弦迸斷孤鸞寡鵠觸景愴懷身與力兩無所用獨內而自苦其心此其情勢較之貧家爲尤難當此而印心古井不起波瀾遲之數十年而白首完節非冰雪爲骨者不能古今言守節者以柏舟爲稱首共姜衛世子之匹也豈貧家而守節者哉繹敬姜勞逸之訓其難易固判然矣誥封恭人侯母趙太恭人者誥封朝議大夫英齋公之子婦也英齋公以單丁嗣兩門各生男子子三第五子植堂公娶同縣玉璞趙公之女趙故名族太夫人年十四來歸婉娩聽從克嫻婦道未二載植堂公遽以疾卒時太恭人年十六悲泣不食尊嫜力勸之爲繼二房伯兄松軒公之子悳長爲嗣悳長生甫六月太恭人撫之如已出年十

五娶名門李氏之女爲婦年十九忽以疾逝遺服生子鑾階太夫人飲泣曰孫猶子也與媳李宜人共撫遺孤勤瘁備至持家儉約勤於女工閨壼之內肅然無譁笑聲迨鑾階成立爲部郎大母白首母亦華髮蘭陔色養溫溫如也侯氏前苦丁少至英齋公而多男孫曾繩繩各咏桃夭宜家室獨太恭人姑媳兩世茹苦含辛數十年時或相對酸惻淚涔涔溼襟臆睹鑾階頭角嶄然則又破涕爲笑互相慰藉百卉具腓而貞松獨飽霜雪可不謂難乎鑾階性孝謹奉重慈曲得歡心年三十餘已有兩子六女賦梨分棗繞膝嬉嬉兩節母顧而樂之虐之以淒風苦雨償之以孝子慈孫天之所以報節孝者不爲不至矣先君子施南公嘗與篤齋副車爲賓主教其季弟紹先余頃年設帳綿田與其昆仲游晚歲歸田館平

遙又交其羣從子孫累世通家過從無間故其家事知之爲最悉太恭人年屆七旬戚友將僉名呈請旌表且躋堂致祝屬余爲稱觥之文乃臚所知而爲之序

侯節母李宜人五十晋六壽序

古今祝夫婦之詞必曰偕老合巹同牢調和琴瑟子孫蒸蒸齊眉白首人世吉祥善事無逾於此至有時而賦柏州倫紀之不幸也一見之不已而至於再世荼苦之境斯爲極矣大地皆膏雨和風而寒雪嚴霜獨聚於一邱一壑呵壁問天漠然無語然而奇節非此不顯後福非此不降則又不可謂天道之終於茫昧也吾於誥封宜人侯節母李宜人而見之矣宜人系出名門夙嫻女誡姑趙太恭人年十六而寡繼二房松軒公之次子諱悳長字懋修者爲

嗣是爲宜人之所天宜人年十七而歸於侯年二十一而良人遽赴玉樓之召絕粒不欲生姑趙太恭人抱之哭曰新婦有妊將分娩幸而男也吾門一綫可延若任情所至不知自返是重僇我也我亦相隨去耳宜人乃收淚進餐越四十五日而生男即鑾階也方其幼也偶有疾疴則姑婦驚惕憂惶搏顙默禱神佛蓋慄慄危懼者十餘年迨鑾階長而授室血氣甚壯兩節母之心乃稍稍安貼今鑾階已有兩子六女呱呱啼笑繞膝扶牀非復向之淒涼景況矣余嘗觀陰陽之理溫煦居長夏萬物之所欣悅也嚴寒居大冬萬物之所畏避也然非冬日之嚴寒閟其生機而醞釀之則春夏之勾萌條達必不能暢茂而有力趙太恭人既以青年賦黃鵠而宜人又繼之不幸之遭儼若亦步亦趨者今則椒實瓜綿蒸蒸

日起陰極陽生隆冬轉而爲春夏亦理數之自然者也宜人性婉嬺事姑如女趙太恭人亦以女視之家政一稟命於姑無敢專外事不問但教鑾階以謙和謹飭此所謂得婦道之正者歟初侯氏昆弟之分爲兩支也貲財亦已分撥既而有耗減不支者又兩次混合而勻撥之近年南方遭兵燹商號折閱已甚各房又有拮据者乃以有餘補不足使之不相懸絕三分三合鄉里皆傳爲異事比張公之九世同居何多讓焉吾晉太原汾州兩郡富室頗多然皆以貲財爲重同氣之戚彼瘠此肥不相顧恤甚或因爭財起訟甘以苞苴納官吏求角勝於所親澆薄之俗令人慨歎然其家道絕未有綿長者其男婦亦斷未有植品行守貞操者沙礫之土嘉禾與芝草不生其理固然今侯氏家道雍睦重骨肉而輕貲財故

其婦女亦深明大義貞異如此兩世以守節得旌載之數世以科名增重者其勞多矣宜人年五十有六戚友將製錦屏祝趙太恭人壽而並祝宜人壽宜人自居卑幼辭不敢當趙太恭人曰是髮種種華白與我同爲老寡婦親友盛意不可卻也躋堂致祝者乃乞余並爲之序

常母任太宜人六十壽序

余遊綿上識常子裕豐慷慨義氣丈夫也常子嘗援例入太學已復棄去馳馬試劍習武業既已標名黌序矣乃矻矻爲武舉子業樹的百步外引滿而發發輒破的日拽百石弓百數持大刀作旋風舞如是者無間寒暑屢挫於有司而氣益銳孳孳不少休以余所見習武舉子業無若常子之勤且久者嘗語之曰肄武至勞吾

子非急於祿仕者何自苦爲常子謝曰某不慧不能以詩書博青紫獨念精力粗頑或可挽強命中博取科名爲吾親晩景之娛是以精力未衰不敢輒休也因歷述萱堂誥封宜人任太宜人之賢且曰願得吾子一言以爲吾親壽余謂人子莫不欲尊其親身體髮膚受之父母力之所能竭分之所得爲無不當致於吾親者然或狎恩恃愛驕惰成習顯揚之說塞耳而不能聽此固人子之尤抑或由父母之恩深掩義而不能振作其志氣使之致尊於我也太宜人以大德全福蔭庇家門其長君禮心規言矩步爲鄉里矜式既已捧檄而喜紫誥黃封致隆於慈母之前矣而次君裕豐抱投筆封侯之願勤苦其心力必欲一當而後已即兩君之守身勵志竭其心力之所能以致尊於太宜人而太宜人義方之訓從可

知矣余告常子曰舉業之途文武同慨得失利鈍所不可知如吾子之材勇而加以不懈之功力宜其飛黄騰達矣而駿足屢羈卒未能壯歲請纓建高牙大纛迓板輿於名山勝水之間揆之孝子之心必有鬱鬱其不適者然而是無妨也尊養之道在乎性天世有以鼎烹事其親而其親不樂者有負米百里之外以事其親而其親怡然者誠與僞之別也存吾子尊其親之心而竭吾子尊其親之力懔懔明發無忝夙夜是則不匱之眞機而所以致尊於太宜人而綿其南山之壽者爲已至矣請列鄙言爲一觴之侑是爲序

張公蓮塘暨配羅恭人六十雙壽序

張子申甫舊受學於先君子以弟畜余往來驩洽如家人也歲戊

子余遊汾上申甫適自京師來謂余曰吾從父誥授中憲大夫蓮塘公年屆週甲諸戚若友謂其懿德之宜於壽考也將製錦屏以祝而未得其辭子方從學於史氏試爲之余謝曰駢儷之言非所長也恐寒陋無以稱事申甫曰惟公亦不喜夸者言也試質言之余曰唯唯試言公之槪申甫曰公質直和厚與物無迕而性通敏達於事理事考贈公以色養伯仲之間塤篪迭和宴如也少執儒業銳意功名是時贈翁春秋高諸兄弟並績學里居未卜所嚮公慨然曰嚴親老矣而猶以庀夜勞心安用家督爲且吾家簪纓名閥諸兄弟年及強仕匿迹園居將何以張大吾閭然宦海茫茫靡所定止根本之地實爲要圖諸兄弟請出而報國予挂名仕版足矣家門之事予以一身任之由是置舉子業起操家棣課農桑

督貿鬻一切井井罔有廢墜以故贈翁得以含飴弄孫頤養耆年而太夫人就養京邸怡然適志皆公力也厥後爾兄一令於南海一令於閩並以循聲著而季弟環洲公以京曹出爲甘涼郡丞當事倚賴列諸薦章又撫教諸孤姪殫盡心力並得成立或校書蘭臺司算齊右或起家進士觀政秋曹計一門之中兄弟叔姪歷中外並以宦績顯於時而根本之地數十年擘畫經營使之無內顧憂者咸於公乎是賴余喟然曰是足以壽公矣此老氏所謂以無名爲名漆園氏所謂以無用爲用者也蕭文終戰伐之功不及韓彭而守關中以輸軍實卒佐成大業者文終也寇雍奴略地之功不及馮耿而守河內以供飛輓卒佐成中興之業者雍奴也國既有之家亦宜然余觀世宦之家蟬聯鵲起簪紱布宇內而桑梓

之地或虛無人焉或僅有之不足以了其家事焉遂至庭戶塵封藏書散失桑田坐荒松楸枯廢及一旦或賦歸來而瓶無儲粟豈之買山因是潦倒遷流而所稱王謝崔盧忽焉不知何往者比比然也如公之深維本計而從容坐鎮者豈易見哉譬之樹焉枝幹繁蔚參天蔭原而公則護守其根株者也譬之水焉支派浩衍貫河達海而公則疏剔其源泉者也一門之元氣公實培之則公之醞釀亭育而自培其元氣者又何如耶然則公之所爲壽者在一家不僅一身在數代不僅一世吾聞德配誥封恭人羅太恭人與公合德亦與公齊壽龐眉皓髮同享期頤是固理與數之必然者也是足以壽公矣申甫曰未已也公樂善好施沾溉者甚夥媚鄰有紛糾爲之排解無虛日梓里公事必推公爲領袖因是捧觴而

欲爲公壽者蓋什伯麋至也余曰公既有其犖犖大者小節固不煩縷述矣因次其語以復於申甫爲公侑一觴焉是爲序

例貢生李君純暇七十壽序

先大夫施南公有手鈔傳青主徵君語言拾遺二卷內題幼科證治準繩一則云姚甥持此乞老夫點定數方習之爲糊口資既習此實無省事之術但細細讀緒論再從老醫口授自當明解又云扁鵲以秦人之愛小兒即爲小兒醫慈和愷悌便入醫王之室慎勿流於惡恣如李醯也余嘗推論其意以爲醫仁術也然必先有仁心而後可以行仁術世之習醫者操救人之術而或至於殺人固由術之不精抑亦其心先從膜視姑以人命試吾術試之不效又不肯求其所以然故人之不死於病而死於醫者比比皆是無

仁心以爲之質固不可以爲醫也李君純嘏仁人也與余幼即相習其氣貌藹然如春與人語如恐傷事親純孝父臥病十餘年君恒衣不解帶飲食溲便皆躬親扶掖十餘年如一日鄉里皆稱爲孝子君少業儒屢試不售中年讀岐黃書遂學爲醫無論貧富貴賤邀之即往無車馬者步行夜寐方熟有叩門求診者披衣就之冬月冰霜結鬚眉寒氣塞口不得語手凍僵不敢出袖不以爲苦君家僅中資然不以醫爲利病愈不索謝貧者藥資不償亦即折券無論在家在肆老幼男女晝夜環集求醫無頃刻暇偶暇仍披讀未見之書臨一證不得其方枕上推求或致終夜不寐君與余堂姪近甫爲兒女姻親以親串禮往來余家中老幼男女偶有疾患告君君即來診余研食平遙恒以家中人口託君君亦慨應余

見君勞悴過甚嘗謂之曰君既不以此爲利而頭童齒豁矻矻爲之摩頂放踵而利天下近於墨子之兼愛矣曷謝絶以自頤養君蹙然曰心不忍也於虖此眞所謂仁心爲質者歟鄉人重君品誼偶有紛爭君一言排解立釋善氣所薰蒸宗族鄰里皆被其化君驅車行道中兒童皆識之曰李先生也君少余二歲鄉人將製錦幛爲君豫祝七十壽辰專足來平遙乞余爲文時余方辦團防諸事軍書旁午之中匆匆搦管爲君遙侑一觴焉是爲序

例封安人王母高太安人八十晉五壽序

咸豐十一年冬直隸流匪竄入忻代五臺之上峪刼案頻聞崞縣之宏道鎭一夜連刼兩鋪戶距余所居之東冶鎭三十里東冶爲五臺合縣大都會居民千餘戶鋪戶字號二百餘人情恟懼就余

問策余勸令辦理團練謀首事之人各行頭皆弗敢當有王君秋原者慨然任其事余請於邑宰余小欄太令派丁役赴東冶巡查邑人武孝廉朱君汝勤適署五臺把總助余料理其事遂舉行直隸流匪不敢窺伺次年余適平遙館奉旨督辦山西團練王君來館商量團練事宜余畀以所刊團練條款並重鐫廣西團練事宜王君歸而勸辦策蹇遍歷南路各村社苦心勸諭告以團練之有利無害人皆踴躍樂從風聲既布流匪裹足閭井晏然余請於英香岩中丞畀君以六品功牌派爲團總君復舉團長四人以自助而南路團練一事遂倡合縣之先聲焉甲子春王君以書來曰元義以家貧廢學而賈其尙能粗知大義於公事弗敢退縮者皆吾母之教也因詳述其尊堂高太安人孝慈勤儉諸懿行曰吾母今

年八十有五諸親友將製錦幛以致祝欲乞先生一言以爲重余維公父文伯之母不輟績而其子爲魯國賢大夫陶公之母不嘗鮓而其子爲東晉勳臣觀王君之辦團務而太安人之所以教子者可知矣乃不辭而爲之序

仰周韓公暨繼配劉儒人六十雙壽序

蓋聞處士風高應少微而彩朗賢媛德茂騰寶婺以芒垂分曜爲難雙輝尤異矧夫耕廛寄跡弗貪軒冕之華井臼習勤無改布荆之素揚頌謝文流之靡交知殊墨客之浮苟非操履過人愜鄉評於月旦胡克聲稱藉甚傳輿頌以風馳惟我仰周大兄大人山右高藝雲中望族衍瓜綿於魏國司馬同稱聯華胄於荆州登龍共羨大兄幼徵穎悟長益權奇聽徹夜之書聲清同雛鳳試當時之

筆力健擬搏鵬顧以養切蘭陔供艱菽水待掄升於薦鶚擀檄何年思孝養於牽牛持籌亦善遂操計然之術聊施盤錯之才馬文淵耕牧西陲自韜鴻業范少伯遨遊南國別號鴟夷飢穰能知生財有道錙銖不較惟賈稱廉乃其讓財似鮑居室同荆義所重而利所輕常嚴一介得之難而施之易屢散千金斯固身居市廛之中心遊坊表之際者矣至若政施門內爻繫家人親捧盤匜色常温乎孺子頫衣斑彩唬或肖乎嬰兒慨棣蕚之難全長兄早違乎雁序喜荆花之獨茂季弟更篤夫鴒原秉以義重魯連片言而紛紜立解信同季路一諾而戚黨同欽綜厥生平尤稱表卓者也德配劉孺人白水名閨青藜世冑幽蘭紉佩幼已奉爲女帥香茗裁篇長不煩乎姆教迨歸我大兄大人也鹿車共挽鈫何須夫玳瑁

澣衣長服緣早却夫偏諸斯時也舊素新縑嫌疑易涉遺雛弱息撫育難周而孺人性本敦仁身爲代賈教成婉娩詠季女以采蘋訓備慈嚴挽隹兒而晝荻經營婚嫁以畢晨昏屏當米鹽何分早晏所尤難者大兄產不中人性尤長者推困視若尋常爲黍幾無虛日而孺人則相夫有道能宏推解之風佐德無方尤崇緩急之誼所以繽紛雜佩無齟齬於齊閨而璀璨緇衣效殷勤於鄭館者也茲者大兄年屆杖鄉行誼早賓乎邑宰孺人德優中饋儀型備式夫媚鄰而且燕翼貽謀鳳毛蔚起長君策名於仕版次君翔步於園橋家衍一經予季還焚膏而肄習慶延三代文孫更露角以崢嶸此皆徵大兄之垂訓義方而亦見孺人之彰儀內則也茲當懸弧令序設帨良辰某等誼切葭莩情殷桑梓用託毫箋而致祝

敬隨賓從以稱觥佇看黃髮同歌獻壽酌雙鸞之椀更見紫泥遥
錫鍾祥開駟馬之門是爲序

致屬下十七縣書 延建邵道任內

延建邵一帶地居閩省上游萬山叢雜匪盜易藏東北則界連浙省擔匪肆行苦累行旅西北則接壤江右游手匪徒跬步卽入往往結會傳徒暗相勾結又每年茶季棚寮遍野莠良錯雜尤易藏奸其西南之永春州三屬地瘠山深素稱盜匪淵藪結隊而來率以延建邵爲取求之地沙縣永安尤溪順昌則其出入之門戶也上年年歲大稔秋冬之間頗稱安靜本年二月間順昌卽有恤餉被刦之案三月間沙縣有布店被刦之案四月間建陽有茶客被刦之案盜風熾盛已露萌芽若緝捕毫無起色必至搶刦蠭起不可禦止竊思弭盜之法全在無事之時派得力之丁役水陸巡查

訪外來之游匪隨時懲辦其尤要者則在乎編聯保甲行以實心風聲既肅匪盜自然裹足一切成法講求已久服官者諒無不爛熟胸中顧或知而不爲以致接踵失事者一則簿書叢雜之暇豫之精神一則缺分瘠苦乏巡防之經費且曲突徙薪其效不過無事而止而一切任之亦或可以旦夕無事經閱歷則總以無動爲大訪幕友則勸以息事自全此所以未雨之綢繆人人知之而不肯爲之或且視爲無事自擾者也然防範既疎宵小因而盤踞一旦越貨郊垌紛紛免脫重案不破隨以嚴參此時覓眼購線急不暇擇甚至擲不貲之金錢而不獲緊要之一犯吏議難寬漏卮莫補狼狽情形殆難名狀卒之計其所費殆十倍於巡防而事之成虧乃不可以同日語覆轍相尋可爲太息弟承乏於兹已屆月餘

才識淺短無以襄助諸君子一知半解不敢不盡其懇懇之愚思欲互相黽勉於所謂除莠安良者少效其萬分之一至州縣之萬苦萬難弟雖未爲身歷知之頗稔剏在閩省尤爲局促不量其力不原其情牌札紛行事事苛責案頭多疊故紙於吏治誠何裨益顧處此匪盜縱橫之地不得不於艱難困頓之中講求捕治之策剏大憲鑒衡精澈舉劾分明果著循聲必蒙荐剡身名俱泰尤爲諸君子致祝者也

致某方伯書（福建汀漳龍道任內）

侍昨因泉州大營兵丁口糧加成七分與鎮府會稟兩院憲請將漳海防兵簡汰病弱口糧加成六分九月初十日奉到督憲批示如稟辦理隨復將簡汰各兵數目並挑留各兵數目具稟亦經奉

到督憲批示待隨卽行知各營並移冰案矣昨少愚奉尊處批示以海澄之兵有進剿之用准照泉州大營按七分發給此外皆一律四分現已具詳等因權衡緩急自是公允惟漳州現在防兵全聚於海澄郡城銅山三處海澄之危險固不待言而郡城距海澄四十里一水相通勢連脣齒萬不能以海澄爲征兵而以郡城爲防兵以事實論之海澄斗大之城逼隣狡寇兵止一千數百名自守不暇何暇議剿海澄一有警動則郡城之兵卽須前往赴援郡城一有警動則銅山之兵又須星夜來援勢不能強分厚薄致令各兵怨謗侍與鎭府相商將久戍海澄之病弱各兵已裁去八百餘名現按六分給發較之原發數目並不加多現在各兵俱有鼓舞踴躍之意緣兩奉督憲批示倥傯之際但欲收拾兵心使其出

力故隨卽行知各營未及候省局議論今若遵尊處批府之文海澄得七分固加厚矣而郡城銅山之兵已行六分明文忽又減爲四分不特兵心解體且虞激出變故誠知不練之驕兵未必可恃然除却此兵更用何人官軍累挫之餘氣本消沮若又使之兩餐不飽隱懷觖望其見賊而卽走也可先事劵矣兩年以來當事止知調兵而不憂兵之不可用饑與寒莫之恤誅與賞莫之用其名爲兵實則市人水中已矣逆夷登陸來攻望風輒走墮名城直如彈紙此何故也今卽不能如古人之豐衣美食以養戰士而粗糲亦必使之充腹布褐亦必使之蔽寒然後辛勤訓練或倘可加遣一矢若謂今日之兵卽優恤亦歸無用則海上連城將拱手而授之逆夷耶漳州此時形勢其危迫甚於泉州海澄固在虎口之中

郡城亦爭呼吸之際豈可與興化以北之海口一例而論待在兩處每夜間登城與守陴者垂泣告語勉其敵愾其感動與否不可知聊以盡吾心焉口糧加增二分每日多得銅錢三十文或買米一升或添補寒衣一件煦煦之惠未必有補而冀其少知感激見賊時或尚有遲廻不走之人若沽名釣譽欲取媚於兵丁待非武弁何爲出此例之困人上下同病其無可奈何之處不得不宛轉相隨且政有大體省局乃筦樞之地待豈敢故爲異議致涉紛歧惟事關安危大計不比尋常我不能持例文而驅逆夷卽奈何持例文而苦戰士漳海防兵待已遵督憲批示行知各營一律加成六分萬無改易之法若如局議海澄七分漳郡銅山同加七分誠爲厚幸否則俯如六分之稟亦可相安無事若將郡城銅山已行

六分之後再行減爲四分則無論戰守難期且立致鼓噪之變待雖至愚必不敢依違附合致釀禍變待與鎮府前後兩稟並督憲批示俱已奉移伏望俯加點察着賠惟命參撤惟命頭可斷議不可改必嫌其違例要名誠不如早罷斥之免致貽誤巖疆實爲至幸言之自知過激幸希格外原之

致趙盤文明經謝石珊孝廉書

兩兄足下英夷之亂北方想亦有聞然未能得其詳也紅毛諸部在極西北英吉利乃紅毛之最強者其國至中土七萬餘里自大西洋小西洋南洋東南洋沿海侵占之地約數十處其船最堅大其炮最猛烈自國初以來在粵東通商漸以鴉片煙愚弄中國朘其財貨萌心窺伺已非一日上年粵東查辦煙土焚其鴉片兩萬

箱遂啟兵端上年夏間突陷浙之定海旋赴天津遞呈訴冤聖主意在懷柔褫兩督之職（林少穆 鄧嶰筠）命琦相赴粵查辦琦相爲逆夷所愚弃弛備求和定海雖退還而旋攻陷粵東之沙角大角又攻陷虎門兵臨省會琦相逮問下獄奕（山）隆（文）楊（芳）三師徂征今年四月間進兵初得小勝旋即大敗省城幾陷不得已以白金四百萬兩賄之逆船乃退人共知爲以薪救火禍不旋踵而不料禍變之驟移於閩浙廈門者閩中咽喉之島水師提督興泉永道駐之上年夏間曾有兩船來廈滋擾以礮擊之乃退今年顏制軍駐廈督辦經營半載安炮四百餘門（大者萬斤）屯兵六七千不可謂之無備矣突於七月初十日逆船三十餘隻駛入廈門開炮我兵亦開礮對擊我之鐵礮不如彼銅礮之輕靈我岸上之炮又不如彼船中之炮

之稠密相持半日大炮臺被其攻破遂致全軍潰敗死難者一總兵江繼芸兩遊擊淩志張龍一守備王世俊千把數人顏制軍退守同安廈門遂爲逆夷所據弟所轄之海澄縣距廈三十餘里所駐之漳州距海澄四十里皆一水相通直抵城下乘風順潮片帆可達向恃廈爲門戶兵皆屯於沿海各口而兩城未設重兵一旦廈門失守強寇直逼寢門之外民心惶駭一日數驚文武官中有將家眷偷送出城者百姓紛紛有逃亡之意弟極力撫以鎭靜誓以死守調兵募勇運米攔港勸練諸事晝夜拮据略有頭緒人心乃漸安貼逆夷火輪船直駛至海澄城下因水淺退去其杉板屢次窺探我兵靜伏於岸上不肯輕動幸未失事逆夷往廈門十日其大隊駛往浙洋八月中旬重陷定海定海百姓兩年中兩遭大刼可爲悲痛下旬陷鎭海又陷寧

波慈谿餘姚逃竄一空殉難者欽差大臣裕謙（此公豪傑之士以滅賊自任力竭而死天下悲之）總兵王錫朋鄭國鴻葛雲飛同知舒恭受知府鄧廷彩全浙大震現命奕相（經）爲揚威將軍特將軍（依順）文侍郎（蔚）爲參贊率北路之兵赴浙援剿此浙江現在之情形也廈門自逆船大隊開出之後留兵船五隻據廈門對面之鼓浪嶼其貨船時往時來者五六隻我兵欲用火攻之策而逆船堅而且高礮極猛烈又散泊於海中無從下手與之相持則我兵之耗費不貲軍餉難繼此時我不動彼亦不動我一動則無必勝之策而彼或肆豕突城池有失陷之虞現奉旨派廣東怡中丞良爲欽差大臣來閩會同辦理大意先固守而後議攻然攻之之法殊無把握竟未知作何了局查逆夷船堅炮利海中斷不能與之角逐即在海岸安礮與之對擊亦

是下下之策至於登陸步戰則非彼之所長其所用者自來火之小鎗不能過四十步此外則短刀而已我兵之排鎗弓箭長矛等器彼皆無之彼又地利不熟何至不能抵禦然乃連城失陷而陸路亦致敗潰者彼以重資買我內地之奸民爲之牙爪我之虛實彼無不知戰則驅漢奸爲前導爲之致死而我之官兵則承平日久人不知戰名之爲兵實則市人無紀律無賞罰見賊即走此其所以敗也逆夷以商販爲生以利爲命並無攻城掠地割據疆土之意所欲得者中國著名之馬頭以便售賣其貨物耳今見官兵連年敗挫知中國孱弱無能其志愈侈其謀愈狡非大挫其鋒其勢未有所止而水戰非我之所長倉卒無制勝之術欲與之議和則彼且索銀一千數百萬又必索沿海各要地爲馬頭豈能聽之

耶二百年全盛之國威乃爲七萬里外之逆夷所困至使文武將帥接踵死綏而曾不能挫逆夷之毫末興言及此令人髮指眥裂泣下霑衣弟本書迂安知兵事大戇誤以爲有用而置之巖疆要地一年以來馳驅海岸日不暇給自厦門失守之後則寢食不遑心力交困勞悴不堪言狀自念一介寒微曾受知遇當此危難之際正當捐縻圖報逆夷叵測事無了期與此土爲安危與此城爲存亡以八字自堅曰竭力盡心聽天由命如是而已幸而境土獲完身家無恙自是如天之福非弟之所敢必也家鄉路遠聞海疆之亂諸相好必深念鄙人軍書匆促中書此數紙親友之詢及者祈轉示之

上顏魯輿制軍書 制軍名伯燾廣東人前任閩浙總督

前一次差回蒙以手諭下畣敬悉綠野娛情家祥蔚起雖溫公之居洛不過暫時養望而神仙境界羲皇歲月聞之令人神往來諭所云生妬者殆不虛也繼畬從事糧台承怡制軍待以國士明知苦海無涯不敢萌退諉之想五月二十四日奉部文蒙恩授廣東按察使旋閱邸抄乃知四月十七日己先授廣東鹽運使緣運使行文較遲故尚未接到也受殊恩於危難之時圖報無術不禁媿懼交集謝摺於二十七日拜發俟此間接手有人卽束裝北上迎見批摺當在衢杭一帶倘恩准入見度嶺己在梅初若徑令赴任則中秋後可抵羊城眷口擬僑寄南昌俟夷務平定再行接往伏念繼畬材本庸下棠鑒肫愚登之卓薦一旬之內兩邀遷擢皆在珂鄉倘奉職無狀不特仰累知人之明而論者將謂吾師移荆棘

於桑梓將若之何臬比伊邇一切利弊想吾師不惜煩言以申諭之也浙事已無可言五月上旬吳淞失守金陵姑蘇現不知是何情狀事勢如此正不知何時底定耳

謝劉次白中丞保薦書

本月二十四日辰刻奉到憲行部文知蒙恩提刑粵省悚惶無似竊念纖畬賦性迂拙才能不越中人自戊戌春仲來閩循分供職庚子七月調署汀漳馳驅海壖一年有半境土幸獲瓦全實由天幸得書中考亦云幸矣乃蒙列之薦牘而署之曰清廉明達有守有爲今年正月委辦糧臺復以兩言重入疏內在大臣爲國求人不能猝得其人而偶得其近似者遂不啻若自其口出在纖畬則既慚且懼慮操行或有玷汙擔任或致顛越以遺舉者之羞而卒

未敢自必其能免焉否也不意聖主旁求以信大臣者而即信其所舉之人拔之疎賤之中而畀以陳臬之任聞命以來屏營昕夕繼畬雖作外吏名法之學實未究心粤東古稱脂膏之地檢閑稍有不慎即蒙垢恥又兩年以來頻遭夷難奸宄肆行干冒法紀非一日矣以繼畬才力之淺短而又處難治之地值難爲之時倘於所謂清廉明達者不能肖似而或反戾焉累知人之明而遺門下之辱者何可勝言此所以不敢以遷官爲喜而深以爲懼也繼畬謝恩之疏於二十七日拜發俟有代者即束裝北上謹當摳謁座隅面聆提誨漢唐名賢於舉主皆崇師事之禮繼畬遷任他省無攀附之嫌謹從古義非效時趨

致王雁汀中丞書

前奉報章辱叨存注並令將地方要事直陳且曰勿爲贊語大君子之虛心求治殷切如此凡在部民誰不樂有芻蕘之獻況弟夙蒙知愛事關桑梓詎敢以世俗之淺意致飾於長者之前哉伏念歙省向來有饒裕之名士大夫之宦遊斯土者𣪺然矢滿載歸來之志南塘夜出習以爲常甚且昌言於廣座之中而恬然不以爲愧民間之疾首蹙額而無所控訴者久矣近年大案疊出稍稍斂迹然染指嘗鼎之事亦尚不免自節鉞臨莅以來舉錯分明風聲清肅又且勤於咨訪幽隱畢達向之聲名不潔者皆勉自檢束圖爲晚蓋而其講操守者益爭自濯磨蓋有視盎無粟避債無臺而咬定牙根卓面不取一錢者此其人讀書而能自立非必沾沾於沽名然非大中丞之激濁揚清豈能興起若是哉官清則狼貪之

胥吏虎冠之差役不敢公然搏噬而山谷耕鑿之民得以自安天日不致有鬱而不伸之氣此執事已著之成效通省士民之所周知非弟一人之諛辭也此時之所宜講者惟緝捕一事耳南路之祁太楡徐平介北路之歸化城一帶盜案層見疊出向來太汾之盜皆謂出於交城之胡盧峪口北之盜皆謂出於近邊之蒙古今則與此兩項人絕不干涉皆山東人爲之省南之盜皆係賣棉線花帶或賣絨線又或跑解馬耍把戲散遊各鄉聚至二三十人則騾出行刼得贓則星夜馳回捕役無從下手眼線無從購覓其中山東人居十之八九河南直隸人亦間入夥其有稱陝西人者詐也口北之盜皆山東騎馬賊散於各廳之村鄉店夥之黠惡者暗與通線客商往來銀錢貨物騾馬往往被刼蒙民交雜之地事隸

七廳法制向本疎略盜刼之橫行無忌已七八年矣其地雖在口外而生意皆祁縣忻州之人兩地之元氣未傷所恃者東西兩口今乃竟成畏途則亦煞有關係也太汾各縣之盜案受害者當舖富戶口北之盜受害者專在客商山東盜風承平時且甲於河北今又黃河屢決湮爲澤國者數年糧船不行水手之賦閒者以數萬計弱者轉死溝壑強者四出爲盜乃必然之勢太汾數大縣夙有富名歸化各城生意夙稱繁盛羣盜之集羶於此蓋亦無怪其然今欲就案搜捕則盜已遠颺別省捕風捉影案無破法保甲之法守望相助最爲善策然不但口北荒略之地勢有難行卽太汾富庶之邦亦難驟效盜所睥睨者富家與貧人無涉富家少而貧者多平日又不肯稍破慳囊周卹貧戶旣存幸災樂禍之心豈有

被髮纓冠之救地方官雖諄諄勸諭終亦有名無實竊以爲亡羊補牢之計必須太汾數大縣通力合作此時省中候補廳州縣人數衆多擇其幹實而能耐辛苦者每縣派一兩員帶領幹役分路赴各鄉巡查如有外省人形迹可疑者卽帶回縣中訊問並嚴諭地保董事人等遇有此等人不准容留宿食帶回之人縣中細加盤詰其神氣桀惡者不妨查案嚴訊如無可詰則備文遞回原籍數大縣如此辦理勢難盤踞猶恐潛匿於附近各大縣之旁縣則附近之各縣亦須嚴密稽查如此辦法所謂打草驚蛇雖不能捕獲一盜而風聲一播已來者必逃散未來者必裹足雖未能拔本塞源而揚湯止沸之效似可操劵其所以必須委員者因各大縣案牘煩多又大半孔道疲於審讞困於應酬雖有賢能亦不能時

時下鄉專辦此事又事止徙薪災非剝膚得已則已誰肯日日勞神爲此目前無效之事且一縣爲之而旁縣袖手盜之伏於旁縣者仍乘間而行刼於本縣近功小效亦且難致誰不廢然而返耶口北地方情形不同此輩聚散究在何處弟於彼處情形不熟無從置喙惟七八年來客商之遭害者指不勝屈報官無益遂亦隱忍而不報向使稍稍著意稍稍動手或當不至橫肆若此耳弟在外多年地方官之怕多事而惟求省事到處如一邱之貉豈敢無端生事開此討人嫌之口惟承大君子殷殷下問一得之愚不敢自閟且此一片土現尚瓦全爲梓鄉靜一日吠鳴卽爲國家留一分元氣所陳是否有當乞俯賜采擇幸甚

覆恒月川方伯書

十七日奉到賜書三緘敬聆一切高唐竄敗餘匪探報人各異辭既有催餉之寄諭則事之未了可知昨有人自京來潞於初六日出都據云高唐並無已跑紅旂之說足見探報之不足憑也張菼戎前已差兵勇四名由兩路馳往偵探尚未回報弟恐兵丁偵探未能明確已差人赴壺關喚劉福星令其星夜馳往庶可得一准信誠如來諭不在乎多費半月口[illegible]也省中如得確信仍望飛速示知為禱詳閱地圖茌平之正西為東昌再西為冠縣再西為直隸之廣平磁州再西為豫省之武安涉縣再西即晉省之遼州黎城東西相望計程途約六七百里現在既無確信遼黎之兵未敢遽撤和順守口鄉勇係紳民捐辦費用不多即緩撤一月亦無關係也此時撤兵北鎮之兵取道遼沁汾州之兵亦取道沁州全無

妨礙惟平陽一帶之兵則須取道於陽城沁水平陽兵之在澤州壺關者共三百零名本擬作第二起在東陽關者有三百零名本擬作爲頭起惟現接張秋屏來信陽城刁民負嵎已有揭竿之勢渠已涵稟省中自己周知揆度情形恐不能平善了結昨有人鈔來各刁民告白頗多狂悖之語且聞省城潞安兩處沿路安置探信之人若有兵來即作抗拒之計今若將撤回之兵經過陽沁刁民疑爲搜捕恐其倉卒滋事且刁民告白中本有軍差騷擾之說兩縣正當紛擾陽城騾櫃已拆書差全散亦恐不能應付一停頓即慮生事端若迂道北行則示弱刁民恐益堅負嵎之念且與舊章不合潞沁汾沿途州縣必有難色而民間供應駝騾亦恐別有異議弟與陳劍芝曾經熟商深以爲慮前因南路之兵過於怯弱

故東陽關擬暫留北路兵三百而將平陽之三百零名於頭起先行撤回今既有此窒礙只好將北路兵作頭起撤回暫留平陽之三百名作爲第二起然陽沁事葉程兩君未到能否善了何時能了尚不可知而輝縣之事官被毆而不敢校趙固鎭現又聚集三千人製有鎗礮刀矛三日一操潢池弄兵毫無忌憚將來能否解散亦未可知蕭墻之憂竟難測度弟奉命專辦防堵一事高唐事一經完結即應撤防歸報不特陽沁之事不敢與聞即輝縣之事豫省積薪厝火諱莫如深晉省未見明文亦豈能形之奏牘議辦坊堵現因撤兵一事頗有窒礙不得不縷悉密陳祈轉回中丞究應如何辦法懇即飛示爲禱

覆鍾石帆觀察書

頃鄉人遊塞上者稱道豐州之治行甚悉私心傾嚮久矣邇聞移節冀州贊襄全省之治通省官民欣欣額手昨奉賜函問東方邊口情形大君子集思廣益乃及於知途之老馬自古當大任者莫不如此弟受兩朝深重之恩又事關桑梓安危分應知無不言言無不盡所愧年力衰殘智計昏短自乙卯上黨撤防丙辰即授徒平遙閉門課訓邸報從不借看時事一無所聞近兩年來老病支離恒數月不出戶庭故人偶有停車枉顧者亦竟不能報謁桑榆暮氣志意頹唐其不足與言也久矣辱承下問媿無以副僅就所知大略言之弟頃年督辦遼潞澤防堵由省垣先赴遼州查看各口後至潞安之黎城查閱東陽關即赴潞安駐札其壺關陵川各小口道路崎嶇不能親往僅委員弁查看攔車一口係大路以距

賊遼遠亦未親往統計東方晉口北起和順南迄陽城綿延七百餘里大小不下四十餘處再南極解梁蒲坂口隘更不知凡幾若不分緩急處處設防卽調兵滿萬而散布山谷之間亦且落落晨星無濟於事弟在上黨時曾令地方文武將各口隘繪圖貼說彙集流覽然身到者一目了然未到者不能也東方之賊可慮者捻匪來輒數萬慣於殺掠與長髮賊相表裏近聞渡河飽掠爲鄉團擊敗已歸皖省巢穴此時竄擾直隸之廣平一帶者乃館陶冠縣之白蓮教饑民附和搶掠教匪之最強者惟嘉慶年間川楚之役衆至數十萬用兵至八九年方能殄滅至北方教匪最爲無能乾隆年間之大名臨淸嘉慶年間之滑縣道光年間之趙城不過據一城擾數縣大兵一合隨卽聚殲其伎倆胆氣不過如此從無遠

嶺數百里之外者今晉省之設防專爲山東之教匪東西對衝則遼州潞安各口實關緊要遼州以黃澤關摩天嶺雲頭底爲要黃澤摩天皆天生奇險數百人守之卽不能飛越雲頭底在清漳河岸寬平難守越一嶺而南卽黎城之東陽關道路寬廓無險可守東連涉縣武安再東卽磁州邯鄲永年與賊之所在相近矣此關爲往來大路非守以重兵不可迤北則和順與邢臺接壤皆崎嶇小徑地不當衝迤南則壺關陵川與衛輝接壤亦皆山僻小路再南則太行之攔車鎭係通懷慶大路然揣度此時賊勢似不能及此亦須屯兵數百以張聲勢愚鄙之見竊以爲防堵之策虛聲固在十之六實際亦須十之四兵力太單則膽不壯心不固聞警卽走焉能堵禦若待風聲緊急而始議益兵則往返動須數旬比兵

集而賊之入境久矣尤要者則帶兵之將弁必須擇其勇幹忠實眞不惜死之人此在高明自有定見何俟鄙人之曉瀆惟賊之遠近虛實全憑偵探的實時時得信方可抽添調度預爲之計向來坐探委員皆借別省官封此最誤事不但遲滯停閣不能速達且坐探之處賊或竄到則驛站皆逃音信立斷咸豐三年賊已從風門口竄至絳縣而省中茫然不知哈中丞在澤州亦不得信可爲殷鑒弟在上黨時曾差劉福星赴連鎭坐探沿路安設步撥每撥安健步兵丁一人以五十里爲率於安撥之小店插一紅旂爲記連鎭至潞安七百餘里三日必到每日到一報單賊中情形日日知之後移至高唐州馮官屯皆如此嗣聞河南賊氛甚亟又差紳士武來雨赴汴梁坐探沿途安步撥汴梁至潞安七百餘里隔一

黃河而三日半必到計每月不過多費數十金耳但所差之員弁必須明白曉事之人佐雜中張皇喜事者斷不可用武弁中如劉福星者機智膽量絕不可多得頃任澤州都司閱兵案內降爲把總不知現在何處可致信南鎮蒲協查訪士爲知己用當可招之來也一得之愚敢以爲獻

覆陽曲三紳士書

昨接公函聆悉壹是大憲爲完全公事費此紆籌紳士出名遞呈有何難事但愚鄙之見竊以爲尚有可商者請以管見所及爲諸兄縷陳之晉省前後捐輸已至五六次數逾千萬防堵所需捐補之費僅二十餘萬以晉省所捐之銀辦晉省防堵之事若從前年捐項內奏明劃出歸補計無不允中丞前在關中即係如此辦理

惟爾時應行捐補之數局中尚未算出而部中撥餉之文星飛火迫所捐之銀隨解隨撥毫無餘剩今即欲如此辦理亦已無及其不得不再行議捐者勢也所議就附近省城五屬捐輸亦甚公允然五屬之中其較爲有力者不過太原之祁太楡徐汾州之平介及忻州耳此外皆貧瘠之區涓滴之資無裨大局此數大縣自前年勸捐上年始得蕆事雖復捐有成數然竭蹷亦已甚矣今未隔一年又有此舉旦旦伐之似乎操之太蹙難於應手此事之宜商者一也紳士半皆受恩之人與官府義同一體不特任勞不敢辭即任怨亦非所恤惟三晉富民吝於財而怕官乃牢不可破之風氣至親密友貸十金且有難色一胥吏挾持之數千金立即解囊此種情形皆諸兄所深悉頃者癸丑之歲弟在五臺勸捐費無限

唇舌所捐不足二千金後在省垣郭小帆方伯屢奉寄諭與弟會辦捐輸一事弟致信通省各屬紳士亦均立局勸辦然游疑觀望迄無成說大縣如太谷紳士勸辦兩月不足四萬金後見其勢不行乃與小帆方伯相商請吉履菴太守親赴所屬各縣督辦五日之中而太谷已捐九萬餘金隨至榆次祁縣亦俱捐有成數此紳勸不如官勸之明驗也晉省勸輸已辦多次其慨然樂輸者幾人皆印委各員以威權壓勸之乃能幸而集事畏官而不畏紳人情大抵如斯今此舉若自紳士發端彼必謂紳士不能捐而賣鄉黨以討好人人懷與紳士爲難之心必且決裂乖衡致成笑柄弟亦知大憲之意不過藉此一呈爲引線之計並非欲委其責於紳士然發端自官則彼雖悄悄含忿而無可如何若發端自紳士則彼

梗令有辭非徒無益而又害之矣弟係受恩深重之人平日粗知大義並無要譽鄉黨之見然本地民情知之頗悉此事之不敢出名者誠慮有損無益有發無收致令奏案或成反汗反無以對大憲也此時各直省尚不聞有已辦報銷之地大約皆不肯爲天下先皆省因奏明軍需局改爲報銷局勢難曠日持久然此二十餘萬金似亦尚有辦法不必專恃捐輸一途弟局外之身不敢置喙如必須以捐輸彌補似可奏明以此項奉旨不准開銷擬就五屬勸捐籌補惟太汾各大縣上年甫辦捐輸爲數甚鉅此時再行接辦各捐戶難免竭蹷請俟至咸豐十年再行勸辦則民力稍紓可以集事庫款不致無著其措詞自可由大憲主意似不必牽入紳士致啟捐戶觀望之心一得之愚未知有當與否祈卽將此信呈

之府縣請其轉回各大憲以備參酌是所切禱

致瑞五園廉訪書

卯歲并門一別忽已五年雖每歲往來省垣爲必由之路而無衣冠無僕從且旅店湫隘恐辱長者之車轍並寒暄之牘亦引嫌不敢輕致疎慢之愆知必見原於格外也頃諗柏垣坐皆樾蔭彌閎身在幬芘之中心切軒鼕之效喬雲遙企頌祝維虔弟主講平遙書院倏已五年老病之軀日形衰憊在館中閉門却埽批改課文之外以殘書數卷送此流年今春大病之後氣體益覺支離明歲科場完畢將辭館北歸在家鄉附近設館以免車馬之勞頓作接本縣余小欄父台來信並抄寄新奉捐輸部文暨省局札行內有曾任督撫司道在籍之員一體竭力捐輸等因弟後來雖改京卿

旋卽罣議而外任十餘年曾歷撫藩臬道受兩朝深重之恩當國家多事之日毀家紓難分所當然惟弟雖外任十餘年而所任皆極苦之缺辦公之外家中並未置有田產幸蒙恩點放四川試差歸田後始得苫蓋數椽爲棲身之地否則並此無之故前此歷次捐輸敝同年陳勿齋中丞武次南方伯皆捐銀一千兩而弟獨分釐未能報効卽前此在潞澤督辦防堵二年資斧不能自備尚煩局中每月支給薪水銀六十兩此種備細情形皆大公祖所目睹世上未有如公貧未嘗不自悲自笑也現在時勢孔亟益非從前之比凡有血氣誰不矢涓埃之報而弟則無家可毀既貧窘不能措貸有軀可捐又老病不任金革在平遙主講五年館俸每年二百四十金不足供家中食指祖遺微薄之產年來折變供餐亦已

殆盡今欲勉竭些許惟有將皮衣兩篋盡行折變然所値不過三百金且旦夕未能出手查歷來大員捐輸從未有二三百金之事且查部文此欵係另作專欵奏報並不歸捐輸大案之中若將此數入於專欵奏案實覺詫異且慮此端一開力能多捐者藉爲口實反於大局有礙展轉徬徨無以自處方伯向未通信未敢冒昧奉瀆惟大公祖夙嘗共事知管仲之貧者無如鮑叔生平口不言貧至此山窮水盡之秋有不能自諱之勢伏乞將弟此函轉致方伯曁局中諸位便中婉回中丞討一示下以便回覆余令不致令其爲難冒昧奉瀆伏冀鑒原

覆保愼齋廉訪書

頃見閲邸抄者云閣下有請假之事意甚懸切閣下毅然丈夫且

旂僕甫受新恩豈有託疾避難之理此在庸人且不肯矧奇男子如保愼齋而肯出於此路遠無從訊問今於八月十一日接七月初一日所寄手書乃知在延平吐血將危恐誤緊急軍情送印於趙觀察疑懷爲之頓釋時事亦孔急矣國家當屯否未濟之秋正臣子捐糜圖報之日閣下力疾從戎心安理得卽使馬革裹尸何媿烈士弟聞之不禁且喜且悲也弟生平自命不願爲碌碌具臣然學識疎拙辦事不合機宜聖主憫其愚戇改補京卿壬子年上三漸宜防一疏老生常談何足採錄蒙聖主降旨褒嘉硃批有置之座右之語外吏久荒筆墨未經考差蒙簡放四川正考官自聖人御極以來知遇之深誰如弟者不料天奪其魄神智日昏軍臺官犯何士邠在獄脫逃例應卽時具奏乃以正在交卸之際未及

出奏又未將此事告知後任懸閣二年之久樞部據實嚴叅不特自干嚴議並連累兩署後任深為愧悚被議奉旨之後部文一行計算時日中途即可赶上不待入闈聖意憫其年老糊塗慮其中途折回闈中遂出無顏歸里曲予矜全恩旨准令闈務完竣傳旨革職天心在巳轉之時愚人無承受之福罣議之後猶煩天地父母俯賜生還怨艾之下泣血椎心歸里後家徒四壁正擬設帳餬口而適值粵賊北竄晉省戒嚴本省大憲奏令幫辦坊堵首尾三年雖馳驅山谷殘喘已不能支而仰賴聖主洪福劇賊總未西犯兵未血刃何功可錄恐雁汀中丞念其微勞或露乞恩之意因具啓再三控辭非矯情也當君父宵衣旰食之時非臣子希恩倖澤之日在別項紳士不可不加以鼓勵弟受兩朝重恩豈宜如此使

果精力未衰尚堪自効何妨自告奮勇求赴軍營乃蒲柳之姿未秋先萎在潞澤巡查山谷染受風寒動即嗽喘不特不能乘馬車行一二十里即頭暈不支營中著此無用衰翁豈不累乎且性情緩懦赴機不敏頃在閫中辦夷務以此獲咎勞聖主之訓飭兵行安危間不容髮若以迂緩應之何事不誤以此切切懇求而雁翁仍以無頂帶具奏致蒙五品頂帶之賞北向叩頭泣不能仰撤防歸里之後遂設帳於平遙一則醫疾一則以所得脩脯供八口之衣食此弟數年來所歷之情形也目下大河以南直抵滇黔徧地黄巾無百里安靜之土又值兵餉匱竭設措維艱凡有血氣莫不枕戈寢甲効命疆埸仰屋籌思規畫兵食惟弟受恩最重受知最深乃以獲咎之故轉得置身事外偃息林泉局外之人多以塞翁

失馬相慶弟每聞此言寸心如割伏念氣力衰殘不任金革賞以差使已不能當畀以章服亦不敢受五官業已半廢四肢將近不仁惟此熱血未寒寸心不死心中有欲吐之數言關係安危大計此言朝達宸楓夕依秋柏毫無遺憾惟廢員擅遞封章有干例禁雖蒙恩賞給五品頂帶倘恩旨准其條陳事件並此銜亦不願要並非監察給事等銜仍是庶人若求本省巡撫代奏未必不肯然既蹈不安本分之嫌雖有至言聖主亦難採擇欲効一喙之忠竟無上達之路常慮溘先朝露匍匐宣廟門外或遭呵叱不得碎首玉座之前寫至此不覺失聲大慟五夜思之往往椎心泣血邸報從不敢借看一看即展轉終夜目不交睫山木自寇亦復何補涓埃故惟以批改課文學吟詩句為消遣之具不知者或以日暮途窮筆耕求活為可憐之貧宦又或以不

知黜陟不聞理亂爲林下之高人而不知其心頭眼底有死不瞑目四字念念不忘也因閣下盡瘁巖疆得盡臣子之分又係知我之人觸動滿懷心事故不禁揮淚一吐春崖制軍向未通信然臭味相同卽是聲應氣求正軒中丞任海疆重寄正當軍務倥偬弟不敢以賀喜之俗語相瀆祈閣下將此信鈔兩紙分呈兩院臺灣裕孔二翁亦知我者亦祈鈔一紙寄之閩中故人如有問弟者祈亦以此信示之俾知垂死孤臣所恨不在飢寒也閣下軍務勞神祈強飯自愛食少事煩古人所戒保有用之身庶可酬高厚之德伏惟珍衛不宣

覆吳思澄比部世兄書

客歲病中接到手書讀之俯仰悲懷屢欲作答而擱管卽觸動心

事病氣隱隱欲發輒復中止惟有緬想風猷時殷洄溯耳弟賦性戇愚不諳世路頃在史館足不履津要之門踽涼酸腐人皆目笑乃受宣廟特達之知擢守潯郡不逾歲而分巡延建旋值先師文節公持節來閩獲隸宇下先師察吏嚴明屬吏皆斤斤救過獨弟與劉莊年馬祉齋遇事好齗齗力爭辭氣不平殊失事上之禮先師不加督過而嘉其有守首以三人登之薦牘後在閩藩任內偶著瀛環志略一書甫經付梓即騰謗議先師獨加褒贊囑令再加修飾鈔繕進呈旋因夷人租屋一事堅守成見不敢啓釁邊隅遂致彈章迭上萬矢環攻獨先師以所辦爲是手書諭令勿搖適當先師督滇入覲之際曾於朝房廣衆之中力爲剖白獨存公道後在太僕任內上三漸一疏先師自滇南萬里寓書深加慰勉蓋望

其努力自効稍補前愆不料蜀差甫竣遽爾罣議歸田計弟生平狷隘自好人皆目爲迂愚其受知最深者獨先師一人耳生我父母知我鮑叔每一念及不禁淚滴心頭也頃聞漢上星隕於里中爲位而哭蓋不特志竭身殲抱無窮之慟而乾坤正氣從茲乏搘拄之人其關係豈止湘漢片土已哉弟自壬子歸田次年即値粵賊竄擾河北爲本省當路諸公所牽率奏令幫辦防堵在太原一年在上黨二年日衣短後與健兒雜處賊未西竄口隘幸得瓦全丙辰冬月撤防始得以白衣歸里家貧無以餬口適平遙人延之主講遂理寒氈舊業擁皋比者忽忽又三年矣以無用之人處無事之地破書環榻日日與筆研作緣粗飯寒虀淡而有味天之所以位置庸人者不可謂不厚惟君師知遇之恩百未酬一五夜思

之不禁汗下耳上年因聞海運短絀京師乏糧旂人有投河自盡之事轉思轉懼遂致嘔血發狂幾於不保所傳籌運西米策略即係病中所書不料陸侍御竟拾爲摺料病愈後平心思之事本不易行無怪農部之議駁且不在位而謀政揆之素位之理亦大相剌謬山木自寇無味已極且令不知者疑其無端躍冶冀然死灰更爲可恥以此深自咎悔絕口不談時事邸報亦從不借看腹中芒角不生神魂差得安帖但祝江淮早就削平得爲太平之老學究以終餘年於願足矣生平於八股一途本有結習雖荒疎多年文課尙能批改兩年來從學漸多遂以此爲專務逐日丹鉛狼籍手不停揮暇則流覽古書間作小詩自娛打油釘鉸不復計其工拙也弟今年六十有四鬚髮皓然上齒全豁素有嗽喘之症近年

更甚一遇寒勞卽喘不可支常數月不出戶庭靴帽從不上頭足冬烘面目已不刻畫而自工矣頃因無子繼一堂姪爲嗣年甫十三讀書資性中平本有一女年十四而殤上年忽又生一女室聞呱呱之聲以爲祥瑞詠陶公弱女非男之句聊以自嘲因承雅念瑣渺以聞先師文集年譜如刻成望寄一部卽交勿齋同年處轉寄爲妥

致劉玉坡制軍年伯書

壬子六月少司馬車一園先生寄到手書適遇姪放四川考官曾渺一緘託其回寄四川差竣旋卽罣議歸田苦乏鴻便無由再寄尺書惟詢之山左來者知尊體康強如常仍以漁釣自娛頃閱邸抄知應召入都以三品京堂候補深佩所處之是素稔高懷雪淡

豈尙繫情纓冕惟値兩聖垂簾雲開見日我輩受先朝深重之恩當國步回艱之日既承恩命必應有此一行至年力之能否供職朝廷自有明鑑近晤傳馨泉世兄知已引疾歸來出處之間毫無遺憾欽佩之至本年查辦四品以下廢員賤名亦在鈐出之列奉部文調取引見何嘗不願望見闕廷一傾血淚無如嗽喘頭暈之症不時舉發斷不能任車馬之勞又升降階級需人扶掖日落以後非杖不敢移步此豈可以入禁門登殿陛哉不得已具呈懇英香岩中丞咨部以病體調理稍痊自行請咨赴部英中丞已代爲咨部矣非欲居恬退之名力不從心無如何也上年四月間英中丞奉到寄諭以捻匪竄入關中飭卽親赴蒲解防堵仍與紳士徐繼畬趙德轍田雨公會同籌商布置一切以期萬全等因明知精

力衰頹神智昏短不堪任此而既奉簡書又係捍衛桑梓義不容辭亦不敢辭英中丞奏明以太汾平三府沁霍隰三州並關北之忻代兩州團練相委旋値捻匪退散回匪鴟張三輔千里半成焦土而甘肅回民處處揭竿成燎原之勢汾州西界之四州縣古之西河郡正當其衝英中丞調集兵勇咨令姪統轄此軍隨時調度姪以衰軀不能馳驅山谷舉永甯之李子廉鎭軍能臣臨縣之張子雲協戎從龍介休之李東樵守愚侯春坪禧昌兩戶曹作爲幫辦又汾州通判王春埜詔光者奇士也昔年英夷攻廣東省城三元里起義兵截殺夷兵數百並夷酋伯麥卽係春埜首事以此破三十萬之家僅得一通判投閒置散二十餘年年已近七十矣姪知其能舉之爲沿河團練總辦英中丞據以入奏俱奉俞旨李張

兩君皆身經數百戰之宿將適皆罷官家居其家又皆在黃河東岸因以防堵一事屬之兩君沿河團練屬之王春埜腹地團練屬之李侯兩部曹自上年秋冬辦起迄今將及一年矣黃河天塹可恃而汾州西界峻嶺重疊多一夫當關之地晉省除大同歸化城外別無土著之回民可以勾結窩聚故尚得幸保無事然秦隴之患未平總不能放心也姪自丙辰年主講平遙書院習靜成懶衰軀益形孱弱自上年辦理團防文檄旁午曉夜籌筆心血幾於耗盡而事體毫無把握徒惟是山木之自焚几案之上文檄與課卷並陳講堂之中冠裳與生徒雜進以村學究而談兵以冬烘先生而乘郭正如支道人之畜馬識者且嗤其不韻也十八省無不殘破僅餘此一片土尚稱完全正供年清年款捐輸已至七八次尚

能勉措京外要餉皆取之於是朝廷倚之爲命脈屢飭閫外諸大帥悉力保護山西不准有分毫損動故勝多兩帥皆從背面擊賊不敢以晉爲壑晉省賴此尚得瓦全耳多帥勇果能軍仍是索倫本色無諸帥巧滑習氣自入關中轉戰將及一年勦戮回匪不下數萬其巢穴悉行攻破回匪之勢已微而川匪藍二順一股近日由興漢竄入商雒距潼關不遠晉省之蒲解一帶又形喫重叛將宋景詩自勝帥逮問之後率其潰勇持多帥僞札渡河由稷山絳州北上以奉令回籍爲名其時順逆未分腹地無兵不能邀截地方官不得已助以資斧催令出境沿途尚無放火殺人之事而淫掠騷擾在所不免其潰勇各纏腰橐沿路逃散東歸出晉境時所餘不足千人直東無重兵堵勦聽其歸臨清巢穴近聞已築兩大

寨招納亡命數萬公然叛逆意圖大舉恐其被勦西竄晉省虛實已爲所窺東南之防又形喫緊此敝省現在情形也晉國之強自古稱之李唐及後五代猶然近數百年來專於商賈之利習爲南方之強其良謹易治天下殆無其比而其怯懦無膽天下亦罕其倫現在之辦團練不患有別省之流弊如抗官抗糧等事而亦斷不能收別省之近功如豫東等省之聯莊擊賊但期於彈壓土匪稽查盜賊猝有風鶴之警不致忽生內變而風聲所布外寇亦不敢視爲無人之境卽此淺效已非容易若欲化弱爲強使之同心敵愾豈旦夕之功哉所幸朝廷清明年歲豐稔瞬交上元甲子或可出屯傾否漸次削平得爲太平之老學究了此餘年亦幸甚矣姪自壬子年四川差竣罣議歸田次年卽値粵匪北竄爲中外諸

公所牽率在省垣辦理團防勸捐等事旋値髮賊竄入晉境屠曲沃平陽由潞安竄入直隸恆宜亭中丞奏令督帶兵勇回五臺防堵要隘甲寅春間恆中丞復奏令督帶兵勇防堵遼潞澤等處恆中丞去繼之者王雁汀中丞氣味尤爲投合駐上黨將及二年乃撤防歸里家徒四壁不得不以研食餬口省城紳士欲公薦主講晉陽書院厭其應酬之煩堅謝不就適平遙官紳敦請主講遂就其館此館由紳士延師不由官薦故樂於就之自丙辰春間設帳平遙至今已八年矣閉門謝客恆三四月不出館門故人偶有枉顧者亦不報謁數年中共事之文武員弁或以寒暄信來一概不答邸報亦不借看冠靴雖設輕易不上頭足多年外吏筆墨久荒惟壯年困禮闈者十三載於八股一道嘗耗心血重理故業尙有

端緒可尋每命一題輒草一篇示式出之甚易一兩時可以脫稿惟黯淡無華不能為臙脂牡丹耳無一日不搦管無一日不展卷雜著甚多嬾散不自收拾又學作雜體詩打油籠桶聊以自娛亦不求甚工如是者六年為老年來最適之境每歲束脩三百金外課約三百餘金在家鄉虛負文名又舊銜貴顯諛墓祝嘏之文求者頗多遵古名人賣文之例收其謝儀每年所入約共八九百金自供饘粥之外大半為劉乂所攫亦不以為意由西川歸來差囊得四千餘金乃得苫蓋數椽為藏身之地又買地十餘畝為埋骨之所先葬亡荊令驅狐狸餘悉俵散宗族無所留遺惟以筆耕供食指親丁止數口亦尚不憂凍餒在閩所生長女已字忻州張氏年十四忽以痘殤生育之事亦已絕望丁巳七月在閩所購之妾

馬氏忽又生一女未彌月卽出天花三粒現已七歲狀貌似男孩
教以讀書認字亦極聰慧惜乎其櫛而不巾也其母夢松根生芽
而生名之曰松芽膝前有此借以破悶已許字定襄梁蓉洲進士
之幼子嗣子樹卽堂弟繼壎次子過繼時年六歲交兩妾撫養之
十五歲娶婦今已十八讀書資性頗鈍五經左傳甫讀完現今讀
史漢唐宋古文及小題明文上年初試作時文心思筆氣尙可用
但穉嫩不成片段耳八歲上學延師專教之本族頑童一概不令
附學亦不許無故出大門故一切敗壞習氣尙無沾染性愿厚不
解與人爭競論者以爲似姪移花接木理或然也其廕生尙未及
歲卽及歲亦不令遽考文理如通令下大場亦不望其必中但望
其明白通理能立人品守得數卷殘書延接先人香火足矣其婦

亦婉順日望抱孫尚未得也聞傳馨泉世兄云貴鄉亦遭兵火寶眷分居數處浩刼懷襄關乎天數長物不足惜丁口無恙即爲至幸聞所得之少世兄年已十三貌端秀而資性聰明讀書天分過人聞之喜甚足見天道之未始不可憑也姪乙卯年自上黨歸來身體已衰憊不支倣漢書陀傳五禽之戲並後來諸家一切軟功集爲養生雜說擇其可行者立爲功課每日早晚行之八九年來未嘗一日間斷故手足雖無力而尚不至跛曳耳鳴已十餘年尚未重聽眼雖花而帶花鏡尚能作小行書所服丸藥純乎溫補故七八年來尚能出門教讀藉以餬口日暮而途未窮專賴乎此但不能衝寒冒暑任車馬之勞耳平介富家所識不少除其子弟從學致送束脩外從無通融借貸之說閩中故好間有以綈袍寄贈

者亦從未向其言貧回首生平一錢不值惟名節二字留以蓋棺
不敢再有玷污究竟亦不過一自了漢而已今年七月感時疫大
病兩旬自覺精神銳減本欲辭館北歸在忻州設立散館現爲團
防諸事所牽猝無脫身之法頃年故友武聽濤大令來兩自四川
寄來花板一副在館中做成上年王文勤公薨於汾州借去用之
其世兄補還一副又已做成壽衣則均已做好另一小箱收之竟
似遊客之收拾行李待時而發者昔裴晉公有言曰豬鷄魚蒜逢
著便喫生老病死時至則行未嘗不歎其器抱之宏達老年人於
生死關頭往往未能看破者皆言世事未了心事未了殊不知世
事心事百年亦無了期一旦撒手則無不了矣諒高明亦以爲然
也詢之傳世兄山左諸同年得其大概莊年年七十九尚健在前

二年曾接其手書尚喜塡詞石琴家遭兵火居宅被焚掠人口尚無恙惟鹿春如寄寓蘇杭多年未通信不知消息屈指生平寅好遭刼數者十之七八平善收場者十之二三亦已大半宿草我兩人本無漏網之理乃以罷官之故轉類塞翁之失馬徬徨四顧海內交知落落僅餘數人亦可悲矣因傳世兄處可以寄書撥冗作此長箋聊以當一宵秉燭日近西崦彼此鐘漏將歇不特晤面無期即手書往來能更得幾回以今日之絮煩補他年之默息固宜其刺刺不休也傳世兄少年老成其才具明敏開朗而心思沈細能向實際追尋將來有守有爲必爲山右循吏足徵秋屏同年之家敎現已頂補云補缺後擬即迎養倘能與秋翁一晤亦苔岑一段佳話也

致孔雲鶴觀察書

戊午嘉平初七日接奉閣下與子厚三兄公函藉悉藎勤近況深慰遠懷旋得榮晉臺澎觀察之信爲之抃舞七鯤片土又可得數載綏安不特爲臺民喜而兼爲閩民喜也時事方艱正當出屯傾否之際閣下已受重恩萬無請退之理昔任尙問班定遠以撫夷之道定遠告以蕩佚使簡易寬小過總大綱閣下治臺正得此意往者臺地每隔數年輒有變故固由民情浮動亦半由在事者必求飽橐兼欲邀功入苙而招恆所不免閣下鎭之以廉靜五六年來臺地逐安如袵席乃知迂拙二字是治亂持危之要訣也弟前年因憂時感事驟得痰迷之疾病中作籌運西米策略一書聊紓鬱結並非必欲上聞乃好事者傳入都中言路遽拾爲摺料得旨

交部隨經部駁事後思之其事本不易行且與聖人不在位不謀
政之訓明明違背血性二字一發而不中節即已參入客氣敝鄉
大刦已過此時爲倚柱涼州本是老學究幸復其本來面目有南
北來人亦不復探問時事消息入此歲來攬鏡自照面貌加豐顴
頰且泛紅色殆莊子所云不材之木得終其天年者歟弟在敝鄉
盧有文名兩年來生徒日進課卷手不停批如掃落葉以此餬口
不敢憚勞每拈一題一時許可成一藝嘗有句云八口依然仰硯
田敢嫌脩餔太戔戔從前愧煞雙鷄膳日對流亡食俸錢蓋實錄
也前年所生幼女上年歸里始見之肥白如瓠慇跳異常已出天
花倘當易養咏陶公弱女非男之句聊以自嘲此後倘未得雄然
弟早已付之度外人力既盡有與無聽之而已今因鴻便特寄此

函翹首東瀛依依如結

致張詩舲總憲書

甲寅春仲在里中奉到代柬詩篇因將赴上黨行色匆冗又素未學詩不敢奉和然汪倫送我深淸未嘗一日忘也上年晤柴鹿厓吉士傳語致詰甚爲媿悚然以疲癃放廢之人猶煩大君子拳拳致念不見錄於時賢不足憂不見棄於有道又未嘗不自喜也弟自甲寅赴潞澤乘鄣將及兩年乙卯冬月撤防乃獲歸里次年即設帳平遙擁臯比者忽已三年殘書數百卷堆几環榻小窗展卷心眼開明廿餘年驚悸殘魂漸歸軀殼僦鄉已過紅羊此時爲海內樂土以無用之人處無事之地天之所以待庸人者不可謂不厚私例生徒之外不通賓客冠蓋偶有過從亦來而不往故人寒

暄札牘概不作畣嘗有句謝之云賣菜詎煩公府掾種瓜休說故時侯又歎老有句云短鬢自憐知白早衰顏只爲洗紅多皆實錄也頃欲以餘力治古文自揣精力已衰不能成體亦遂廢輟素好地理之學嘗撰兩漢郡國今地考略一書甫成幽幷涼三州因館中課卷猥集竟不能卒業弟中年困於禮闈八股一途頗耗心血近又以此爲代耕之具見獵心喜時有所作敲門之磚已拋復拾良爲可哂然村學究事業不過如此附寄拙刻時文二種以博一粲素不爲詩因欲和大作偶動吟哦之興二三年來時一爲之既逾達夫學詩之歲又値文通才盡之年釘餖打油不敢就正大雅僅以和作二首錄呈塞責而已大箸詩集續刻必多便中望寄一全部所謂雖不能至心嚮往之也時事方艱平章重事將賴潞公

努力加餐

致薛覲唐少宗伯書

秋間奉旨陛見蒙恩在總理衙門行走託章京沈君在城內租宅承雨琴世大兄以尊宅西畔空院相假得以安頓眷口並借以几榻什物既遂枝棲之願兼慰買鄰之思私衷莫名感鏤曾託世大兄於竹報中附筆致謝想已達矣弟自壬子年在珂鄉試差事竣旋以閩中舊案鐫職歸里後值髮賊竄入晉境爲當事諸公所牽率幫辦捐輸團練等事復督帶兵勇在上黨防堵撤防後乃設帳於平遙筆耕餬口首尾十年己成冬烘面目元年查辦廢員雖蒙銓出調取引見而自顧衰庸斷不作出山之想不料本年閏五月間忽奉陛見之旨不敢復辭勉強扶病入都遂入此無了休之局

年逾七十乃復作春夢婆知必爲海內高人所笑恭邸知其步履之艱奏明不遞膳牌故尚得勉強供職然一經補缺驗放月官等事即不能免特以甫受恩命不敢遽出求退之語西崦暮景能得幾何至不得不退時亦無可如何矣各國夷情尚無大變而小波折時時有之幸同事諸君子熟習夷情知其肯綮就事了事暫可相安至欲求一勞永逸之法則茫無把握知關藎念瑣渺以聞

松龕先生文集卷四

致武芝田觀察論縣名及縣志書

大刻試帖署名之處曰崞陽似不如直書崞縣之爲妥崞縣原以崞山得名隋地理志唐元和志皆載之然秦漢之崞縣繁峙皆雁門郡地乃今之渾源州其地有崞山在州西北二十里漢以此山名縣後魏書太平眞君二年葬惠太后於崞山水經注崞山縣右背崞山渾源州舊志有橫山在州西二十里南北橫亘如城郭故崞縣在其左卽故崞山云此漢地理郡國兩志之崞縣以崞山得名者也今之繁峙崞縣乃後來所移建繁峙在漢爲葰人鹵城兩縣地葰人屬太原郡鹵城屬代郡今之崞縣爲漢原平縣屬太原至元魏分爲石城原平兩縣隋改爲崞縣唐又分爲崞縣唐林兩

縣因而隋書地理志云崞縣有崞山元和志云縣因山爲名夫山川同名者多崞山原不妨有兩然渾源之崞山係兩漢所名今崞縣之崞山乃隋唐所名署曰崞陽則不以縣言而以山言考古者以兩漢在前且疑爲渾源州人矣若探其本而署曰原平閱者更不知爲何地故名人著書之例稱今名不稱古名稱古名且不知爲何代人也不特此也五臺漢之慮虒縣屬太原郡城西十五里有山曰慮虒下有王村出泉流成小河曰慮虒河繞縣城之西北東南流入縣河慮讀如閭虒讀如夷後五胡迭據不識華字元魏訛書爲驢夷齊周皆因之至隋大業初乃因山名改爲五臺縣唐宋因之至金源已據半壁貞祐四年升爲臺州元因之明復爲縣
國朝因之乃五臺人署款或稱古臺州而縣署亦榜曰古臺州以

隋唐爲近而以金元爲古每見之輒爲胡盧又定襄人好稱晉昌亦非是今之定襄漢之陽曲太原郡地漢定襄縣在陰山下與今歸化城相近漢定襄郡治成樂今托克城和林格爾一帶拓拔氏創業於此改曰盛樂水經注言之甚悉當漢獻帝建安二十年雲中定襄五原三郡爲匈奴鮮卑所擾男女百餘萬投入內地時曹操當國乃僑置定襄五原雲中三縣於陽曲立新興郡以統之卽今忻州至晉惠帝時改縣名爲晉昌元魏旋復爲定襄建安在晉惠前數十年仍是漢名五馬渡江晉昌之名旋廢今不稱東漢所置之定襄而稱旋立旋廢之晉昌不可解也又忻州人好稱秀容亦非是五胡亂華倡於漢之劉淵淵生於今之忻州人皆譽其儀容之秀偉割據後自美其名因名其地爲秀容元魏遂立秀容郡

實即漢末之新興郡故陽曲縣地也與其稱元魏之秀容何如稱東漢之新興因有秀容之名世俗遂謂因貂蟬而起令人噴飯又代州人好稱代郡不知漢之代郡乃今之蔚州今之代州正漢之雁門雁門郡治本在善無又移陰館三國時魏移廣武皆在今雁門關外自魏迄隋皆稱雁門郡五代趙宋因之金元明則專稱代州雁門之名遂隱史記趙世家趙襄子之姊爲代王夫人襄子北登夏屋請代王使廚人以銅枓擊殺之因并其地夫人泣而呼天磨笄自殺代人憐之所死地名爲磨笄之山在今雁門關外是當日雁門一帶本趙地非代地兩漢分立郡縣以代郡隸幽州以雁門隸并州今之代州實非古之代郡竟無知之者矣每見介休人好署定陽極爲可笑介休之名最古兩漢分界休鄔縣平周三縣

魏晉分介休鄔縣兩縣元魏分平昌介休鄔縣三縣齊周爲平昌縣隋復爲介休縣歷唐宋金元明不改國朝因之定陽之名雖見於隋書注而其盛稱則創於劉武周不但不成朝代亦並不成割據與宇文化及王世充劉黑闥之徒何異起事六年卽爲唐太宗所滅乃以其一時僭僞之地名汚辱介休可乎此何異以莽新所改易之地名竄易漢志地名也推其緣起皆由士大夫好尚高雅而全史及志乘又未嘗寓目偶署款識以現在之地名爲俗因取縉紳全書各郡縣上所刻之別名以爲較現在之地名爲雅殊不知縉紳別名乃坊肆刻書者倩妄人爲之豈可據爲典要哉又見六朝至唐大族多稱郡名王則會稽太原李則隴西趙郡盧則涿郡崔則博陵鄭則滎陽以爲古人嘗有之此又誤矣族姓之說起

於元魏至唐而定爲七姓此七姓者互爲婣婭不婚別姓雖移居千萬里外而總稱其族姓始居之郡乃是一時風氣與後來之隨地著籍不同且其族姓皆兩漢古郡名無定陽之類也弟嘗讀兩漢書地名注云今某郡某縣以今日地名考之不符者十之五六非舛誤也章懷師古皆唐人彼所謂今以唐言也試取元和志核之一一脗合矣滹沱桑乾兩水皆注曰至某地入於河今兩水皆單行入海與黃河無涉則以唐時黃河尙從天津入海故兩水下游匯於河迨黃河南徙而兩河遂與黃河風馬牛矣以今日之滹沱桑乾而疑漢書注有誤可乎山西郡縣志弟所見無多省志亦不過集各州縣志而成因訛襲謬絕無可觀惟潞安府志沿革尙不甚舛誤文亦曉暢自係出通人之手苦太煩冗尙須删節最蕪

者太原各志如唐叔虞之建國本在平陽之翼城不在太原而太原縣有古唐城此緣鄭康成一語之誤遂有先都太原後徙平陽之說然此猶古今所同誤不足深求最可笑者祁縣有輞川云是王維別業按唐書王維及弟縉傳皆漏書祁縣而別書稱爲河東人則祁縣之說已不確輞川在陜西藍田縣西安府志輞谷水在藍田縣南出南山輞谷北流入灞右丞輞川別墅卽在於此本宋之問別業宋貶死右丞得之本傳稱輞川有華子岡欹湖竹里館柳浪茱萸沜辛夷塢與裴迪日遊其中賦詩爲樂後捨爲佛寺卒卽葬其西少陵詩爲問西莊王給事西莊卽指輞川距祁縣千有餘里何由縮地而移置之其餘如此類者不可枚舉正不獨訛子方爲虸蚄訛狐突爲胡塗也又唐代叢書載狄梁公裔孫惟謙爲

晉陽令因禱雨沈女巫郭天師於汾河登晉祠山暴烈日中頃刻大雨如澍不肯移步百姓歡呼擁之下州將奏聞璽書褒美比之西門豹任滿當去民不肯舍加三品服終於任如此表表新舊唐書竟不附見於梁公傳亦不入循吏傳而修陽曲太原兩志者鄉賢名宦皆不收則其採訪之疎漏可知三晉志書名作惟汾州府及汾陽縣新志出於戴東原之手景星慶雲偶然一見此不獨山右所無卽宇內亦僅見其汾州府之舊志弟亦見之則前繪八景城廟圖俚俗與他處無異此外惟關中五志及陸清獻所修之靈壽志稱爲名作閩省之甯化志亦最有名弟好李寒支之文其全集嘗細讀數過此志亦出寒支之手各志小叙似廬陵五代史可稱奇作惟腹笥淹博不免貪多羊棗十之二三膾炙居十之八九

止可以奇文賞之非志乘之正體也五臺志多年不修邑侯余公
與門人王西樓議重修欲弟主其事弟竟未敢任一則窮年研食
無此閒暇衰老多病無此精力再則必不合衆人之意故不敢爲
也五臺自兩漢以來爲太原郡之慮虒縣至惰而改名五臺沿革
無多金元以前無可紀之人物其事似當易舉關中五志武功朝
邑郃陽鄠縣郿縣朝邑郃陽太簡惟康對山之武功志繁簡合中
陸清献之靈壽志利病詳核意欲合此兩志成法核實爲之亦不
過兩册已足然必將俗例相沿之八景圖暨天下所同之祠廟圖
全行削去即此兩端已不合衆人之意且舊志荒略已甚體例全
乖創始者不知何人似於志乘體裁茫然未解即如方外一門在
別縣可有可無在五臺則爲至要邑以五臺山得名五臺山以文

殊師利道場得名宗門古宿見於指月錄諸書者甚多文益禪師爲五宗之一稱爲清涼宗內典多其所譯此外古德尙多節之皆可成小傳而志無之五代史東漢世家稱劉承鈞自失契丹之援地狹產薄國用日削五臺山僧繼容故燕王劉守光之子爲人多智善商財利自崇世頗賴之繼容能講法華經四方供施多蓄積以佐國用五臺當契丹界上繼容常得其馬以獻歲率數百匹又於柏谷置銀冶募民鑿山取礦烹銀仰以給用卽其地建室興軍拜繼容爲鴻臚卿至太師中書令卒追封定王弟按繼容於佛法不足道而其事迹則關係五臺山古今大局鈔五代史原文卽是絕好列傳倣劉秉忠姚廣孝之例不必入之方外也而舊志竟佚其名其所臚列者則各叢林名目碑記不過鈔襲清涼志而已彼

釋典此縣志何可混而爲一即欲存其名目倣朝邑志之例不過千餘字已無掛漏乃連篇累牘以禍梨棗何其不憚煩又載梆腔戲文出家之楊五郎豈不令閱者齒冷又藝文志所載清涼山詩多近代人作頗有打油惡札而吳梅村朱竹垞兩詩伯集中皆有清涼山詩梅村詩五篇尤爲高唱而志皆無有則修志者之見聞亦未免太狹矣至我朝祖宗三聖人屢幸五臺爲民祈福兼以撫綏蒙古六飛涖止前後凡十餘次駐蹕回鑾之年月必宜恭紀多士迎鑾獻賦召試之詩賦題目取士之等第姓名必宜紀載而志無一語及之尤爲失其輕重至人物一門自明以前草草數人國朝張龍池先生理學名儒爲傅青主徵君畏友舊志有傳而鄭樂山太史劾喇嘛之橫恣擾民除積年之害志載其疏而不爲立傳

又知縣事陸公長華手縛典器喇嘛鎖納元旦窮治之事得上聞追奪大喇嘛提督印僅於地糧中每歲撥與香火銀二千兩草豆之供永遠裁革由是喇嘛斂迹縣民喜若更生至今家尸戶祝名宦傳中當首爲立傳而舊志無之今欲爲之補立而陸公之資貫已無從查考尤爲可惜鄉賢自張鄭兩先生之後可以立傳者家豢惟先祖九江公之治北河宣防具有方略先君施南公之攝府篆立守望相助法川匪不敢入境一生窮研周易所著敦艮齋遺書見許於當代鉅人先堂叔觀察公在直隸二十年歷河間五州縣復守河間遺愛在民口碑至今不衰凡此皆宜立傳然援例以求者必多一不應則謂私其所親嗷嗷怨謗徇其請則鄉黨自好皆太邱讀高頭講章者皆康成矣弟欲表揚先德自可勒之家乘

何必登之縣志以招闒取怒乎行將與邑侯及西樓商之如必欲弟任其事則請勿製其肘體例由我爲之勿令不曉事者旁參議論採訪委之衆紳落筆則獨任之不必設局卽在館中乘暇爲之兩三月卽可脫稿將稿寄回分手繕寫將來成書卽不敢竊比對山稼書爾先哲然與世俗之所謂志書者自當不同斷不至如舊志之荒陋可笑如必欲仍舊貫則何人不可爲弟不特不敢與其事亦斷不敢列名恐有識者見之謂其人薄有文名伎倆乃如此也又各州縣志之八景始於東坡虔州八境詩然境也非景也後人修志者規以爲例九則刪其一六則湊其二五臺八景惟石窟躍魚頗奇此外則東冶秋禾槐陰春色山城夜月闒道穿雲河邊歸燕龍灣煙雨茹湖落雁何處無禾何處無春色何處無月無雲

無雨何處不歸燕奚足爲景至於茹湖一小豬旱則涸潦則有旅雁偶有翔集者亦可以爲一景乎弟所見各家志書從來無此圖今一槪削去必不愜衆人之意夏蟲不可語冰故堅謝不爲也偶因大刻嶂陽二字觸發一落筆刺刺不能止寫出三千餘字書訖不禁自笑聊寄閣下可當半日談劇將錄寄邑侯余公及王西樓商縣志事大刻嶂陽陽字改爲縣字卽妥挖補甚易

致劉魯汀大令書

昨得書數千言承示平陽劉注之譌竄係以陽平誤作平陽並定襄地勢之大略疑團爲之頓釋喜躍不已郡縣之名起於秦前此地名小者山水城邑大者或指其片段言之戰國時自秦而外皆謂之山東是其證也尊論謂相州之平陽卽臨漳又云爲晉山東

地總名引證確鑿洵爲不易之論拜服之至中山國之唐縣注引張晏說謂堯爲唐侯國於此堯山在唐東北望都縣界今直隸保定有唐縣正定有行唐縣順德有唐山縣唐山距望都三四百里自無瓜葛望都卽慶都以堯母得名距今唐縣數十里然在唐縣東南非東北行唐在望都西南百餘里與東北之說似相合兩地皆與今之定州相近（古中山）未知孰爲唐縣然總不離此一帶也今之唐縣行唐縣弟皆屢經其地沙瘠之土雜以岡阜以之作藩國固無不可然其俗與唐魏迥殊豐歉不解蓋藏饑荒則流離載道所謂唐魏之民思深者自是指山右之邦幾與舊國無涉也再中山卽鮮虞戰國策注謂因其城中有山故名今之定州在平土弟曾穿過其城不特無山卽並岡阜亦無之則非中山之舊址明矣

定州迤西數十里曲陽縣治之東漢之下曲陽平地有小山圍約一里餘高約半里疑古之中山城當在於此亦是臆度之說無所據也

致魯汀論戴氏汾州府縣志書

前蒙惠寄戴東原所修府縣志翻閱旬日粗得大略考核之詳確方駕顧胡其糾正前人錯誤之處尤為精確不刊如云各郡首列之縣為郡治前漢班志尚無此例皆前人之所未發又云西河郡治未徙離石之前郡治在河西河套中論亦甚確其論春秋初年霍山以北非晉有亦甚確當然以翼城之欒池為晉水而抹煞懸甕之晉水竟若汾太兩府之地自周初及春秋迥非華土而與晉無涉者則與古籍皆不合鄙意終以閣下前函所論為允另書所見呈政又六月詩之至于太原東原亦主固原州之說鄙意亦不

以爲然太原地名肇於禹貢見於周雅列於左氏外傳至秦置郡未之有改別地有同名者惟太原不聞今必廢古今所名之太原而鑿空取他州之地強命之曰太原亦未免好奇矣高明以爲何如

致魯汀論兩漢水書

前後漢地理郡國兩志隴西郡之氐道縣注爲禹貢養水所出養卽瀁也郡國志注引巴漢志曰漢水二源東源出縣之養山名養南都賦注曰漢水源出隴西經武都至武關山歷南陽界出沔口入江巴漢志曰西漢源出隴西嶓冢山會白水經葭萌入漢始源曰沔故曰漢沔今考兩漢水不特發源兩地而下游亦絕不相涉東漢水發源今陝西省之甯羌州俗名漢源山又稱五丁峽東流

入沔縣歷漢中興安鄖陽至襄樊折而南至潛江又折而東至漢口入長江漢口卽沔口也西漢水發源今甘肅省之秦州曲折至徽縣而南流歷略陽會嘉陵故道水入四川之廣元至昭化而會白水江古之葭萌也又南流歷閬中南充至合州而東會巴江西會涪江至重慶而會岷江東北出夔巫此江俗皆稱嘉陵江不復知爲漢水矣西漢之隴西武都漢陽三郡分跨今陝甘川三省犬牙相錯最難分晰隴西之氐道縣或爲今陝西之甯羌州或爲今甘肅秦州嶓冢山究在何處案頭無書無由查考論兩水發源之地相隔原不過數百里然東漢水自西而東至江夏入大江西漢水自北而南至巴縣會岷江相隔數千里風馬牛不相及其西漢水所經之略陽縣與東漢發源之甯羌州相隔不過百餘里然萬

山限隔絕無涓滴相通古載籍之所稱漢江者皆指東漢水漢之漢中郡今之沔縣沔陽州皆以東漢水立名即考之禹貢導瀁與今東漢水經行之道一一脗合惟前漢之天水郡後漢改爲漢陽郡當是就西漢水立名然與東漢水無涉也今郡國志注引南都賦注云源出隴西歷南陽界出沔口入江其爲東漢水明矣乃又云經武都至武關山武關山不知何指（高祖入秦之武關在商雒一帶又有武休關在留壩廳俗亦名武關）武都則今甘省之徽成階文一帶乃西漢水經行之地東漢水自發源之處至漢中自西而東何由西折而入於武都又注引巴漢志云隴西嶓冢山會白水經葭萌入漢會白水經葭萌此嘉陵江經行之路其爲西漢水明矣乃繼之曰入漢嘉陵江由葭萌南趨閬中不知入於何處之漢若謂入於漢中之漢是倒流而飛越矣又

曰始源曰沔故曰漢沔考東漢水別名沔西漢水實無此名統觀注引各家之說總是將東西兩漢水誤會爲一故任意鑿空而不知不可通也壬子年出使四川泝東漢水而上直至發源之五丁峽入川界後又傍嘉陵江行數日適閱漢書郡國志注心疑其誤案頭無水經注禹貢錐指等書無可查勘敢以質之高明又考漢之武都一郡當是今陝西省之鳳縣留壩甘肅省之兩當徽縣成縣一帶武都郡有下辨章懷注謂卽鳳州今之鳳縣也又有沮縣注沔水出東狼谷又有故道縣今鳳縣以北有河自北而南俗名故道河此河至鳳縣城西流入嘉陵江（即西漢水）繞鳳嶺而南諸小水會合成大河南流出褒谷入漢沔（即東漢水）俗名烏江皆在北棧中南棧自沔縣西行入山沿漾水行二十里有沮河自西來會之（俗名略陽河）

路旁鐫石曰沮瀁合流疑所謂東狼谷即指五丁峽漢之漢陽郡有西縣故屬隴西注曰嶓冢山西漢水則漢陽一郡似是今甘省之秦州伏羌禮縣西和階州文縣陝省之略陽甯羌一帶隴西郡當是今甘省之鞏昌蘭州西跨岷洮一帶其所屬之氐道未知確爲何地然既注爲瀁水所出而漢陽郡之西縣下注曰嶓冢山西漢水則養水之爲東漢水明矣養水實出今甯羌州或即漢氐道然以地形大勢揆之甯羌在東南似當是漢陽地不當遙隸隴西總之兩水發源之地相距原不甚遠謂爲同源而異流或猶可通謂爲異源而同歸則一在楚之東一在蜀之南乃說之萬不可通者也又禹貢嶓冢導瀁東流爲漢今東漢水實係東流西漢水乃南流非東流自虞夏至春秋戰國言漢者指不勝屈皆指今漢中

漢口之漢絕無一言及西漢水西漢水之名爲漢不知起於何時至漢武帝乃取維天有漢之意名其郡爲天水東漢則改名爲漢陽因而巴郡有安漢宣漢漢昌等縣廣漢郡有廣漢縣皆以西漢水立名也後人未溯原委竟以會白水經葭萌之嘉陵江而謂其下游入漢沔可謂怪矣郡國志廣漢郡有葭萌縣注引華陽國志云有水通漢川亦與巴漢志之誤同耳

題王月潭先生小傳後

吾師月潭先生歸道山已四十餘年矣哲嗣秋賓長余一歲幼同筆研數年咸豐癸丑余在幷門襄防務秋賓出先君子所撰先師小傳相示囑書數語其後旋值鎭州告警五臺戒嚴余倉卒歸防臺口而秋賓於是年八月署平陽訓導城破偕幼子殉難甲寅春

余赴上黨督辦防堵至乙卯冬撤防始歸則此册尚在篋中也回憶丁卯戊辰間余與秋賓同學京寓讀史漢八家古文初執筆學爲八比文兩老人得暇互教之先君子爲批改文課講授經義則先師爲多寒夜篝燈高吟互畣恆至夜半先師臥而聽之甚以爲樂憶之忽如昨日事今兩老人秋柏數拱秋賓蹈白刃完大節墓草已復離離獨余後死而老病侵尋鬢髮亦皓然矣俯仰身世能勿慨然至先師品學之端醇先君子傳中已詳哉言之毋庸小子之贅述也書其緣起歸秋賓之賢子壽亭焉

跋丁長孺先生墓表

乙卯乘鄣上黨丁雙橋明府以劉蕺山先生所撰先德長孺先生墓表見示讀竟爲之三歎明至神廟季年陰長陽消將成板蕩東

林諸君子主持清議觝觸羣邪已岌岌乎不能勝至天啓而黨事起或死或竄或黜靡有孑遺而明社屋矣論者謂危言於無道之日未合於明哲保身之旨然罡風浩氣足以撐拄乾坤烏可以尋常執轍論之哉蕺山爲明季理學正傳於人不輕許可而傾倒於長孺先生者如此則先生之生平可知矣謹書數語以志景行咸豐乙卯孟秋後學徐繼畬謹識

題劉玉坡制軍自立圖

立於山凹水曲漁樵之與侶麋鹿之與遊而公自恬然立於細旃廣廈檠戟耀其前鐘鼎羅其側而公自淡然立於萬仞之懸崖臨不測之深谿雷雨震撼奇鬼睒睒而欲攫而公自凝然立於穿漏之扁舟泛乎溟渤之汪洋天吳跳擲馮夷扇飆波濤駭起如山嶽

而公自泰然其樹骨也堅其養氣也全其措足也正而無所謂偏其制行也定於方而不斆於圓一以爲大丈夫一以爲好男子於虖其斯爲公之自立也吾無間然

題孟蘭舟侍御事實册

太谷孟蘭舟先生與先祖東冶公爲乾隆己卯鄉試同年友同出河間紀文達公門下志相得也繼畬幼時嘗聞先大夫廣軒公道公立朝風節心嚮往之迨後頻上公車與哲嗣某某兩世叔數數相見於京師後爲外吏不復相聞晚歲罷議歸田主講平遥書院先生文孫某世兄過訪以一册相示曰此先祖請入鄉賢事實全册也將付梓以廣其傳諸年家子惟君最耄願書數語於簡端以重其事繼畬喜而展讀生平嚮往之私爲之一快當和相之當軸

也同列歛手言路結舌其昌言擊之者前有先生後有曹公錫寶當世以爲兩鳴鳳云先大夫常爲繼畬談公軼事云公之改官吏部也總理爲諸城劉文正公一日公創奏稿文正摘字句小疵曰君文殊不精公艴然曰公當視例案之合否不當論文字之工拙某若專工文辭仍當視草清秘不至俯首入曹署爲簿書俗吏文正睨而笑曰孟公風力殊健及保送御史以公一人應選曰吾知其必能直言也繼畬生平慕公風烈前居言路後爲京卿亦嘗以其一得之愚屢有陳奏雖蒙兩朝聖人溫綸襃奬而勁直敢言之氣有媿於先哲多矣他日書之國史公固當爲一代名臣豈止崇祀鄉賢爲晉乘增重而已謹書數語而歸之以誌景仰之忱云同治元年九月年孫徐繼畬頓首拜識

書王印川廣文詩後 忻州人名錫綸詩爲闢二氏及因果之說而作

道家皆言老莊然老莊之書具在並無吐納燒鍊之說導引延年南華嘗及之不過引爲閒文並非漆園宗旨秦皇漢武信方士欺誑之說曰不死之藥可得黃金可成其說與老莊無涉兩人以帝王之力求之不已卒無成效劉安集方士著書乃鑿鑿言之道家諱其謀反湛族而曰拔宅飛昇有兩友人皆當世賢豪弟總角之交以兄事之兩君酷信燒鍊砂汞耗財致貧爐火薰灼致病嘗爭之曰秦皇漢武不能得而兩兄欲得之不量力矣且曰大道在是夫欲不死貪生也欲點金貪財也發念在貪而曰大道在是吾不信也兩君亦啞然失笑然爲之不已兩君非貪財亦不敢吞服因性好奇故爲人所愚後乃悔而不爲然家貲已耗其半矣服金丹

而死者歷代多有之鍊內丹結聖胎而死者亦嘗屢見其人道家後來之書皆祖于吉太平書後漢書注言之甚悉卽張道陵之所祖今所謂張天師者張寶張角張魯衍其說爲五斗米教會稽王氏崇奉之與所謂老莊者風馬牛不相及也佛教起於五印度侏儷之俗與中國殊異周孔之化無由漸被彼土聰明之人勸令戒殺戒淫悚以果報使之懺悔其用意原無所謂非漢明帝感金人之夢無端遣使求之佛法遂入中國乃中國開門而揖非佛法之能亂中國也其時首崇信而捨身供養者楚王英也以謀反殺身廢國創建琳宮耗費民財者廣陵太守笮融也卒爲黃巾亦其族事佛求福乃更得禍昌黎之言可謂明辨特愚人迷不悟耳文中子曰佛西方之聖人也行於中國則亂朱子詩曰亦是聰明奇偉

人能空萬念絕纖塵可惜當年處西土未聽尼山講五倫兩大儒平心之談令人心折愚民所好之佛土苴木偶專爲祈福至淺鄙不足道士大夫所好之禪所謂宗門祖派其機鋒語似微妙可思然亦儒流侫佛者援儒家性命之說參入其中並非禪教本來面目此又儒家引之入室非禪教之能動人聽也先儒辨之已詳不煩覼縷我朝崇重佛教擁護兩藏立黃教喇嘛爲六大座分統內外蒙古乃因蒙古信佛順其俗而利導之使之安於游牧不生異心此列聖安邊大計執兩用中之微權俗儒不知妄議本朝之好佛何殊囈語世祖世宗兩聖人皆深於禪理御選十大禪師語錄圓明居士語錄宗門老宿莫贊一辭然兩聖人之治天下皆純用儒術德比堯舜制軼武周大聖人學貫天人化裁通變更非小儒

所能窺測竊謂信佛者愚闢佛者亦多事先儒闢佛之書汗牛充棟照如日星更不煩後來薪積今髡徒徧天下不過游惰不畊之閒民紛紛揭竿者並非僧道則天下之治亂又何關乎此輩大抵儒者著書中無闢佛數條則以爲不合繩尺窺其隱衷不過睥睨兩廡牲牢耳陸王近禪而亦闢佛孫夏峯欲合朱陸薛王而亦有闢佛之論自是講學格套與昌黎之大聲疾呼者異矣我輩讀書則修儒業爲吏則廣聖化元氣既足外感自不能侵所謂經正則庶民興也否則二氏之外又益以回教天主教口誅筆伐不亦勞乎大作欲焚黃緇書卽焚骨人人火書廬居之意爲愚人說法最爲有益此正是昌黎家法河間紀文達公有言曰佛教不畏宋儒而畏昌黎宋儒所闢之佛就義理精微言之於彼教無傷也昌黎

之說行則髡徒無宿食之地故深畏之昔孟子闢楊墨一切不與深言而但責其無父無君此正昌黎學術之所由來大作深得此意拜服之至弟生平不喜道家之說其書荒誕不足觀佛氏教門之書稱爲相宗驅神役鬼幻杳無憑付之一笑宗門之書稱爲性宗卽禪教也楞嚴指月中多淸悟之語意頗喜之然亦不過資爲談柄採爲詩料如讀鍾譚詩姑嘗別味實未入其藩籬也因讀大作輙刺刺書此以質高明大作製題所云好刻因果書者其人其書弟皆知之不足觀亦不足道其人已往付之勿論可矣弟畬再拜不宣

自記

放筆爲之是壯悔堂文體此種議論俗儒所驚然未必敢駁也

書王印川廣文詩注後

原注云文公過壽陽驛詩前輩多辨其憶桃柳二姬者小說所載原非定論但此在公無關輕重即存此說為詩詞點綴未為不可與公生平大節正是無礙關壯繆上表孟德乞取秦宜祿妻於公磊落行誼究屬何害而談公事者輒欲諱之反覺鄙陋鄙見如此請質高明

昌黎過壽陽驛詩謂憶桃柳二姬說本穿鑿不足深辨即使有之亦復於公奚累玉蠋頻搖金釵半醉何礙於公之嶽嶽杜工部每飯不忘君而雲鬟玉臂語麗情悲屈靈均孤忠自忱而離騷一編言美人者居半蓋詩人吐談意興與宋儒講書語錄判然兩事蘇子卿仗節牧羊偶胡婦而生子王大令東晉名流桃葉桃根傳為佳話白香山立朝風節砥柱中唐樊素小蠻星添柳宿胡忠簡忤秦檜遠竄南海黎娃握別垂涕沾臆文文山正氣拄乾坤作郡時

嘗有歌童舞女忠孝至性與男女大欲同出一源欲其眞不欲其僞欲其節不欲其流流而無節豈特男女之淫穢伯奇握蠭而死申生不辨胙毒而死鬻權兵諫而自刖原軫唾地而歸元後之人悲其志未嘗不憫其愚故忠孝之流而無節其失爲愚男女之流而無節其失爲淫穢淸濁雖異消息自同然不得戒愚而廢忠孝又豈能懲淫穢而廢男女聖賢豪傑大抵不遠人情孟子謂太王好色愛厥妃豈以戲語汚太王乎梁伯鸞得孟光孔明得阿承女不嫌其醜設兩婦淑而且姸兩賢未必棄而不娶也風詩之義發乎情止乎禮義窒其情而不使發聖賢亦不能但貴乎能止耳今有人曰我性不好色是僞也竊妻而逃或出於目不邪視之人又可信乎關壯繆取秦宜祿妻事極尋常與秉燭待旦有何加損娶

寡婦爲已失節伊川程子之言也宋以前尙無此說孔子爲人倫之至而伯魚之母子思之母子上之母三世皆改適使已婦失節又陷娶者以失節聖人忠恕不宜有此夫禮制因時而變風議因時而發宋承五季之後世風靡靡夫婦一倫輕褻已甚故伊川立此嚴峻之防使士大夫有所矜式非爲愚夫愚婦言也周制同姓者百世不同婚姻夏商以前五世卽通將執周道而議夏商之瀆倫可乎故執孔氏之家法而譏伊川妄人也執伊川之論而疑孔氏其妄不更甚乎柏舟之節楨幹人紀夫婦一倫賴之不墜伊川所謂餓死事小失節事大者匹婦能毅然行之誠令典之所重志乘之所必詳苟有其人宜竭力表章焉不能守而改醮亦常情耳彼固爲賢此亦中人未爲不肖也慕其名而強效之客氣一衰大

僇隨之矣弟生平所見如此讀大作詩注與鄙見相合書此呈政

如乖謬幸垂示弟畬再拜

村學究見此議論未免驚訝然皆平正通達之言不讀書者自不知耳文體欲倣壯悔堂參以柳州之廉劌雖未成體而八股俗調已去太半 自記

題沈歸愚杜詩註後

杜工部崔氏東山草堂詩有飯煑青泥坊底芹之句詩用眞韻芹係文韻沈歸愚註之曰芹當是蓴之誤余謂此說於韻學誠是然於南北物產殊昧昧東山卽藍田山王右丞輞川別墅卽在附近故有爲問西莊王給事之句芹產北方處處有之蓴則產南方不特北方無此物卽南方亦惟蘇杭一帶有之北人未嘗其味亦並

不知其名張季鷹吳人也在洛陽因秋風起思蓴菜南歸使藍田有此物距洛陽止數日程何難專一力致以筐筥又何難策蹇一遊玩玉山藍水之奇勝羨蓴而飽啖之古人以千里蓴羹爲南中佳味千里白下地名足見他處之無此味也杜詩係拗體以七古爲七律故亦用七古通韻試以此詩入七古固無不可亦無出韻之疑矣歸愚先生蘇州人於蓴菜數見不鮮以爲尋常之菜處處有之而不知關中斷無此物也

平遥超山書院創建重修原委碑記

平遥舊無書院康熙四十年蘭州王公綬爲邑宰始於縣署迤南路西創建超山書院規模宏敞講堂學舍皆備又於路東創建義學買田二百九十餘畝爲書院費買田六十餘畝爲義學費平遥

之有書院始於此其後寖廢弛書院義學皆改爲公館王公所買之田迷失無可稽考僅有義學田六十餘畝官禮生與禮房書吏分種之至今縣署之南土人猶稱爲書院門口然平遥之無書院則已久矣道光初武昌楊公霖川涖茲土訪書院舊址則已改公館入交代無從追復會省垣修貢院平遥合縣攤捐銀三千二百兩有奇貢院工程止用銀二千兩發回銀一千二百兩有奇楊公邀集紳士議以此項已捐之銀創建書院又從城內鋪戶募捐銀七百兩有奇乃於學宮明倫堂後尊經閣兩旁空地各建房十五間又於尊經閣前建講堂三楹無門窗後壁於是書院始有其地然束修膏火無所出不能延師生童亦無住院肄業者道光十九年靈壽靳公廷鈺署平遥邀集紳士郭憲章劉充實等勸修文廟

首倡捐銀三百兩諸紳士隨募隨修文廟工竣止用銀七千兩有奇尚餘銀九千兩有奇諸紳僉議以平遥書院有其地而無其費徒存虚名今文廟所餘之項爲數不少曷以此爲書院費於是諸董事各捐貲湊萬金之數呈請縣尊發合縣當商以六釐牛生息每歲得息銀六百五十兩山長束脩火食銀三百兩生童膏火及雜費銀三百兩餘銀五十兩爲歷年修補房屋之用倣照祁縣太谷榆次章程生息之項由董事二十四家輪流值年經管官吏蓋不經手山長由紳士詢訪進士之有品學者禀縣尊送關敦請上游亦不札薦以縣尊爲主兩學師長爲監院每月官課一次山長院課一次山長束脩由值年董事按季致送生童膏火由值年學長給散一切雜費概由值年董事經理立法詳妥無弊可垂永久

咸豐丙辰余在上黨防堵竣事平遥官紳延請來此主講外吏多年學殖荒落惟少時困禮闈者十餘載於制義一途嘗耗心血衰年重理舊業尚有端緒可尋遂埋頭於此日與諸生分甘苦杜門却掃居然冬烘面目矣諸紳士以講堂無牖壁不可居又屋少山長不能挈眷口遂於講堂前後增牖壁又於講堂兩旁增東西廂房各三間東西廂房之北增小屋各二間爲安廚竈置新炭之地又以門外出路係偏坡車馬不能達取土填築爲闕巷中間甃磚爲門顏以版額於是書院之規模乃大備工料共費銀六百五十九兩歷年餘銀不足期分年彌補之余主講於此已七年因年老謀歸里而官紳擘袪投轄堅留不聽其去且屬爲文叙書院之原委乃搦管而爲之記

田蓮房倡修宗祠碑記

田氏宗祠之建也督工者爲田君誠齋倡議而定其規模者爲余門人田子蓮房宗人以兩君之獨任其勞也思立石於祠以不朽其人余既爲文以表誠齋其宗人復以蓮房爲請先是蓮房修族譜乞余爲引又嘗偕誠齋赴祖籍忻州尋先世碑碣夫世人之所務者宮室妻妾之奉兩君獨懇懇於報本追遠可謂賢矣蓮房名逢露字湑零性嗜學好詩古文詞不喜爲科舉之學亦不樂仕宦嘗援例得翰林院待詔銜非所屑也慕太史公遊名山大川策蹇歷秦棧抵梁洋登祁山又至定軍山拜諸葛侯之墓東南走淮徐維揚姑蘇武林六朝唐宋以來山川之秀文献古蹟之多靡不俯仰憑弔發爲詩歌家有小園雜植花樹與同人觴咏其中吟哦之

外兼蓄古書遊蘇閶得姬吳氏善爲小詩滌硯焚香助其雅興有石癖几案羅列皆米家石友也蓋其嗜好之不俗如此蓮房少孤事母孝性慷慨戚屬師友之間指囷贈舟無難色性好風雅而無名士浮薄之習卽其倡修宗祠一事可以知其生平也余故樂得而記之

同溪續公墓表

公續姓諱昑字秉陽世居崞邑之同川西社里曾祖諱之琰字婉如祖諱涵字靜功由庠入太學考諱懋休字官賞亦入太學妣李太君邑庠生阜公女生熙章公諱昭乾隆甲子舉人繼妣張太君辛卯孝廉任雞澤縣天泉公女爲公所自出公六歲失恃九歲失怙惟兄嫂是依及長誠樸敦厚潛心詩書淹貫百家諸子年二十

四遊庠時菴蔣文宗特加賞識歲科試俱列前茅庚辰鄉薦已定
魁選後以經文被黜公知數奇遂寄意古文詩詞以持風化嘗北
至陰山東拜孔林南渡秦淮西遊寧武凡忠孝節義事將即淹沒
者竭力表揚著古詩近體詩二十四卷古今文十六卷山右詩存
登古律數首餘未及梓其品行之端待人之厚教思之廣俱詳行
述及門人德教碑嘉慶丙寅五月初一日捐館享壽七十有五元
配曲太君台邑庠生益謙公女淑慎精明娣姒以女宗奉之儉而
好施歿後數十年貧男婦念之不置先公三十六年卒享壽四十
八歲生男二女二繼樊太君生女一克家增生娶薄氏舉人爾臧
公女繼衛氏徐氏側趙氏承家增生娶曲氏舉人肅公女側張氏
長女適武生梁錕鋙次適薄廷茂次適曲氏

紘齋續先生墓表

余諸舅有古君子曰續紘齋先生先母續太君之從堂兄也余少時爲公所器愛每適外家公必來坐談良久問其學業加以訓勉又延余至其齋中讀其藏書故公之言論風采余知之最悉父諱昣號同溪篤學好古工於詩詞嘗挾千金遊白下蘇閶廣陵購書數車而歸閉戶讀之皆遍十赴鄉舉不第以諸生終公諱克家字子敬號紘齋同溪公之長子與弟承家皆能讀父書性質直好義言必由中不解作世故周旋語於宋元明先儒理學之書研其精義皆有心得尤熟歷代史事年代族貫記憶不爽憶少時侍公夜談每聞所未聞爲文好學桐城二方不屑揣摩時好故迄不利於名場制行方正端嚴合族子弟尊爲楷模偶有爭端公以一言剖

決無不悅服性愛才遇後學聰頴之士誘掖奬勸冀其有成或贈以膏火助以資斧使之成名家故中貲自奉甚約遇人急難推解無吝色以此晚年家事頗窘亦恬然不介意中歲嘗設帳於介休既而歸里閉戸讀書以老綜公生平於古所謂言忠信行篤敬者殆無愧歟自公卒後余每至外家不禁有老成典型之慨也元配薄氏乾隆戊午舉人陝西成縣知縣爾臧公女繼配衛氏君秦公女又繼配徐氏天海公女前苦乏嗣繼胞侄簡爲子年七十乃生一子竹徐氏出簡娶栗氏繼趙氏劉氏竹娶朱氏女三長適增生張慶榮次適薄明遠薄氏出三適康熏衛氏出孫大可娶曲氏簡出猷可娶劉氏大望幼竹出孫女三曾孫興賢娶張氏興仁娶王氏興讓幼大可出曾孫女二元孫海旺幼興賢出公生於乾隆十

五年十二月十三日戌時卒於道光七年十月二十三日寅時享壽七十有八以咸豐三年九月二十八日葬於中傾地之祖塋外弟竹屬余爲文以表其墓

趙生哀辭

昔吾先大夫施南公精研周易一生講學皆證之以易象俗儒不解也制義以理法爲主探其原於史漢八家古文教生徒以拆題布局分股抱柱之法趨時者不好也獨平遥趙子南陽見而好之時敦艮齋遺書暨時文稿繼畚方裒集成書尚未授梓趙子從友人處見片紙卽手鈔之後受學於余門人梁彭孫教授乃鈔讀敦艮齋遺書暨詩文稿奉以爲立身行己講書爲文之法後余罷官歸里主講平遥書院趙子來見執弟子禮旋携哲嗣思位課文數

篇來乞批余閱之驚異曰此敦艮齋滴髓傳也盍應試時思位年十四趙子以其未解場規辭因令從余受學至甲子年十八乃初應試入縣庠余以遠到許之七月間忽患喉痺咽不能下而卒余聞之不禁頓足惋悼而有蕙折蘭摧之嘆也思位幼有夙慧三歲四歲趙子鈔爾雅授之隨認隨讀有未及授而連下數句者人皆異之授以毛詩片刻能背誦兩三篇至六歲詩書易春秋已卒業九歲四書五經皆熟誦繼以左氏內外傳史漢唐宋八家古文唐賢古近體詩及敦艮齋時文年十二卽能爲文用敦艮齋拆題布局分股抱柱之法不失尺寸幼不好弄不解出穢語罵人同學諸童或侮之容讓不與校叱咤之聲未嘗及於雞犬當病革時或勸令吸鴉片烟可以救急默不應母勸之泣曰病勢如此鴉片豈能

救死生命也因病而死不失爲正若吸鴉片而仍不免於死失其正矣毋其勿悲長呼爹娘數十聲而瞑於虖其可哀也已昔明道程子銘其殤子謂常人得天地之雜氣其壽命恒長得天地之清氣者其壽命恒短李剛主先生長子習仁卒方望溪銘其墓亦舉程子之說譬諸惡草踐踏芟薙旋即萌生若芝蘭則殷勤培護往往憔悴而枯如思位之聰明天賦德器生成求之千萬人中不得其一壽命之不延固亦物理之常也然得正而斃亦已無憾於成人矣余主講平遙書院已十年苦乏清異之才最後乃得思位謂可以傳我學業而不料其遽逝也思位字兼山趙子取敦良之義而字之者也生於咸豐丁未十月十二日巳時卒於同治甲子七月三十日子時得年十八歲聘而未娶趙子將引例爲之立後其

友八李正華等痛念無已乞余爲文以壽其人乃揮老淚而哀以辭曰

既賦以夙慧兮而又促其年既予以成德兮而命不與之俱延如曇花之一現兮不崇朝而化爲雲煙於虖吾莫測其故兮欲呵壁而問天

謝政歸里祭主文

維大清咸豐二年十一月二十三日己巳繼畬謹祭告於顯高祖考妣顯曾祖考妣顯祖考妣顯考妣之塋墓前曰繼畬自庚寅服闋晉京供職迂謹自守不阿權要荷蒙宣宗成皇帝特達之知由編修轉御史旋擢守潯州甫半載即擢延建邵道調署汀漳龍道適值夷氛正惡境土幸保無虞蒙恩擢兩廣運司旋擢廣東臬司

履任三月即擢福建藩司在任三載有餘蒙恩擢廣西巡撫旋調任福建巡撫在任五年兩署閩浙總督以焦頭爛額之地値山窮水盡之時兼以撫局既定奉命專辦通商事務困心棘手不可名言繼畬謹守先訓飲冰茹蘖不取一錢矢慎矢勤力圖補救九年之中疆土幸無變亂夷情亦復安恬不料時局既變議論日新繼畬堅守素志不肯輕開邊釁遂爲言路所攻彈章至於六七聖主憫其戇愚降補太僕寺少卿本年夏初上三漸宜防一疏蒙諭嘉奬旋有四川正主考之命闈務方畢奉文以閩撫任內起解官犯遲延革職伏念繼畬才力短淺未能建立勛名以光祖考誠爲可愧惟謹潔自守尚未玷先人清白方今時事艱難中外皆無從措手幸以微罪歸田未必非塞翁之福今已於十一月十一日抵里

從茲里居教授爲村學究以終身矣謹列酒餚用申虔告尚饗

致服先堂兄書 附

弟畬稟請哥哥大人安三月間赴厦門從旅寓中發回家信付親友之回家者帶去計六月間可到計回家者七人比弟自厦回署又來三人可笑亦可歎也弟之赴厦因米利堅國夷船有赴天津之信故自厦等候相機勸阻駐厦兩旬杳無消息料係在粵商辦未遽北行於四月十九日回省接印錢粮奏銷在六月底艱難萬狀每年比較係八十七萬四千零一或不敷此數卽應獲咎今年之能否過去尚不可知明年則斷無過去之法如無轉動不得不作引疾之計前信已詳言之矣現在厦門夷務奉旨委辦責成至重然其事萬無反覆非弟所懼惟地方苦累情形日甚一日無米

之炊善者無如之何不得不引分以自全耳前四箴在署時弟偶談及厭東治之煩囂欲卜居鄉村渠云逢恩兄有空地一片可以造屋價不過百餘千弟曾有可以留買之說今思平地起屋爲費頗鉅囊槖稍充或可爲此若明春卽行下臺則兩袖淸風力不辦此吾兄見四箴時可告以此事緩商不必急急也

致服先堂兄書 附

弟畬稟請哥哥大人安稟者弟婦於閏五月初十日長逝矣悲哉渠素本外腴中虧操勞傷之憂鬱傷之自到南方不服水土畏寒畏暑畏風時時作患雖少臥床之疾而中氣之虧損已甚此番抵任福州之後刻刻思歸弟因家中無人渠獨歸難以支立門戶且弟已定引退之局故勸其相待而不料其遽逝也先是閩省春夏

之間淫雨八旬五月初猶著綿衣至五月下旬晴霽酷熱非常渠向來不甚出汗至是忽胸前心口每日大汗如珠汗後覺心空氣怯以爲天熱之故亦不甚留意也初九日晚飯後自覺身發寒冷猶以爲受風感冒耳至夜交丑刻後忽通身大汗如雨言寒冷欲披裘急覓高麗參煎之已昏暈不醒六脈全停過一刻許六脈始回人乃清醒服高麗參湯錢許自言大渴喝米湯數椀沈沈睡去日出而醒云不過身體軟憊無大病症醫來看脈開清補之方亦以爲斷無他慮也已初服藥後仍喝米湯半椀甫就枕忽痰湧體厥急扶起則小便已下呼吸已停口閉脈絕鍼刺不應延至未刻而通體如冰冥然去矣悲哉悲哉此因中氣表氣俱已虛極酷熱一蒸隨之耗散正醫書所謂大汗亡陽之症（又謂之脫症）當初覺心胸發

汗時急用峻補之劑猶可提住即初九日夜間回醒後用六味回陽大劑加以遼參尙可挽回於萬一而病者旁人俱不知爲危症一旦奄忽遂至於此豈非數哉初九日猶是好人閒談至夜半而寢半日之間而已成永訣悲夫弟與弟婦相處三十六年情好最篤忽遭此事傷懷殊甚事已如此不得不爲莊生之達衣衾棺木毫無遺憾同城文武自督撫至從末千把祭弔者二百餘員祭席至五六十桌祭幛至五十餘掛亦可謂榮耀之極現定於三七日移殯於城外之開化寺弟已定退局遭此一事更無疑義將來弟回時帶伊靈柩同回亦所謂白首同歸矣至弟以後之事甚覺爲難若欲續絃在宦場中甚易然在以官爲家者則可弟已定引退之局南中婦女豈能過吾鄉日子若在家鄉續絃則吾鄉風俗誰

肯以室女婚五十以外之翁卽使有之而頭童齒豁乃薙鬚作新郞豈非笑話最宜者青年後婚旣能生育又可持家而二品大員萬無娶再醮之例且弟痛念亡妻此位亦不欲使他人再占旣不續絃則惟有買妾燕姬人固平善苦於蠢蠢無知生育尙可望斷不能使執爨必須在家鄉物色一能學習家計之人方妥此事甚爲不易貌好者易得性良者難得吾鄉貧薄小戶之女亦不肯與人爲妾倘竟有之則最爲合式乞吾兄一留意焉以家道而論無嫡則無主腦後事可危弟此時總以子嗣爲第一要義嫡庶之難處已深知其味不如納妾之事權在我不至有許多牽制耳十二叔鐵甥已定與弟相偕同回弟引疾之期定於七月至遲亦不過九十月大抵到家總在明歲開春矣 丙午閏五月十九日

商辦立嗣書 附

繼畬謹告家長父兄繼畬年近六旬尚無嗣息思祖父兩世積累若敖不應遂餒然天道茫茫難可測度以人事言之則過繼一節所以濟人道之窮及令爲之亦其時也考之現行條例內一條云無子者許令同宗昭穆相當之姪承繼先儘同父周親次及大功小功緦麻如俱無方許擇立遠房及同姓爲嗣又一條云一無子立嗣除依律外若繼子不得於所後之親聽其告官別立其或擇立賢能及所親愛者若於昭穆倫序不失不許宗族指以次序告爭並官司授理又一條云一無子立嗣若應繼之人平日先有嫌隙則於昭穆相當親族內擇賢擇愛敢從其便如族中希圖財產勒令承繼或慫慂擇繼以致涉訟者地方官立卽懲治仍將所賢

愛之人斷令立繼定例分明體貼天理人情可謂曲至世俗爲過繼一事肇啓爭端大約希冀得子不肯早定或至屬纊之際倉卒相承或至蓋棺之後紛紜聚議訟爭之由從此而起若平日早經擇定則先儘服制固屬常法擇愛擇賢亦符定例又誰得起而爭也繼畬子然一身庶弟繼畹未娶夭亡再無同胞兄弟同祖之服先二哥現亦尚未生子此外則二先叔祖四先叔祖之諸孫皆繼畬小功兄弟諸兄弟子息亦不甚繁或現係一子不應出繼或操農工別業並未讀書或年已長大授有家室年幼者亦多在十齡以上繼畬忝爲大臣擇立嗣子必須以讀書識字之人又必須自幼撫養恩義洽浹庶不致庭幃之間視如陌路接木者必方萌移花者必初茁物理人情大抵如斯因思三先叔祖與先祖本係同

胞兄弟其諸孫亦本係繼畬小功兄弟因三先叔祖出繼別房服制遂疎隔一層然一本之親繼畬向未嘗殊視八弟繼壎係三先叔祖之孫現在生有二子其次子年甫五歲繼畬籌思再三惟過繼此子實洽中心之願一則繼壎從畬讀書資性頗覺聰明其所生之子或不至十分頑鈍再則年歲幼小果贏之負熟化無難謹援擇賢擇愛之例默告於先祖考妣先考妣之靈繼畬自揣涼德未能早生子息以綿血嗣誠無以仰對先靈今不得已而爲此舉何嘗不負疚引慝傷心掩涕惟宗祧大計關係非小繼畬斷自己心參以律例一言既出鐵案如山繼壎相依多年畬視之無殊胞弟渠方在中年生有二子今畬繼其次子於情固不忍不與於理亦不能不與謹告家長父兄此信到後即持示繼壎如其願與即

邀請宗族至親數人寫立繼約此子立嗣之後命名曰樹本年恭
逢恩詔繼孫得蔭生即與此子此一兩年中即令繼孫送之來署
以便及早撫養教訓冀其成立繼孫謹告

致先饒八弟書 附

先饒八弟近好家眷已於三月三十日起身計初五六日可到東
方信息近得省報山東河南大獲勝仗張樂新捻匪退回二百餘
里又新泰郭二兄云有人從東昌來云捻匪已退回安徽巢穴等
語此是大好消息前所慮者捻匪裹脅動輒數步倘其西竄晉省
防堵單弱全不可靠直是入無人之境至冠縣一帶之土匪乃是
白蓮教山東直隸河南之教匪自乾隆年間至道光年間鬧事已
數十次不過據一城掠旁縣從來不敢遠竄與川楚教匪迥然不

同捻匪既退教匪不足慮也我所以決意打發家眷回去者因各處賊匪未能全平其聚散進退時時變動太汾之平介祁太楡五大縣夙著富名賊所垂涎實難保其無事我非官非紳在此不過教書耳拖男帶女處此危險之地刻刻懸心豈不大謬家眷既回書箱衣箱亦已送回十之七八果有驚信單車避去至易易耳曾子之居武城師法具在與臣也微也之子思豈可同日語哉今年平介兩處外課將及三十人束脩之多寡不同約計四百金內外自因三拔貢之故人情自來如此七百金之館地不爲不好且平介兩處諸生及平遙董事已有堅留之議然我內決於心不復留戀者年已望七塊然獨處批閱文課辛苦異常而飲食起居無人調攝亦太自苦若携兒女居此則內懷戒心一聞風鶴未免心驚

每歲回家則車馬之勞祁寒之苦實非衰年所能堪忍明知忻州設立散館斷不能好然心神安貼往來自便其苦處不過窮耳一生讀書談道安貧二字未嘗不知其難然幸而富之一境總未閱歷貧之一境已成見慣司空今景迫桑榆倘能學得安貧二字亦尚不幸負此貧傅青主詩曰亦知貧難耐耐即醫貧方眞至言也無怨談何容易能學子貢之無諂子路之不忮求亦幸甚矣頃郭二兄約四月杪至汾州一遊我已諾之中秋節後天氣涼爽雁汀先生之匯清別業亦以清理就緒當脂車一遊作數日盤桓也芝田詩稿選訖即寄上趙師彭病我爲服小陷胸合白虎吐出黑血片通身發狂汗今稀粥調養旬餘已大致平復雁翁芝田俱爲我致意四月初八日七兄健男手書

清末民初文獻叢刊

松龕先生全集

（下册）

〔清〕徐繼畬　撰

朝華出版社
BLOSSOM PRESS

松龕先生詩集卷上

題朱生甫司馬先澤吳門送別圖步册中錢辛楣宮詹韻

爲愛瀟湘一段秋騷人游覽入南州定知柔櫓輕搖處無數詩囊壓小舟

一麾猶憶跨征鞍湘水衡雲次第看（余以丙申年出守潯州取道湖南）今日烽烟銷盡否岳陽樓檻已凋殘（時湖南寇亂初平湖北尚未靖）

朱生甫司馬以先澤太行秋影册子索題步册中原韻三首

風騷遺蹟手頻摩却憶青牛此舊過（礀東先生曾任交城少尉）吏隱還同梅福早詩才應比閬仙多一時名輩爭酬唱（礀東之官山右張船山法梧門諸前輩皆有詩送行）兩世清操入巷歌棠愛重留唐魏土殘碑墮淚鬱嵯峨

文孫績學苦編摩京國前番載酒過唾手青雲君未晚搔頭白髮

我偏多雙松廳事誰哦句故李將軍許嘯歌相對頻看腰下劍太行一脊認巍峨

蘭芽茁秀又肩摩雛鳳高翔千仞過畫省簪毫推俊乂粉曹列宿見英多皐比未撤仍談藝濁酒頻斟且放歌生甫主講上黨書院時招余飲叢桂留人香滿座小山招隱望峨峨

朱生甫屬題先澤太行秋影圖內有徐禮菴詩黃谷音和之蓋以險韻鬥奇者因用其韻贈生甫敘上黨團練事且以索和

寓客有如君閒居有如我朝局無仔肩臥遊奚不可粵寇忽跳梁時事關心頗投筆起徘徊號召先閭左教伍集健兒幟文翩婀娜雉堞輩金湯鱗原靖烽火指囷有諸賢無憚餱糧裹萬戶靜喧譁

羣神安侑妥短後日馳驅皋比安能坐君本吳會英高情斥庸瑣晉土即枌榆務使平無跛我仕曾三黜壯懷徒磔砢銜命來乘鄣馬革志未果與君左右手忘形如袒裸所望吳楚平報捷馳雲朵金甌自渾全蕩盡羣幺麽

陳劍芝同年擢粵西觀察將有嶺表之行追憶昔年宦轍所經賦長篇送別

我昔遊桂林山川猶在目君今赴嶺南萬里馳輪轂試以我所經爲君徐往復夏口掛輕帆岳陽泛艫舳浩渺湖水平灣迴三十六九面望衡山綠水瀟湘複南道走零陵漸覲奇峰禿（永州山形已似粵西）全州粵門戶舍舟還就陸（水路可達桂林惟斗河淹滯特甚故仕宦多由陸路）夾道多喬松疏枝雲自宿（全州以南驛路皆植松高至十餘丈）最憐幽絕處桃花間修竹過此爲興安湘灕泉一掬

（湘灕本一源出興安縣北流爲湘南流爲灕因一水而相離故名）勝絕嚴關口奇山茲焉伏如筍如浮屠雙角或如鹿平地不相連遙瞻似林木行人入其中迷途互相逐竟疑八陣圖不止川中獨行行及桂林城垣山所築風洞爲北門凹凸排崖谷（北門在風洞山峽）巍峩獨秀峰蒼黛如膏沐（獨峯在城中秀平地拔起）闤闠周四圍一拳天際矗城西象鼻山連蜷舒不縮（山在水中似象鼻船出其間）中間過估船張帆展蒲幅南行駛八杆（粵西船皆雙桅交縛作八字形謂之八杆船）下瀨波洄洑木棉爛如錦杜鵑紅簇簇猿猱攀懸厓小石時翻蹴天半忽槎牙萬笏攢如鏃眄眙問舟人陽朔固耳熟舟過幭江亭峭壁懸清肅（陽朔縣城在江夾之譙樓榜曰岸兩峭壁幭江亭）極目望峰巔仙靈氣紛郁過眼留雲烟宛然畫可讀粵山此最奇餘者無庸瀆（粵西山水之奇至陽朔而止餘無足觀）君是漢循吏仁風周蔀屋爲政三十年除莠植嘉穀唐魏千里間到處人民育我因乘鄣來喜

見人如菊苔岑氣誼深笑談時捧腹君今奉簡書豸繡紆章服搴帷五嶺間猺獞胥蒙福羔羊節素修何患食無肉彼土經瘡痍哀鴻嗷百族兵氣雖已銷噢咻賴人牧知君能撫綏賣劍還買犢偕登衽席間左右賚饘粥政成君亦暇看山涉林麓奚囊定不虛新詩且盈軸作詩送君行舉觴歌百祿

是時楚氛未靖赴粵須取道蜀黔再賦一章盡意

楚江烽火尚漫漫迂道應知行路難杜宇聲中雲棧遠（取道四川之閬中重慶達於烏江）竹王祠畔月光寒（歷貴州之鎮遠達於古州即入粵西之懷遠縣）王尊按部羞回轡新息征韉且據鞍五管定歌來已暮早修尺素報平安

德風亭（在潞安府署相傳唐玄宗爲潞安別駕時所構）

潞州古郡太行脊有亭翼然名德風太守官舍闊且敞後有小邱

可以籠時構此亭宜遠眺五龍山色來空濛（山在城南二十里）俯看墻外田似罫芃芃禾黍歌年豐此亭遺址傳唐代年歲云在景龍中當時明皇爲別駕龍蟠泥淖方厄窮王孫乃爲冷官屈料難裘馬誇豪雄誰憐生日無湯餅典將半臂煩阿忠（明皇王皇后寵衰一日泣訴曰不記阿忠脫紫半臂爲三郎生日湯餅乎上爲憫然王忠后之父也）經歷艱難非不早詎曰寡人生深宮奈何一代稱英主開元天寶異初終韓休既罷九齡貶弄權楊李蒙其聰鎮日打毬無諫疏有時擊鼓稱天公沈香亭畔清平調傾城酣醉一枝紅遂使胡兒萌異志漁陽鐵騎盡彎弓潼關忽斷平安火蒼黃下殿走蠶叢豈非盈滿生怠荒何如貧瘁抱謙沖回憶監州爲末吏始願又豈及崇隆我來弔古長嘆息高吟拄頰送雙鴻

贈澤州陳淮生太守

太行一脊摩星斗河内在左河東右此地自古稱巖疆控扼端資
賢太守君家累葉紆紫青傴僂銘鼎相傳久裘馬安知輕且肥秃
筆殘書時在手磨穿鐵硯事未成粉署爲郎軼儕偶一麾望望出
長安砥柱析城來綰綬吏行冰上人鏡心陰雨膏遍東南畝前年
粤寇忽跳梁馳突三河如瘈狗野王城外陣雲屯天井關頭游騎
走郡兵冢冢不滿百吏民失色都箝口使君談笑自圍棋密運奇
謀讋羣醜其時相助有諸賢陳劍芝司馬 李曉亭大令號召良家多赳赳山頭列
炬萬人呼劇賊汗流逃恐後由此境土獲安全不輟耕男與織婦
事後論功君不居守土幸獲占无咎豸繡頒來自九天君乃拜手
稽首受我來乘鄣望清塵筆札時時商可否合將師友溯淵源論
交何必在杵臼今年君自太原來乃得從容接杯酒意氣豪邁無

古人胸懷洞達空諸有東南半壁寄長城非君誰任此重負行看雄職擢烏臺載詠皇華騑四牡

上黨卽事留別諸紳士

太行側畔又驚秋惆悵駒光駛不留敢道諸君皆健卒頗哀老子得遨遊蒼茫獨立誰青眼憔悴行吟已白頭建立功名須少壯何人仗劍覓封侯

揭竿嘯聚蠢荆蠻誰射天狼弓一彎鼙鼓未休三楚地烽烟已靖兩河間汾淮脫劍班師早謂僧邸絳灌搴旗戰血殷謂吳楚諸將露布何當摩盾鼻行看干羽格苗頑

從來表裏有山河天險纔容一騎過濟源西界有隘日封門口一夫當關之地即漢志垣縣所謂邵郫之阸也本議設守於此河東道張鶴生因其地係河南所轄防兵出境須加鹽菜銀兩棄而不守賊遂由此竄入揖盜西來誰主闖棄軍北去盡投

戈（都司玉恒先遁守備景亮隨之）紛紛塞路黄巾滿（賊由絳縣入平陽遂不可制）藉藉填渠白骨多（平陽曲沃兩城屠戮最多）

逸寇緩追眞恨事路人指點説摩訶（賊由摩訶嶺東竄諸軍逗留未進托將軍孤軍遇賊致受鎗傷賊遂由潞黎竄出）

崢嶸百雉控東南卒伍家家見兩三遣騎探營來午夜登陴授甲有丁男（時潞郡無防兵鄉勇回勇皆登城守禦賊夜間遣人探之知有備遂不敢犯）回車斷限眞奇計（西關行店有鐵釘三萬餘簍連夜搬運入城賊覘者誤以爲火藥不敢攻城故以臧宮斷門限爲比）衆志成城豈妄談乘鄗自慙無異策五龍山下漫停驂

儒流何自習戈鋋披髮纓冠不讓先（舉貢生監在團練局者數十人皆自備資斧時歷二年勤苦不懈）且脫青衿衣短後羣操白梃競居前指囷盡出倉箱米解橐爭輸子母錢（紳士捐銀前後共二萬餘兩）養士百年宜食報諸君詎媿古人賢（局中捐資出力之紳民余爲先後上請分別奏得議敘）

漢京名族重諸馮瞿鑠於今見是翁（馮亦東太守屯留人年七十餘引疾家居奏派辦理防堵郡城練局其所倡率）去病忘家能破虜（亦東居屯留之風儀鎮鬪賊已東來馳入郡城守禦賊過風儀家人星散財物盡爲所掠）郅都郭塞且從戎甘棠已植京畿遍（亦東官直隸四十年到處有遺愛）大樹還移里社中猶憶鄭瀛頻剪燭（東堂先叔守河間亦東以辦堤河各工數數來郡余時在署常得晤談）咨嗟往事意何窮

師道難同臣與微武城避寇詎云非（朱生甫孝廉主講上黨書院賊將至或勸避去生甫不肯與諸生亟招鄉勇日夜守城）皋比未撤先投袂書帛纔成已解圍松樹雙陰哦廨舍（生甫因防堵勞績以同知選用）杏花十里望郊畿（生甫明春仍上公車）匡時未許安閒散渡口還看羽扇揮

自嗟廿載濫吹竽嶺海周迴數剖符孤負恩施成棄物安排農圃老窮途桑榆已迫傷遲暮葵藿徒殷奈槁枯但祝金甌渾無缺躬耕十畝效征輸

蜀葵花俗名饝饝花北方到處有之有淡紅色一種花葉皆

似木芙蓉但草本耳戲名之曰草芙蓉綴以二首

不到秋江上芙蓉見一叢嫩紅朝浥雨疊翠晚搖風挺節還疑竹裁圭宛似桐嘉名今肇錫檢點入詩筒

牆陰連井畔到處茁修莖不貴緣多見相輕爲易生黃蜂銜正鬧粉蝶夢初成旅館能娛我看來倍有情

留別劉魯汀大令

我爲閩吏十四年與君未識徒想像論交杵臼今伊始却緣乘障來上黨煦物陽和春氣溫處懷皎潔秋月朗絃歌小邑稱神君豈豈常以兒子養前年劇寇走邢洺汲汲嚴疆憂伏莽屯兵列戍正紛拏司農無錢屋徒仰君乃號召下里民萬戶同聲應如響畫疆守望不相侵井田遺制聊師仿（和順大小十三口君以數村守一口防堵極其嚴密）領袖還招弟子

員短後還爲百夫長團練局生員數十八皆分任各口巡防事穫耡棘矜森無數大呼殺賊臂同攘制梃原可撻秦楚剡此么麿如罔兩聊固吾圉已二年未有錙銖糜國帑我與君爲左右手相見恨晚悵疇曩晉國山川在咫尺愧我空疎竟惝恍君乃示我地理學剖析古今如指掌春秋戰國迄元明沿革分明毫不爽水經酈註証源流志乘紛紛安足奬前有二顧與胐明君乃與之相下上令我茅塞豁然開如飲醍醐吸朝沆怪君心腹與人同如何乃有十丈廣其中積書數萬卷蠹魚難飽空怏怏荒落我同沒字碑待君鐫刻留標榜方今四海望澄清謀議孰如君倜儻畫沙聚米更何人安危此才還須仗士元區區宰百里驥足未展技徒癢嗟我蒲柳已衰殘瘦骨竛竮欲扶杖願君攬轡騁康莊盡安反側銷強獷他時旄節過并州故人

人陋巷駕宜枉虞卿窮愁有著書君當阿好一欣賞

張秋屏太守擢四川鹽茶道賦詩送別

原平君舊治（今崞縣乃漢原平縣）遐邇稱神君我爲閩中吏口碑遠傳聞言君善折獄白黑劃然分當君未到時訟牘投紛紜君到裁數月乃將筆硯焚吏胥忽不樂盤飧久無葷居停半局戶蜘蛛雜飛蠅閒庭花自落舒嘯歌南薰河潤逾九里蒙福及榆枌鄉民爭尺土虞芮難解紛君來爲指畫兩造胥欣欣（五臺神腦村鄉民爭灘地訟數年不決委君來勘片言而定）更有覆盆寃滅口埋孤墳君因鞫他獄鉤距乃云云淫凶竟伏辜歡頌溢河濆（五台有姑與人姦殺婦滅口之案官以自戕報正兇逃往崞縣因別事訟繫君廉得其殺人事置之法）憶昨歲癸丑我從并州軍與君獲相見雅意良殷殷眞氣豁城府宛是蘭臭熏醇酒飲公瑾一酌已半醺叩君何以治君言惟清勤沽名求異術不免治絲棼

此語我心折服膺常斤斤今君承帝簡豸繡揚朱幘褰帷試週覽行穿棧道雲西蜀俗強獷稂莠賴鋤耘孔明與乖崖治譜留清芬火烈勝水懦古訓誠懃懃人言君長者我知君逸羣鋒鍔自藏斂出匣有龍文至仁在果斷霜雪澄埃氛願以斯言獻持之當一芹祝君成政化劍外勒殊勳行看秉節鉞重來渡河汾

秋晚觀稼

紛鋪五色畝南東多稼如雲一望同漠漠川原留夕照垂垂禾黍動秋風豐穰自足銷兵氣禍福何勞問塞翁松菊荒蕪良可念徘徊天末送歸鴻

潞王城在潞安府城內

潞州之城過百雉其中強半田可耕內有土垣周數里云是明代

瀋王城在城內西北隅周迴約二里許前開牆罅爲門戶畡之壠畝列縱橫風軒月榭今安在華池曲沼已填平更無瓦礫留遺迹止有禾黍占雨晴當年建國在遼水靖難之後乃移并瀋王初封在遼東之瀋陽永樂六年徙封潞安國名仍舊簡王實維高帝子瀋簡王模明太祖第二十一子隆準有類父與兄衆建屏藩磐石固剪桐一葉留宗盟特築此城興百堵崔嵬正殿連飛甍高樓聳擢軼雲雨洞房窅窱殊幽明王官陪隸肅朝位明制守土官皆以朔望朝瀋王高冠長劍玉鏘鳴後宮羅列燕趙女良人八子爭趨迎振振公姓日蕃衍支庶都分茅土榮明制宗王得分王子弟故簡王以下分王者二十餘人尊賢好禮傳家範詩歌翰墨多閒情三百年來稱善國翩翩儒雅黜驕盈府志瀋遵禮守訓世有令德無奢華之習康王憲王裕王皆好文學有著作傳世一朝流寇來關陝萬馬奔騰夜有聲嚴城不守賊騎滿嗣王面縛悲裸裎瀋王迴洪以崇禎十一年襲封流寇入晉城破爲賊劉宗亮掠去不知所終可憐一炬成焦土何來綺疏與丹

楹曩日樓臺歌舞地秖今阡陌有人行溯從護衛裁奪後宗藩守府如寄生由崧遂爲福祿酒賊破洛陽殺福王由崧雜鹿肉烹之謂之福祿酒聿鍵一旅斥編氓唐王聿鍵起兵勤王懷宗革爵幽禁之都城陷脫身南走黃道周等迎之於閩當時廢食徒因噎高煦宸濠傾祖征但憂吳楚成尾大竟無晉鄭效忠貞大厦既傾餘燼滅五王嶺海空支撐驅除止爲興朝用原非人力所能爭弔古茫茫百端集剪燭頻將濁酒傾

秋夜二首

夜永難成寐將眠又啓扉疎星低入樹涼露暗侵衣憂國慙無分悲秋客未歸悶來還剪燭詩筆爲頻揮

行年過六十萬事付飄萍扶老貪蕿尤驅愁借酴醾敢爲雙眼白聊對一鐙青四壁蛩音起悠然倚枕聽

感懷雜咏五首

面目久不識攬鏡乃自知鬚髮十白九守黑惟雙眉耳鳴蟬隱隱齒豁無豐頤壯也不如人矧乃年已衰棄置勿復道飲酒及芳時

少小弄柔翰書史窺一斑有時騎欵段繁弱未能彎簿書猶攢眉何堪甲冑擐粵寇俄作孽蹢躅兩河間城門與池魚利害原相關枌榆豈不惜難爲桑者閑慨然衣短後投身卒伍班馬革誠至願其如氣力孱烽烟漸寢息長吟歸故山

憶我通籍時朝野歌天保東覲抽秘書西臺焚諫草作郡出長安人羡致身早五嶺逮七閩綿綿馳遠道讀書未讀律常愧官聲好無何海波揚樓船致聲討霞漳當其衝防衛周羣島（道光二十年署汀漳龍道沿海各島港皆設防）遠夷行受撫市舶羅環寶魋髻性難馴重譯虞顛倒（道光二十二年抵閩藩任）

奉旨辦通商事務包荒賴聖慈覆載歸洪造任重智乃昏算多謀未老終因撫馭乖分應書下考咸豐元年閩撫任內因辦夷務未協內召改官三黜從寬典疚愧縈懷抱剖符十餘載囊橐空如洗太僕厠朝列重索長安米班生行登仙咫尺瞻雲陛數馬石慶勤鵷班陪濟濟發憤乃上書狂愚人所詆何幸邀咨俞帝謂乃心啓褒嘉有綸綍感激投五體芻蕘見採納念之長零涕

昔年嘗珥筆未獲與文衡一揮作外吏此事已無成湛恩頒異數軺車賦遠征吏久愧荒落猶幸心未盲鳥道盤秦棧巴江繞蜀城既覽山川秀耳目多清瑩煎茶局試院開網羅羣英豈徒珍綺麗將求律度精孤芳見採摘所得頗知名使事既已畢吏議斥編氓因前在閩撫任內失察軍台官犯脫逃部議革職幸補生平缺何惜拋簪纓曲終還雅奏豈曰非

奇榮
高鳥東南飛倦極思故林宦遊二十載鄉里乃重臨松楸幸無恙故老杳難尋儕輩都頒白問之稔其音少年無一識歲月何駸駸里中執經者就正多悃忱知我老學究師事懷虛心皐比坐未煖羽檄頻相侵奉命當一面馳驅力難任甲寅二月奉旨督辦潞澤遼防堵駐上黨已一年有半且復倚長劍何暇理素琴邇聞賊氛遠解嚴韜霜鐔乘郤固當已懷歸思不禁臺山近可望冉冉白雲深

太行綿亘上黨之東險隘林立述其在潞安境內者示朱生甫

太行走北幹山勢何巑岏河內與上黨兩界起峰巒潞州扼其吭形勝留不刊壺關漢名縣大河流急湍大河村爲壺關東南衝要東通河南林縣新舊兩窟

隆五丁鑿奇觀（大河村之西有新窟隆舊窟從鑿山為洞以通道路長至百餘步）其北為玉峽高嶺路紆盤（玉峽關在縣東北中隔鎖軍嶺極險峻）桃花隔兩園斗絕不容攀（桃園梯在玉峽東北花園梯在玉峽東南路險仄僅通行人）林慮近可接望之雲漫漫（林慮山在林縣境內與壺關諸山接連）再北為潞城虹梯空際蟠（虹梯關在潞城東數十里鑿石為磴盤迴十餘里闊僅二三尺行人無敢騎而過者其地設有巡檢）鳥道迴百折投足欲走丸樵蘇尚彳亍何人敢據鞍奇險由天造一夫可以完下有茶蘭岩峩峩石劍攢岞崿怖行旅羣吟行路難（茶蘭岩在虹梯關之東十餘里地亦險要）黎城古建國式微詩所歎東陽吾兒峪壺口舊安瀾雄關有遺趾雉堞半凋殘（東陽關在黎城東二十里地名吾兒峪即古之壺口建關之地名王侯嶺跨山為城大半殘缺）坡陀高數仞山澗紆且寬行人樂坦易戍守苦漫汗地利無可恃常憂兵力單（晉省東界惟此口平坦易行無險可恃非重兵不能守咸豐三年粵賊即由此竄出）楸園與石背要隘煩控摶（楸樹園石背底皆在東陽關西北與涉縣交界）行行渡漳水古道走邯鄲（出東陽四十里即至涉縣再東即武安邯鄲）我行來乘鄣被命試師干請纓雖有志無如

氣力殫聚米愧未能括地借詩壇佇聞吳楚捷環瀛普乂安

遂州險隘甚多要者有五余皆親行履勘繫之以詩告後來之乘鄣者

遂州五隘有序

雲頭底在遂州城南九十五里爲清漳出峽之地與河南涉縣接壤山澗紆寬無險可扼非重兵不能守其地山形最奇俗名人頭底余以其名不雅改曰雲頭

桂林之山天下奇武夷之山奇兼秀我昔游覽歎觀止二者家家空宇宙今年匹馬走轑河遂州漢涅氏縣地後漢末置轑河縣恍來嶺表逢其舊嶺阜崎嶇路屈蟠避暑宮前闢岩岫遠望惟開一線天郤如穴中兩鼠鬬高歡避暑宮在州城南數十里俗名高歡堂稍南峭壁夾峙闢僅丈餘地名中家峻過此山石變橫紋奇形怪狀都奔湊遂州南境之山石皆橫紋上生奇峰怪巒余所見閩之武夷蜀之劍閣皆如此嶺頭拱立或如人嶺半攫拏恒似獸橫看旋轉成螺髻側似孤危同鷺㟴何來天半朵雲垂又疑絕壁重

樓構蘚斑苔印雜青蒼一皺一皴皆瘦透漳轑合并駛清流白石
磷磷堪枕漱轑水至此合清漳　花明柳暗見孤村一縷炊烟時復逗駐馬多
時看不足惜此奇尤生僻陋若教移置近名都蠟屐雕鞍遊恐後
正如石隱有高人匿跡逃名無所就我因從軍來上黨倏忽之間
成邂逅心頭眼底默寫藏宛如讀畫消清晝人生遇合有天緣愧
無好句爲君壽

黑龍洞在遼州城東南一百一十里路通武安爲赭小徑總口地係黎城所轄

黑龍何處來此山爲窟宅古洞藏深井其深不知幾千幾百尺窺
之黝黑似有風怒號兒童不敢投以石夏雲擘絮走雷霆此井倒
流忽噴射奔騰落澗競喧豗一條白練界青碧黑龍在何許無形
亦無迹但解利農田時時降雨澤此地屯兵亦最宜萬徑千蹊亢

可搤安得猛士來當關奮戟一呼皆辟易

黃澤關 在遼州城東南一百二十里路通武安爲晉豫兩省通衢地形如屭贔之首兩旁夾以深溝盤道從龜首之右曲折而下所謂十八盤也以大石從巖邊滾下萬人亦不能過此地形之最險者其地設有巡檢

黃澤關行旅何班班萬年神龜鎖灼不得死化爲土石昂首懸崖巨壑之中間一徑蜿蜒盤頷下如縮秋蛇往復還百人守之惟礫石萬夫到此亦難攀地險如斯不易得尙勿覷之作等閒

大摩天嶺 在遼州城東一百三十里路通武安遼州各險此最高險其右有小摩天嶺故以大別之

一峰高插天去天惟一握磴道盤迴十二里行人牛喘汗如灌數行數息到峰前片石巀巀如筍角左轉平行出峰背仄徑灣環愈綿邈俯看深澗千百尋我頭岑岑似風瞀稍東山凹開一罅寬不逾丈纔容幄雄關有遺址鐫題何卓犖 舊名峻極關爲豫晉分界之地明萬歷閒建有門闕舊遺石扁尙存 過

此一綫臨深澗何人走馬能橫槊守以巨礮卒百人萬騎雲屯且跉踔如何勝國當季年夜半賊來人不覺（明末闖賊以二千人夜度摩天嶺人無覺者）乃知地利賴人和古訓昭然宜善學

抓角嶺（在遼州城東北一百二十里由平地入深澗路通邢臺）

平地忽下陷巨窊深無底磴道人所成其高逾五里盤迴數十折登攀困行李人馬蟻旋磨頂踵接層累其上列營屯地險良可恃備多患力分揮鍤斷其趾居人苦哀乞云此通鹽米輿情難遽拂修復聊任彼（余初令掘斷磴道以省兵力居民以負販不便爲准其修復）利害無兩全何言成與毀

夢見亡女漳生（生於閩之漳州故名）

應門五尺少男丁弱女扶牀學過庭襁負攜持千萬里巫醫調護十三齡嬌癡初拜堂前月搖落何堪曙後星已付達觀憑幻化夢

中呼我淚偏零

白髮蕭蕭歲月侵向平心事杳難尋慰情聊比陶公酒識曲誰調蔡女琴早道曇花成一現何如枯木老千林姻盟枉自稱冰玉每顧東牀思不禁

上黨團練與陳劍芝同年經營一載幸得蕆事行將遠別作詩以叙其事

我昔踽踽來上黨欲呼將伯旁無友與君一見針芥投相須乃如左右手維時守望已經年裹糧告竭行扣缶（潞安練局已一年捐資罄竭將議撤防）東望烽烟苦未熄無術點金嗟掣肘（時直隸山東匪氛正熾）俠骨幸有朱公叔（謂朱甫孝廉）與君灑泣同閈誘鄉人感憤出金錢同澤同袍仍固守君本廉吏囊無錢募合武夫皆赳赳蒼頭特起眞異軍跳盪縱橫盡彪吼（劍芝）

府署別練義勇技擊甚精其中頗有賁育儔藐視劇賊同芻狗爲酬死士典衣裘萬金散盡家何有么麿殄蕩境宇完與君幸獲占无咎君今褰帷赴嶺表我亦騎驢返林藪劍芝擢粵西觀察將行余亦因防堵事竣將旋里此後相見知何年彼此皤然兩老叟努力加餐互勉旃路歧牽袂徘徊久

重陽前三日

寒侵衣袂露爲霜幾處亭皋木葉黃落日孤村散鴉鵲暮烟衰草見牛羊悲秋宋玉長吟望把菊陶潛自徜徉未插茱萸鄉思起聊儲斗酒待重陽

秋深涼夜正超超坐對靑燈轉寂寥纖月一鉤低欲隱繁星千點靜疑搖攤書拉雜幾成獺和韻支離笑續貂漫說壯夫羞小技可知白髮已飄蕭

輓同年武次南方伯

寥落晨星一榜中而今又失紫髯翁書來已覺衰機見（前年得其手書字跡頹唐心憂其衰）訃到俄悲舊雨空雅量自能副腰腹（君偉軀碩腹）天眞端不異童蒙（君性率眞無城府）隻鷄斗酒何時致訊問聊頻塞上鴻（君大同陽高人）

白雲亭畔靜無喧獄到于公自不冤（君在刑部最久治獄稱平恕）誰道爽鳩偏尚猛且看駟馬爲開門閫中司筴煩籌畫（君爲福建鹽道正値鹺務疲憊甚資擘畫）江左編氓賴普存最羡急流知勇退蘇閶杯酒憶清言（余辛亥入覲君爲蘇藩已決計引退未久即告歸）

九月望前步月

霜氣澄天宇冰輪乍到庭蒼烟沈夕照碧漢浸稀星雜沓書堆案橫斜菊滿瓶睡鄉難可到指引借湘醽

讀書倦臥

識字多憂患勞勞入夢魂待將拋卷册何以度朝昏到處支禪榻
隨時覓酒樽安心無別法面壁總忘言

哭王鶴舟大令（名文晉河南光州人道光辛巳舉人知安徽建德縣甲寅城破殉難）

彈琴小邑抱恫瘝斗大孤城匝萬山蛇豕平吞天塹失（時皖省江北半爲賊據）鸛
鵝不見陣雲閒（時建德無守兵）登陴誓衆朝鳴鼓殺賊羣呼夜守關（君與士民憑城固守賊屢攻不能下）遮蔽江淮誰與共空教南八乞師還（君屢告急援兵不至）
蜂屯蟻聚勢披猖力竭空拳更欲張取義但憑三尺劍（君以城破巷戰死）告
天曾爇一爐香壯懷不辨風塵色正氣能扶日月光千里故人悲
後死南瞻憑弔淚雙行
門牆著錄幾多時儒雅風流到處師（君初爲景山教習後爲鄧州學正從學者甚衆）衙鼓聲稀開
講座訟庭人靜設皐比政成屢見豐年兆數定難將浩刼移循吏

忠臣應合傳還看褒卹有專祠

弋陽共硯憶當年（先君子遊光君從受學與余同筆硯者二年）假館春明割半氈（道光丙戌丁亥君與余假館於尚書阿實甫家同炊兩載）下第劉蕡頻獻策折腰陶令竟揮絃奇文自合名山貯大節還同皎日懸論定蓋棺君自足追思舊雨倍潸然

哭吳甄甫師

北渡連檣未許停靡牙吮血惘生靈中流擊楫軍聲壯漢上橫戈戰血腥（時江北郡縣半爲賊擾公督師渡江擊之）詎料連營遭一炬坐看屬地隕長星（公乘勝進勦賊夜劫營歿於陣）招魂頻向南天望黃鶴樓前霧雨冥

乾坤正氣賴支撐憂國頻年白髮生笑比河清肅僚寀（公平素嚴峻言笑不苟）令如流水活疲氓七閩樾蔭留歧海三楚棠陰遍列城（公撫閩二年撫江右三年撫浙三年由雲貴總督移湖廣）自愧禰衡勞薦牘西州慟哭爲吞聲（道光辛丑會冒明保公以畬名首登薦牘）

陽城衛淇園同年以秋日感賦詩見寄依韻和之

近事我所知有詩未脫稿讀君感賦篇慨念庸人擾奸民虎負嵎蒙茸尾不掉山頭望廷尉王章視殊藐（首惡爲趙連城李振河王發園）我憂玉石焚乞恩言了了宏開三面網名法蠲微繞（余屢向院司乞恩准其投首量從末減勸諭百端終不肯從）狂且冥不悟搏膺如摯鳥妄言勇無敵脅從惟恐少對壘狎官軍自詡強哉矯鄉愚懾積威執梃隨旂旐（在黃龍風神兩廟脅從近萬人用鎗礮旂幟與官軍對敵）鎗礮轟如雷飛走窮林抄（官軍進攻黃龍廟鎗礮擊斃百餘人餘皆逃散）懸崖墮婦嬰溝壑塡耄老可憐耕鑿氓燎原如枯草作孽數狂夫無辜胥荼蓼因念古循良赤子常懷抱撫字寓催科何至煩誅討寬猛得其宜恫瘝時在抱稂莠早耘鋤嘉禾罔枯槁寄與司牧人踐踏留叢篠

飲酒偶成用東坡送碧香酒與趙明叔元韻寄王英齋卽求

和章

我本山中一麋鹿野性何知慕卿相三載歸田百事休垂涎惟有思隹釀醉後高談不自由恒慮灌夫得嘲謗南望風塵苦未息聞鷄踏破梅花帳枯腸芒角怒欲生恨不鯨吞倒瓶盎惟當簦笠安耕鑿黍肉還甘童子餉

側聞吳楚氛甚惡顛危扶持賴彼相焚掠縱橫四野哭搶攘誰將和氣釀君澍膏雨數十年未有一言逮官謗正當拯溺救燎原何遽歸來眠紙帳草笠芒鞋走山澤時覓幽花植盆盎與君相約汗漫遊白衣送酒誰相餉

立冬日作

夜半得微雨朔風聞怒號攬衣覺凜凜寒氣侵毫毛黃葉飄蕭下

雜沓飛林皐三時既已歷搖落隨蓬蒿獨有畦中花秋來抽嫩條密葉敷蒼翠宛同春日驕一朝遇寒凍萎敗如焚燒嗟爾生何晚未榮先已焦溫肅有時令彭殤若自招試瞻山上松凌冬獨後彫稟氣得貞固霜雪莫能搖此理可微悟淡靜留孤標

頃乘障上黨有留別諸紳八詩潞人泐石以當紀事余小欄大令見而和之再疊前韻奉酬

脫劍歸來又一秋河汾教授此淹留藍輿欲倣陶元亮下澤還同馬少游射虎殘年付杯底送鴻極目過峯頭要離塚畔堪埋骨不羨人間萬戶侯

昔時乘障禦烏蠻繁弱曾經試一彎島嶼分明蛟窟裏波潮上下鱟帆間百年已見華顛禿一跌常驚赤轂殷頭腦冬烘今若此且

憑鄉里笑癡頑

俄驚蟻穴潰全河遍地黃巾躍馬過車騎渡江空擊楫魯陽酣戰幾揮戈側聞淮北完城少悵望江南戰壘多誰比關張能馘賊擲將鉄硯憶摩訶

跳梁羣盜躪畿南烽燧遙連晉土三險扼太行陳甲士城環潞水誓丁男白衣詎識韜鈐秘赤幟空傳載籍談幸值鯨鯢全就戮清涼山下有歸驂

山城撤戍靖戈鋋仙吏車來甘雨先虛竹自生心舍內閟花紛落訟庭前分無餘料支馴鶴剩有空囊選大錢官瘠民肥非創論誰搜夾袋薦高賢

下車攘臂久嗤馮失馬何須問塞翁櫟社有詞嘲匠石竹林何處

著王戎升沈已作雲烟過身世全歸夢幻中獨繫神交惟偃室曲高難和意何窮

塵生甑釜突烟微爲吏貪廉孰是非濁酒聊堪償夙債新詩定許破愁圍循聲久已騰當路卓薦尋看入帝畿他日甘棠有遺愛部民詩筆擬重揮

含溪高咏似笙竽例比蘇州綰郡符冷淡無妨作生活詩騷何必定窮途梅開何遜吟方苦花夢江淹筆已枯詰屈東方良足哂壇場角韻愧全輸

三江竹枝詞

閩江

南臺盡頭江海環長橋直跨不作彎橋東海船高似岸橋西却上

竹崎關

篾篷重疊遮太陽惟有船旁露水光鴉鬟靑衫水中照何似蘇州嬌小娘

石尤風緊不開船山頭濃綠照娟娟行客自愁儂自喜船中還住兩三天

水口沿村集暮鴉送郎登岸莫嗟呀歸時相訪南臺路不在船中郎在家

珠江

五羊城外水連天海珠（海珠城外小島）一粒大如拳無數玻璃水光晃知是新添河泊船（妓船名河泊船有河泊所大使司之）

風浪無憂繫木簰艙門三洞有層階素馨毬子懸羅幔盆蘭分向

兩邊排
短衫白袷淨無瑕綉出連枝五色花宿醒未解怕梳洗勉自摩挲
兩鬓鴉
昨宵送客花埭（花埭在城北十餘里）東歸來却又阻南風小舟一葉來相傍鮮
鮮摘得荔支紅

浙江

溯流西上是長山南望仙霞聳髻鬟衢州城外雙流合江山船在
綠楊灣
順流兩日到蘭溪船家欵客宰雛雞阿嫂彈箏攘皓腕阿妹酣歌
未及笄
七里瀧過江水平遠山疊疊翠眉橫富陽城外沙如雪暗潮作響

已三更
隔江塔影認錢塘停橈相送淚雙行憑君莫道西湖好爭似之江意思長

苗刀歌

三更風雨昏如墨鬼車滴血聲啾唧篝際鵂鶹哭且笑燈光如豆眼光黑壁間劃然起白虹萬怪百靈一時匿意恐寶刀忽飛去摘置枕旁始安息寶刀由來出苗洞苗人赤脚著布裙生兒賀禮悉以鐵積鐵多多無與分待兒長成作刀劍千斤百斤鍊一斤秋水沈沈愁鬼魅青花隱隱起龍紋苗人佩此走深箐斷虺斬鹿如鋤耘我聞昔在乾隆季奸宄揭竿臺灣地嘗調苗兵助征勦苗人奔走隨旗幟官軍縱擊萬人呼自天而下飛突騎林爽文之亂前此台人無馬海公蘭察以百騎渡海

賊望見披靡所向無敵

苗兵助戰各揮刀寒光一瞥頭顱墜血流入海海水赤燎枯折朽曾何異事平凱撤已多年此刀遺落入坊肆我昔作吏來七閩偶得一枚意所珍裝以寶匣金作飾時時拂拭燦如銀一從教授歸鄉里低頭日弄毛錐子壯氣全消肺病多蕭蕭白髮垂兩耳即今豺虎滿江淮仗劍從軍多壯士據鞍顧盼獨無能反問頻來徒髮指每聞人喚故將軍不覺汗流顙有泚空留此刀隨我身刀乎刀乎吾負爾

擬行路難

陸行忽登舟風波須洞使人愁水行又登陸山路崎嶇傷馬足狨啼猿嘯不可聞貂裘已敝空瑟縮不如歸去閉柴門敗絮自擁飽饘粥

奮起忽投袂坐對妻孥不快意獨騎健馬如游龍經歷山川全不計西過崑崙東至海南窮交趾北幽薊崦嵫漸迫氣力衰白髮蕭蕭垂耳際揶揄徒受少年欺天涯遍走成何事猿臂能挽强手拈僕姑射天狼天狼乃以千萬計呼羣嘯侶勢猖狂矢盡弦絕甚矣憊歸來止有空拳張太息我無封侯骨分應白頭爲走卒

引錐刺股股流血徹夜呻吟不能絕中宵發篋得陰符頓覺風生口中舌取得金印大如斗阿嫂膝行况阿婦一朝白刃剚腹中金玉錦繡亦何有何不學仙從赤松冉冉白雲生戶牖

空中比翼鳥失偶不能飛山中駏驉獸獨行何所歸仗劍出門千萬里度越山河快無比忽焉臥病羈旅中瘦骨支牀不能起此時

念我同心人參商遙隔不相親拋骨郊野何足計知音未遇一哀呻

大塊發噫氣南北東西不可知老樹勁竹隨之偃況乃弱草能自持人生踪跡故無定云有主者知為誰錢刀屑屑藏囊篋兒孫乃笑爾翁癡胡不斫鱠沽美酒燕姬歌舞及芳時

西施未膏沐東施理晨妝偕立偕行百步外妍媸誰與辨容光娥眉謠諑古所慨畫工空自誤王嬙何如椎髻自行汲頭插蒿簪裏布裳

晈晈天上月所照非一處人在窗櫺間待月昏至曙但願照已不照彼往昔徧心知誤矣願分清光百分一開我心顏一何喜無端天際片雲來手持長帚掃不開他家自明妾自暗形影不見空徘

徊露冷星稀　聞禁鼓歸宿空房淚如雨

松龕先生詩集卷下

題趙丹臣畫雀

杏林著雨數枝橫瓦雀羣飛趁落英煖意催來千百囀歡情並作兩三聲緣階芳草鋪仍淺夾路梅花糝未平爲勸提壺頻喚起買春誰向陌頭行

謝石珊屬題山水畫軸

我昔揚舲衡嶺畔恍然忽遇米家山松杉布滿沓濃翠上下一碧烟雲環斧劈披麻無著處宛如潑墨絹素間乃悟襄陽書畫舫時溯瀟湘見一斑信手揮來作畫稿並非有意殊荊關睹君此幅用米法仿彿九面望孱顏河北之山半枯瘦見此畫法生謗訕安得與君載美酒再放扁舟明月灣

再題山水小幅

老樹翻紅葉蒼然已報秋山平隱苔蘚水靜見鳧鷗簑笠時還往漁歌自唱酬閒窗風月好卷軸爲頻抽

初到平陶設帳閒吟學放翁二首

如雲意氣竟何爲一笑歸來只自嗤老不能耕聊借筆心無所用漫裁詩鳥聲細碎隨風度花影迷離趁日移早悟投閒有清味罷官已悔十年遲有清味一作多樂事

宦職聲名兩索然半存癡黠得天全狂花直待無風定病樹何勞著雨偏一日拋書魚失水有時思飲驥奔泉獨嫌家室猶多晝安得排雲學散仙首句一作宦海名場兩索然

夜夢早朝二首

一從放逐遠長安京洛風塵久未彈鳳闕忽通千里路貂裘仍怯五更寒似聞吳楚天戈捷又道江淮露布刋宵旰憂勞何日已夢迴孤枕淚汍瀾

壯年曾忝鷺鴛班嶺海馳驅數往還葵藿向阡雖自信蓬蒿作柱總嫌孱時艱詎敢謀歸臥年邁端應得賦閒誰掃攙搶天宇肅夜闌頻望斗牛間

讀元遺山詩二首

閏統金源氣厭遼中州文獻總寥寥詩篇賴有斯人在半壁猶堪敵宋朝

生平學杜皮兼骨偶效蘇黃亦示奇禾黍故宮歌代哭淚痕多似少陵詩

寄呈壽陽相國二首

憂國年來鬢早霜扶人勉拜乞祠章夢魂仍伴紫薇省杖履何心綠野堂共祝溫公無返洛且看裴令再支唐秋風卽日能蘇病旦夕還宜理繡裳

蓬萊香案望如仙陸九㠑知在少年印解司農猶仰屋身離樞府尙籌邊誰將決勝規諸葛詎屑登樓擬仲宣一裹葠苓公座待江淮且報靖烽烟

感事五首

嶺南設版自嬴秦魋結多年野性馴但有囂佗輸翠羽詎聞角寶倡黃巾嶺南自秦漢以來割據間有之中原羣盜無起兩越者鼠偷原在貪泉側尨吠俄來漢水濱洪秀全初起廣東後乃入廣西擾竄入湘南湘北坐視燎原成浩刼積薪厝火是何人粵西不靖已數年粵撫鄭不以聞遂

不可制

巍巍黃鶴聳高樓鎖鑰東南控上游雷出地中鳴鼓角雲隳天半壓城頭（武昌初陷係賊用地雷轟塌西城漢陽同時亦破）青燐夜照龜蛇尾白氣晨迷鸚鵡洲倏忽金湯填瓦礫幾時波靜棹扁舟

百里迴環萬堞橫前朝恢拓重陪京龍蟠江表仍王氣豕突潢池竟阻兵玉軸揚灰宵有燄（賊以書爲薪焚毀殆盡）金州流血黯無聲（滿城後陷男婦皆鬭死無生全者）可憐一帶秦淮水猶趁春潮自入城

長淮鹺舶鎮聯翩那爲江都好夢圓礮火聲中摧綺閣兵戈影裏碎花鈿平山慘澹啾新鬼明月幽涼辨野烟騎鶴仙人應太息何堪十萬裹腰纏

皖公山色早模糊（安慶先破皖撫蔣蔚堂死之）淝水重頒使者符（安慶既陷移省會於廬州）兵滿八

公皆草木城空百雉付萑蒲江岷樵中丞輿疾轉戰入廬州守備單弱援兵屯數十里觀望不進城遂陷中丞死之登陴徒見張髯怒輿疾猶聞奮臂呼江令死綏周處隕淮南從此乏良圖周敬修漕帥在淮上捻匪猶未敢肆行周尋以老病卒於軍捻匪遂不可制

哭祁幼章方伯

大江一夜湧長鯨鍾阜俄屯草木兵棄甲于思歸闔臥江督陸敗於九江單舸走回南京托病堅臥賊踵至圍城斬袪重耳踰垣行蘇撫楊本駐南京聞江督敗歸棄城急遁公遮道痛哭留之不肯聽枉教宗澤吟遺句時庫貯尚有十萬餘金江督以札提去賊已臨城請見藩守禦策陸避不見憤急歸署嘔血數斗頃刻卒誰許張巡射虜營硃批有若非賊督畏葸退縮祁宿藻尚可稍盡血誠之語熱血一團應化碧幾時尋向石頭城公卒後五六日城陷柩埋後園淺土夫人亦殉死至今柩未歸櫬

夏日晚坐二首

行役今番歇馬牛高齋習靜暑全收雲含殘雨低將暝風送新涼

淡欲秋塗竄小文迷五色摩涬古帖認雙鈎詩篇但取吟成句誰愛推敲費苦搜

老來當暑怯衣單半臂仍須件素紈走月入雲遲未出稀星窺戶久相看蠹魚只合書中死鷸蚌何勞壁上觀刈韮烹葵堪一飽此生長鋏不輕彈

城居悶甚偶行郊外有喜

性僻由來耽野趣城垣遮斷意茫然忽開青眼瞻林壑乍喜紅塵隔市廛山臥宿雲淹曉日樹藏深隝試炊烟老來唯恐少情味到處尋詩豈是偏

劉魯齋大令以午節詩見寄依韵戲和

村祠早過馬頭娘節至天中比正陽却怪人間誰作俑唯聞艾氣

欲流芳蓄來藥籠無三歲見別蘭庭又一方鬱壘神荼應協力祓除好爲護門堂（艾人）

彈鋏長歌莫更論蘭池曲沼植仙根依蒲幾輩邀天寵仗劍何人報主恩繞指化柔悲越石中情已怯笑王孫秋風即日能添勁三尺提携靖海垠（蒲劍）

纅絲方賀婦功新虎變俄然技已神爕室三眠纔試浴寒林一嘯忽驚人伏波常誡畫圖誤王顯何堪品服眞十萬貔貅應敵愾莫將兒戲試經綸（繭虎）

世事已同風馬牛畦丁何事便相求如匏應繫不材木喘月難行陸地舟半畝荒園酣雨露一犁瘠土老田疇無勞叩角歌長夜不羨人間萬戶侯（茄牛）

題靈薖溪畫松和原韵

秃爪蒼鱗自倚天春花何處鬭嬌妍孤高只許明蟾照醜怪端應野鶴憐石友荒寒長伴影竹孫小弱未齊肩濤聲隱隱生虛壁恍在空山落日邊

和泗心梁子足夢中句元韵三首

夢中好句見規摹道氣深沈渾智愚司馬朴誠自天性元龍豪氣未全殊已平厓岸偕塵俗終露昂藏笑小夫頻欲就君消鄙吝衰年頗憚道途迂

紛紛世態儘難摹此叟何妨辱以愚自笑裴休眞措大敢誇臣朔與人殊乘軒有鶴原叨忝撫枕聞鷄亦丈夫白首竟成村學究書生面目本來迂

五禽遺法手重摹人笑衰翁意獨愚已解安心師慧可何勞問病遺文殊彭殤自合歸司命矍鑠猶堪作役夫日月跳丸何太速乘閒搜句莫嫌迂

和梁泗心宿彭孫卦山書院二首步元韵

分襟將廿載魚雁結歡欣因作遂初賦重聯大雅羣棣花雙接萼蘭袖兩含芬坡頌遙相望徘徊嶺上雲

郊君樂幽討遠迹卦山邊萬柏翳丹嶂一亭低綠天風來沁香氣月照洗塵緣蠟屐如能到思嘗墜露鮮

七夕

天上逍遙纔一日人間倏忽已經年如何夜夜常相會猶悵銀河少渡船

飛來烏鵲自填橋露冷衣輕環佩搖脉脉兩情相望久何能無語
度良宵
瓜果鋪陳炷瓣香引針穿線女兒忙牛郎只道蓑衣好巧思何曾
到七襄
纖月西沈影漸低暫時離別不須悲玉關一去無消息萬戶砧聲
訴阿誰

入伏後兼旬不雨劉月齋大令設壇步禱甘霖立沛詩以誌
喜

酷暑連旬炎氣多歐公軫念慨無禾拜章暗洒蒼生淚步禱偏從
赤日過驟湧黑雲飛霹靂旋傾碧落瀉江河歡聲雷動橫汾畔齊
獻神君孔邇歌

衰翁苦熱鎮行吟無術招涼汗浸淫蔭暍君眞同樾樹雨人何幸到枯林蕭齋八尺風漪展蔀屋千簷濁酒斟願祝郇郊三晋普他年重話舊棠陰

懷人三首 有序

設帳平遥齋居閑靜迴憶昔年同硯三友遠在京華愛而不見情見乎辭

張豫菴吏部

天末懷人秋月明久居京邑憶張衡山公啓事三銓肅潘縣栽花百里淸白首郎曹淹宦迹黃花晚節淡詩情夘君彼此頻相喚花甲週迴歲又更

白蘭巖祠部

才調香山妙軼倫致身清切近楓宸彤庭献賦徐兼庾粉署分曹冬復春驥足終當開道路鳳毛且喜掌綵綸田却憶談經處樹色山光迹未陳

張漢槎水部

文章樂府困青衫鐵硯磨穿劍出函鸞掖詞章留舊價鳲鳩官屬有新銜朱絲比直音偏古玉尺無瑕品不凡砥柱狂瀾君莫讓肯隨下瀨颺輕帆

服先兄年逾七十生子喜賦

果然佳夢叶熊羆乍展來函喜溢眉人到古稀多鶴髮天教有後育麟兒啼聲雄壯神全足頭角崢嶸骨自奇錯寫弄璋君莫笑最難好事到吟髭

廉吏江州司馬公箕裘付託紀羣同在原每歎頭俱白跨竈常憂火不紅忽報新蕢生老樹却教喜氣健衰翁竹林尙有藏書在盼爾垂髫五尺童

題吳梅村詩集四首

長慶新辭入管絃歌殘簫史唱圓圓千秋才調推元白未必前賢勝後賢

秣陵重到長荆榛掩淚題詩妙入神一代興亡誰訴說故留天寶舊宮人

鉄崖未許白衣還詩卷凄凉涕欲潸高節才名兩相累悔抛薇蕨在西山

讀罷遺編字字珠一錢不直莫嗟吁江南自有詩人墓蔓草荒烟

望泖湖

攬鏡瘦甚自嘲

看鏡衰顏忽自驚稜稜傲骨此枝撐瘦生恰好借梅婦肉食何因到管城白髮尋人如有約黃花似我亦多情近來頗解吟詩苦飯顆山前掉臂行

鯨飲多年不計觴中廚斫鱠厭膏粱偶然止酒師彭澤却便長齋似太常戲作五禽扶老憊倦如獨鶴任相羊癯仙正好居山澤瓠白何須羨飯囊

寄懷陳劍侯觀察

蕭然琴劍寄并州李廣功成竟不侯三晉雲山頻駐馬一官飄泊似輕鷗何時桂水浮仙棹且向苔岑話舊遊休憶秦淮鳴咽水好

傾濁酒慰覊愁

欲携姬人赴館因無屋而止月齋大令與諸紳士相商苫蓋數椽感而有賦二首

斗室聊堪十笏量殘書拉雜滿繩牀抗顏儘可嘲韓愈舉案何由著孟光令尹招賢開廣厦居停好客搆山房腐儒未稱緇衣什慙愧皋比坐講堂

欲徵熊夢勉隨時椎髻簪花亦自宜大令情多桃葉渡香山年邁柳枝詞花間滌硯翻紅袖燈下縫裳理細絲幸得藏書留別院生萸一任曉風吹

哀平陽

愁雲暗淡風酸烈鷄犬無聲烟火絕夜來寒月照空城惟見縱橫

抛白骨驅車欲進馬不前塡轍骷髏粘亂髮我聞此地古堯都勤儉俗與他方殊浩刼胡爲不擇地三萬男女一日屠傳聞閭左有鄭姓編管嶺南及寬政導賊來此肆荼毒磨牙大恣虎狼性一夫自復睚眦仇萬家遂併嬰孺命臨汾屠者鄭福犯罪充廣西軍投入賊夥引賊攻平陽城遂陷福尋爲賊所殺嗚呼蘊而生孽非一朝元元阸運竟難逃生聚十年誠不易活我餘黎在大僚

秋竇三兄殉難平陽賦二律哭之

半生未煖舊寒氈又向黌宮執豆籩君以廩貢援例得訓導歷署多任迄未得補癸丑七月委署平陽府學訓導苜蓿闌干方對案萑苻嘯聚忽生烟君履任三日而賊至援無蟻子孤城破時平陽城中止有兵百餘軀類鴻毛一笑捐有子執戈能罵賊少子八十隨君殉難忠魂依結到黃泉

紛紛白骨盡塡渠慘淡空城鬼一車平陽屠戮最慘死者萬餘人血濺宮墻猶化碧

君受矛傷死學宮旁魂歸箕尾自淩虛清銜已錫三雝上贈國子監學正世賞仍延百代
餘世襲雲騎尉戴笠舊盟徒悵悒奠君斗酒重欷歔余與君爲總角之交同筆硯者數年

戒酒

東坡十詩九言酒其實量小不容斗乃知酒是詩人料何嘗濡筆定濡首淵明一生惟耽此摘菊宅邊杯在手遠公蓮社苦相邀一聞戒酒攢眉走迨後乃有止酒篇或亦未嘗謀諸婦我與麴生素莫逆五十年中不相負浮白飛觴那計巡醉後懸河奔出口邇日衰殘肺病多河魚腹疾時時有生平酒徒半陳人獨酌徘徊苦無友舉杯邀月月不來芒角槎牙撐枯朽本欲消除萬斛愁翻令愁腸迴且九不如暫免醉鄉遊君子之交淡可久從此酒惟詩裏見危言聊引龜堂叟

抵館後得友人書數十緘嬾於作答詩以謝之

雙魚珍重屢相投作答因循見恕不買菜詎嫌公府掾種瓜休說故時侯白雲可悅難持贈青眼高歌且罷休待我新詩成卷帙不妨重覓寄書郵

聞安姬病弱瘦損勢將不起

夭桃初放雨烟和飄落無端奈若何弱柳搖風原力少幽蘭泣露况愁多劇憐秋圃銷黃蝶無復春山畫黛蛾一瞥因緣如泡影朝雲空自念東坡

西風淒斷翠眉顰一片浮雲寄此身已老春蠶絲未斷將歸秋雁語猶頻眼中未見紅顏改夢裏依然玉體陳休悵從今生死隔姗姗立望更何人

甫抱衾裯遽別離行人目斷淚偷垂完他未了三生債換我無題數首詩薄倖知難逃怨語沈綿猶自數歸期何時澆酒東原上三尺孤墳二尺碑

曇花一現忽彫零悵望簷前三五星攬鏡我本頭已白捧巾却怪眼偏青人間那得回春樹水畔難收逐浪萍嗟自無情情泥我半窗落月夢初醒

讀王阮亭詩集

一代咸韶備五音無非雅瑟與清琴獨將神韵標眞諦挂角羚羊何處尋

東門報怨嗤秋谷南部爭強笑子才撼樹蚍蜉空費力問誰彈指現樓臺

紛紛祧宋復宗唐平等看來集衆長採得百花崖蜜熟蜂房何處
更尋香
右丞獨擅詩中畫八百年來誰與倫讀得漁洋蠶尾集始知畫裏
更添人
七言絕句妙如仙供奉龍標讓後賢爇茗焚香吟一過洽洽天半
七條絃
或云學杜或云非拋却筌蹄逸興飛獨有吟鞭到秦蜀少陵結伴
許同歸
生平推重虞山叟秪爲詩名賴彼傳却似謫仙逢賀監鏡湖那得
比青蓮
詩到新城第一流二王才調邈無儔西樵自是豪吟客其奈東坡

遜子由

彭詠莪司空拜協揆之命寄詩致賀

欣聞甌卜已登庸布路沙隄共幾重夜聽仙音宮樹發朝看金帶院花濃共傳中國相司馬喜見南陽起臥龍滿目嗷鴻都望歲願公早就富民封

絲綸閣下擅文章清切才高鵷鷺行內相人皆稱陸贄尚書誰敢比黃香籌邊夜召衣霑露憂國年多鬢染霜爲祝堂餐須努力時方多難賴康強

黃巾擾擾遍南東吳楚蒼黎水火中出柙何人嬉乳虎荷戈幾輩化沙蟲淮西獻賊湏裴相貝水平妖待潞公戰勝廟堂知不遠捷書飛報小旗紅

入閩猶記使車巡玉尺量材長短均碧海搜奇沈密網紫陽遺緒見功臣姚崇自是匡時相絳老甘爲就役民一臥空山忘歲月無勞冠劍拂淸塵

重陽遣悶

滿城涼雨正瀟瀟有客行吟破寂寥詎有黃花和露摘空憐白髮任風飄秋情每悵人千里令序惟酬酒一瓢門外催租聲不到裁詩強自慰無聊

憶昨從軍駐太行高秋兩度遇重陽連營戲馬霜華白乘障登高木葉黃行炙健兒能劍舞飛觴豪客有詩狂光陰迅速如彈指此日題餻又一方

悼安姬（姬溫州人不知姓名之曰安喜即以安爲氏）

證果無由問宿緣巫山雲斷化爲烟小星纔照羅幃裏未到天邊
月再圓
桃蘇髻子挽初成爲惜梅花太瘦生可奈東風纔一度香魂飄墮
悄無聲
殷勤早起點茶湯紅袖仍添午夜香回到維摩方丈室散花何處
嗅餘芳
枯楊猶自盼生荑恰好吳娘正及笄蘭夢不成成噩夢醒來落月
伴烏啼
醫方頻换效茫然聞道花枝瘁可憐無計返魂徒悵望空將落葉
聽哀蟬
紙閣蘆簾傍小齋藏春別院早安排秦淮未許吟桃葉一水盈盈

願已乖

西崦漸迫歎衰遲鑾素焉知屬阿誰占我墳傍一抔土免教白傅放楊枝

眉嫵何嘗手自描初來却憶尚垂髫韋郎已向風塵老難說他年待玉簫

戲題終南採芝圖 在閩時偶購此軸諸鉅公題咏甚多款曰吉甫似是閩中貴胄但未詳爲誰戲題四絶

此中佳處少人知甪綺當年杖履隨一自紛紛開捷徑山頭無復產靈芝

萬疊仙霞墋海環如何寄興在秦關閒煞武彝偏不到却携蠟屐借他山

雲氣遙連鳥鼠秋蒼厓古木帶溪流遊仙自有新詩在何必靈苗

費苦搜

憶昔乘軺赴蜀中終南佳氣望空濛吟鞭一指匆匆過那得仙芝到藥籠

書扇寄壻張少董

良緣締就鎖鴛鴦正喜門楣賴有光却憶垂髫憐左女空教坦腹羨王郎百年已訂朱陳好兩姓人將樂衞方他日昌黎有遺集還須李漢爲收藏

九月望前得月

連宵風雨過重陽乍捲陰雲見月光撲樹神鴉催落葉叫空孤雁帶新霜頻搔白髮秋將老小摘黃英菊有芳却憶南征營幕冷寒衣幾處到江湘

祁縣懷古

誰堪羈紲老風塵十九年來閱苦辛三士之中推舅氏兩言可寶在仁親設謀已幸誅讒妾與塊何妨拜野人表裏山河今未改徐溝祠廟又重新 舅犯

搏虎何憂力不勝炎精已熄又將興應聲忽奮車前戟然腹俄看市上燈鑄錯祇因遲赦令燎原那復見觚稜當塗易代關天數莫爲中郎獨拊膺 王子師

典午應推第一流支撐半壁賴紆籌間關捧表來江左慷慨興師壓上游却笑王敦如夢裏終看蘇峻望山頭獨憐絕裾留遺憾親舍遙遙在北州 溫太眞

台鼎三溫重帝京出羣才調讓飛卿八叉空汲龍門浪一第終艱

雁塔名作達古今名士習論詩中晚俗人輕義山雅可稱瑜亮宗
派西崑子細評 温飛卿

借書

一官誤我走天涯遠別書城散五車此日從頭開卷帙蠹魚穿穴
已成家

編摩無復費冥搜過眼烟雲任去留休笑一瓻太微薄須知不是
借荆州

解館將歸戲作

自笑雕蟲技已疏縱横勒帛漫相於非關見獵心猶喜此是顏公
乞米書

一飽依然仰硯田敢嫌脩脯太戔戔從前愧煞雙鷄膳日對流亡

食俸錢

壽陽相國以䜴䜭亭詩集見寄詩以謝之

盛世元音見午亭太行佳氣鬱空青試從北幹尋支派綿蔓盤迴
第五陘

曲江風格倡三唐少達多窮說已荒相業詩名兩相稱壽陽端合
比歐陽

巨川濟了作虛舟一品詩篇自校讐何日高吟歸綠野雜花疏樹
繞䜴䜭

才盡江郎舌尚存學吟敢望涉籬藩詩僧若許騎驢過尚欲推敲
月下門

歎老

如馳歲月任蹉跎鏡裏頭顱奈老何短鬢自憐知白少衰顔只爲
洗紅多百年生事穿書蠹半世功名赴火蛾濁洒一觴聊獨進參
橫月落且高歌

擬休洗紅二章

休洗紅洗多紅色變止見紅入水不見紅上練箱中撿出嫁時衣
古時衣樣女兒譏
休洗紅洗多紅盡脫魚餒不如菜裘破不如褐君看裙屐少年場
老人行步笑郎當

弛酒戒戲作

麴生向我言與君本膠漆胡聽萋菲詞云我能作疾疾疢由寒暑
何爲罪酒國試問古仙人壽考無短折靡仙不飲酒一醉生羽翼

曹瞞小丈夫惜費譏酒德豪哉孔北海抵書正其失竹林有高賢
阮劉曠無匹韜精惟賴酒亂世免荆棘陶公典午英清風百代式
無日不重觴任眞常自得太白酒中仙醉協清平律東坡飲不多
把杯轉親暱其在簪纓士名譽常修飾自恐失儀容號呶免戒飭
君今六十餘仕宦遭三黜皤然老禿翁筆耕非肉食縱或修小名
詎復一錢値醉臥酒家壚誰屑加訶叱君又喜漢書時時手自乙
下酒醉相宜無酒恐蕭瑟君近好爲詩撚髭吟不輟斗酒入枯腸
能助生花筆百利無一害胡爲見遺軼我愧麴生言謝之以長揖
與君修舊好壺觴時在側

冬日夜坐

煨爐榾柮餘將闌老去方知歲易寒作雪未成雲意冷敵風無力

客衣單鶯鳩自得榆枋樂鰕鉏安知江海寬執卷高吟聲動壁孤
燈欲燼夜漫漫

六十二歲生日張豫菴梁彭孫張漢槎白蘭岩寄壽屏致祝
同學諸子幷集用放翁六十二翁吟元韻

一年又到早寒天斗室還如不繫船有舌尚存論今古無官那復
羨神仙蕭騷白髮成何事孤負青春劇可憐醉裏重尋香國夢梅
花萬樹晚山前

錦屏緘寄小陽天雒誦如登春水船大筆縱橫金馬彥揮毫灑落
玉堂仙圖謀不朽竟安在刻畫無鹽祇自憐寄語故人須努力時
方多難且居前

將赴平陶余大令小欄以詩贈行依韻和之

人非偶世夙餐霞覓句行吟書滿家老鶴一鳴靜鵶雀清琴微服
洗箏琶貯囊端合裁文錦籠壁還須用碧紗鬪險爭奇吾所怖騷
人香草自傳芭
琴堂人散靜無塵廚傳蕭然不道貧沱水波瀾飛作雨臺山冰雪
煖回春但憂民瘼時披牘一任飢腸自轉輪輿論他年傳史筆如
公吏治合書循
漫許耕夫曳杖從誰知仙吏是儒宗非公未見澹臺至懸榻還當
孺子容已幸牧羣除害馬頻看詩筆矯游龍汪倫送我情千尺勉
和篇章興未慵
強設皋比汾水東輪蹏往復苦怱怱說詩自愧非匡鼎好酒何妨
效孔融差喜竹林無貴仕更欣梓里被仁風蘇髯倘寄新詩到燒

筍文同一笑中

自題種松小照

昔人閉戶著書早種松皆作龍鱗老我此蒼顏亦種松非關鉛槧窮幽討憶我生時慼慈夢盎植小松供三寶（自注畬生時先母續太夫人夢人贈盎植小松置佛座前先師關栖先生爲命別號曰松龕）科名仕宦兩平平徒愧出山爲小草中年似續頻關心拳壺子立縈懷抱偶然作此種松圖意望萌芽發叢葆迄今白髮已披肩未見呱呱覓梨棗每顧此圖一慨然凉德自慚中默禱無後之愆難謝責敢怨天公同伯道數卷殘書付有人稊發枯楊亦自好

正月立春雪後適平遙館

河冰未泮便征輪襆被登途及早春殘雪在山晴露脊峭風吹野

逕無塵生平行路輕千里老去驅車怯浹旬猶有殘書盈數篋爲酬載酒問奇人

簿書拋却擁臯比荒落應嗤沒字碑空撫懸腰三尺劍終輸補屨一錢錐虀鹽風味今猶昔竹帛功名夢亦癡差喜詩情時欲動巡檐鎮日撚吟髭

古意

倚戶望行人行人逝不留料到前途去含淚屢回頭

寄書苦不達况乃鴻與鱗倘有平安報付與有心人

二月朔晨起仍雪

爭奈朝花事寥寂一天風雪散瓊瑤應嫌朔地春光冷萬樹梅花落九霄

閨怨

燕姬擁髻住高樓遊子聞箏去復留自是無心思故里教人却怨寄書郵

過野史亭 在忻州韓岩村

緊昔遺山遭國變白衣行哭歸鄉縣滄海橫流身不死兵火餘生存縣硯女貞建國年近百詩詞不乏金閨彥中都已棄汴京焚累朝無復存文獻遺山乃構野史亭河朔篇章蒐羅遍中州一集存巨編微寓褒譏留小傳頓使金源生顏色不與夏遼同鄙賤人代茫茫六百年滄桑變革如流電訪尋亭址早無存惟見春來秋去燕好事幸有汪使君名本直忻州牧野外一椽爲重建僅留短碣標亭名竟無祠宇開別院我思歷代古邊陲長槍大戟誇豪健溯從漢魏

迄三唐太原以北無詩卷閒氣蟠鬱生異人杜陵英魄一朝見白虹紫氣吐眉睫扛鼎十年力不倦鞭笞靈怪入肝鬲右手風霆左霜霰睥睨陸范俯虞楊山魅野魈揮以扇石嶺雲霞發光彩開寶元音今再見我昔乘傳錦官城浣花草堂開夕宴東坡祠宇太白樓詞客常將蘋藻薦獨有遺山長寂寂難與社公分麥飯村氓那解重詩人語及姓名不知羨安得賢牧如汪君爲搆祠堂澆薄奠

驚蟄微雨

春仲得微雨飄蕭洒半空暮寒仍作雪雲漬不搖風河朔方耕野江淮尚伏戎曾天思小憩默禱望年豐

次日早晴

入夜雨成雪其薄不盈寸朝暾暖氣蒸簷水滴深院土氣沁清香

柳條餘綠線近午有蜂來吟聲覺歡忭萬物乘四時迴環機不倦
觀化及芳春此心多所羡

讀李太白詩

我讀太白詩如與仙人語袖中出明月淸光照天宇獨立蓮花峰
帝座近尺許不辨下方人攢眉互爾汝杜陵疲老翁頗堪作徒侶
摩天兩赤幟亭亭自千古

平陽行爲韓生作（名世昌字支百臨汾諸生）

白日陰霾鼓聲死黃巾匝地流洪水十里之城百人守萬賊環攻
如蟻子韓生措大老且聾懷奇負氣非貪功爲捍枌榆矢節概魯
連乃在圍城中蚍蜉援絕孤城破劇賊殺人手頻唾慘若刲羊與
屠豕血湧街衢萬屍臥維時韓生走上城追者在後手無兵氣竭

昏倒女墻側羣賊瞥過目若盲醒來蹩躠上城樓烟火未熄青燐遊夜半潛踪飲行潦不托一栭何處求絕糧五日留殘喘梟鳴鬼哭賊氛遠下城匍匐亂屍中餂血紛紛見雞犬歸到村墟妻子怪相持痛哭旋稱快已拚瓦礫覓殘骸豈料生還甚矣憊韓生多年工鐵筆斯籀奇文窺秘密挾技遨遊諸侯間時有俠繕供旅食卽今白髮已披肩縱飲高談強有力我因教授來平遙與生邂逅喜其豪奇人奇事動詩興春宵剪燭作長謠

春夜聞雁憶陳秋門

春宵寂寂月孤明嘹唳賓鴻又北征九轉湘灣誰送別一行邊柳最關情稻粱雖美非吾土障塞頻來莫問程江漢故人書不至似聞楚尾未銷兵

青雀篇

青雀來西方翔集房櫳端主人性仁愛飼養同鵷鸞黃花雜麻子堆積溢銅盤雀感主人惠鳴聲常告歡飛集衿袖間依依刷羽翰突有少年兒張弓發彈丸中雀雀未死負創入林巒林巒幽且僻岡無異患干惟念主人恩中夜鳴聲酸欲矢銜環報微軀恐不完雲中盼庭院滴淚落花欄

房烈婦行 有序

烈婦姓李氏嫁於房居介邑之義棠鎮家貧以縫紉資生鄰有惡少挑之婦罵之去恐其復至藏小刀袖中惡少果至裸體逼之婦奮小刀刺其腹惡少負痛逃婦以目覩裸形不堪其辱誓必死鄰婦解勸不聽乘間倒投水甕死有兒未離乳

不之顧也異哉與虢州參軍之婦爭烈矣作房烈婦行以紀其事

勁草生岩阿不畏終風疾美玉投泥中不變瑾瑜質烈哉房氏婦縫紉居蓬蓽鄰家惡少年斜盼涎殊色游語試相挑肅面詈狂賊意恐去復來短刀袖藏密狂且心不死蹈隙橫入室哭駡鄰不聞裸體遽相逼大呼出短刀奮手刺其腹狂且負痛走淋漓血噴溢鄰里驚相問婦乃仰天泣身雖幸無玷玷已在兩目目覩無禮形瞑目事乃畢倒投水瓶中一死甘如蜜呱呱黄口兒拋棄不遑恤事聞例得旌綽楔樹道側拘得惡少年寘之三尺律我昨聞其事喟然爲心惻正氣塞天壤終古未嘗息匹婦撑綱常奚事通文墨詩有死靡爲風化良可述我是舊史官表揚宜載筆

題韓支百印譜

中山毛穎舊同方視已茫茫髮已蒼自歎中書今老禿羨君鐵筆有光芒

璽法多年已失傳操刀競逐野狐禪瓣香誰嗣三橋法却在河汾一曲邊

劉月齋大令招飲大醉詩以謝之

孤懷鬱鬱爲誰開下榻陳蕃喜暫陪踏破菜園羊入夢傾翻酒海蟻浮杯樽前現在還堪鬭琴有成虧莫漫猜吐盡狂言三尺喙玉山自倒不須推

講堂初成階前植雙柏

檀欒雙影露初含嘉樹珍於優鉢曇參得庭前柏樹子何如彌勒

竟同龕

側葉翩翩綴細枝參天黛色定何時鏡中白髮今如許却似香山種荔支

題韓支百自修家譜

三晉初分勢莫強昌黎魏國耀軒裳羞從鼎族稱華胄不愧當年狄武襄

虎口餘生念水源且修譜牒隱鄉園公侯復始尋常事他日還開駟馬門

晚春眺望

城中二月尚無花紅杏緋桃隔晚霞寒食過時飛柳絮春波落後長蒲芽衰年未敢疏裘褐率土何嘗靜鼓笳白首頻搔曾感慨徘

徊天末數歸鴉

燈下讀書偶作

彳亍行吟幾暮朝百年身世總迢遥鏡中自笑鬚眉古几上空憐髀骨消起舞昔曾同祖逖酣眠今秪學邊韶書城幸有藏身地良夜編摩轉斗杓

登尊經閣望南山

無樹鳥不歌無山雲不駐僅有月與星仰觀時得晤我本山中人性喜山中住開目見林巒欣然愜幽素高吟二謝詩曠懷起遐慕一從居城中眸子限跬步拘如鳥入籠窘若猿遭錮庭中植花草未逢時雨澍枯萎無顏色吟玩難成句傑閣創何年高以尋丈度拾級試一登驟喜得奇遇南山自東來蜿蜒向西鶩狐岐現隱隱

綿霍紛錯互嵐氣暗夕陽歸鳥破烟霧頓覺心神豁恍若逢其故遐想山谷中樵牧應無數坐臥泉石間豈解尋幽趣我今望見之如飲金莖露縱目既無涯尋詩亦有路翛然喜足音聊作登高賦

足夢中句

短衣匹馬罷遊行枕藉殘書了此生寶劍七星懸在壁休教夜半匣中鳴

贈董覺菴

世間誰復似君閒出岫孤雲自往還偃臥虛齋惟讀畫行吟空谷爲看山囊中時有清新句夢裏從無得失關野史遺亭應咫尺溪毛一握試登攀

和董覺菴留別元韻

耿耿疏星見少微山川深處隱光輝吟鞭一路閒行去携得雲烟
滿袖歸

立秋後旱甚

夏季纔一雨入秋仍亢陽花焦空汲水樹遠不招涼苦熱詩情短
愁眠夜話長豐穰安敢望中稔籲穹蒼

登閣晚眺

高閣凌城郭秋原見一斑遠峰窺睥睨夕照媚孱顏鳥倦還投樹
人閒總讓山何當搆茅屋臥起翠微閒
山勢如奔馬安然閱古今田緣坡阪上石冒蘚苔深雲臥眞人想
巖栖靜者心尋源探勝水憶昔濯清浛（勝水出狐岐山頂館介休嘗數數往遊）

蠹魚二首

化生偏解嗜多文寢饋縹緗閱典墳愧我多年抛卷軸深知書味
不如君
錦繡笙歌孰啓函與君相見半青衫人間那得神仙字常近文章
已不凡

王雁汀中丞授四川節度賦以贈別四首

勞心撫字閱三年蟋蟀遺民戴二天野化鳴梟林藪靜田無碩鼠
黍苗全杜鵑聲裏俄聞喜竹馬兒曹盡擲鞭宰相迴翔徒悵望憑
誰借寇且遷延
大旆翩翩赴益州夢刀人自羨公侯秦中稅駕甘棠遍蜀道褰帷
棧樹稠持節坐須嚴武令籌邊重葺贊皇樓遙知賓佐開筵日定
有晴虹入酒甌

七閩作吏識風標養望東山幾暮朝四海蒼生思謝傅九天丹詔到王喬錢刀屢費司農計襦袴頻聞下里謠此日油幢更西去州民揮淚望雲軺

前番乘障率偏師正值劉琨按部時匹馬獨行周要隘雙魚頻到授機宜南山射虎殘年在西道鳴鸞幕府移工部草堂如許借元戎小隊入新詩

落日

落日淡秋雲波紋起皺皺登高試縱目遥見秋山瘦遲月月未出瞑色蒼然湊

李朋南以鵝毛茵見惠詩以謝之

老骨支離怯雪霜故人雅意惠重將蒐衾已感綈袍意鵝毳於今

又疊牀

輕於飛絮軟於綿雅合鶡夷號子皮醉臥只疑雲霧裏那知窗外朔風吹

煖氣周遭勝綠熊遮寒却笑肉屏風梅花入夢知多少睡覺三竿日已紅

坡老風騷久築壇一詩纔換兩尖團衰翁那有如仙句賺得蒙茸過歲寒

四絕句不足酬也再用柏梁體三十韻贈之

鴐鵞盤空入高冥極目望之如小星搏擊惟有海東青一瞥刺空刷健翮利爪如刃嘴如釘呼號隱約猶可聽半天飛洒血點腥一團白雪墮沙汀番兒啖肉羹以鍘馬湩釀酒罄其瓶空留毛毳光

晶瑩輕如飛絮未化萍捆載入邊千里經裝成茵褥勝肉屏柔如女手舒娉婷燰如朔地醉酥醹嗟我鶴骨支伶俜每過天寒戶早扃布衾蝟縮常惺惺晨鷄未唱瞰窗櫺李君好我久忘形遺我兜羅光瓏玲解衣一臥目欲瞑夢入華胥狎仙靈飯時呼起猶未醒不知門外雪盈庭溫柔似此可延齡漢帝胡爲溺尹邢酬君詩句愧擅莛惟有寸心常鏤銘

張詩舲侍郎於甲寅二月由關中入覲路出忻州寄詩代柬余素不工詩久未屬和戊午在平遙館中度歲晴窗淸暇撿得前詩步元韻寄之

大雅今無匹何緣獲下交敲門僧遇鳥避雨客逢茅飲餞招豪士分襟悵遠郊執鞭徒有願倦鳥已還巢

豪翰傳家學詩壇更首登高吟和鳴鳳健筆下秋鷹劍服嗤莊叟
仙舟望李膺掌珠今又獲啼笑情可勝

人日偶成用工部追酬高蜀州人日寄元韻

人日拈毫思有作意氣渺然殊落落鬓飛白雪耳鳴蟬頭顱自歎今非昨憶昔壯遊江海間鵾鵬自謂翔寥闊每將道義勵時人好究古今談大略一從屛迹入深山閉戶草玄甘寂寞止有閒心辨魚豕何曾倦眼開鵬鷃半世知交屈指論晨星寥落幾人存音書已自沈鄆驛兵戈况未洗乾坤每笑塞翁多得失乃瞻衡宇載欣奔書求善本親讐字盎植幽花獨掩門埋頭鉛槧情無厭數座皋比道亦尊如此安身計亦得何須有子爲招魂

門人曹定齋贈曹素功舊墨一匣詩以謝之

曹生贈我九丸墨啓函斑爛多古色圭璧菱花各異形小兒轉睛發黝黑素功造墨比庭珪舊作於今已難得驥子獲自長安中貽我臨池揮醉筆我拙如鶩不工書姓名差記嘲墨豬飄鸞泊鳳何曾解春蚓秋蛇定不虛佳墨允堪充寶玩煮茗焚香陳几案古澤自可瑩心神劣書何必汙毫翰曹生靜者意常恬養痾閉戶晝垂簾兩世藏書多善本頻年插架標牙籤千金散盡錢刀乏萬卷橫排部署嚴書田却比稼田好坐擁百城堪待老劉蕡雖已謝科名元方已自多文藻留君此墨思假年待我玄成還用草

丁巳平遙館中度歲植水仙數本立春盛開酬以四律兼索和於同人

風饕雪虐正交加却遇仙人蕚綠花翠帶參差攢薤葉素馨流溢

濺梨花閹爐底用添香篆瘦椀惟應啜苦茶是我歲寒方外友人間富貴不須誇

霞漳異種海濱來錦石瓷盆手自裁箭茁紅蘭包玉朵根埋銀蒜孕瓊胎三冬愛日窗前曝一夜春風座上開爲覓同心聯臭味巡簷索笑有寒梅

洗盡鉛華迴出塵三神山下問前身移情海上留琴操微步波間賦洛神不作妖斜羞媚世獨標淡素自宜人扁舟若使逢陶峴供養還如禮上眞（陶峴自置一舟泛遊江湖吳越之士號爲水仙）

眞靈位業不尋常一勺清泉瓦硯旁雪案裁詩閒對影晴窗摹帖靜聞香天寒未許蜂衙鬧禪定無勞蝶夢狂試上蒲團參妙諦溫柔何異白雲鄉

讀杜詩

太白詩如仙工部詩如神神與仙異趣體物太無倫星辰下精氣嶽瀆動殷轔揮毫百靈集窮幽萬鬼馴雲車謁閶闔氣象干天人一呼風雨至動植隨之新聰明且正直所憂國與民哀吟夢魏闕涕淚憫孤貧與仙雖異路於人轉益親馨香延百世位業此爲眞

二月初旬寒甚

積雪全消春水生薄冰連日又凝晶空梁未見尋巢燕凍柳難招出谷鶯稍喜陽和蘇病骨那無烟景助詩情脂車好待清明後定有風花送我行

白駒過隙暮還晨彈指年光近七旬山木祇應防自寇枯楊何意又回春文章未古休論價卷帙難拋且拂塵但得安心如慧可不

妨帶索老長貧

晴窗偶吟寄梁泗心昆仲

小窗來旭日晴暖自相宜滌硯凹痕淫焚香篆字奇春風回暮氣
鳥語問新詩步屧知何往吟成寄所思

大風寒甚

風寒常鍵戶兀兀此閒身慮淡都緣嬾詩清却賴貧煎茶煨獸炭
倚枕側烏巾寢饋殘書在何勞問夙因

啗糠詞 有序

晉裕儉嗇石嶺關以北寒瘠尤甚豐年亦雜糠粃司牧者宜
念之也

富食米貧啗糠細糠猶自可粗糠索索刷我腸初碾者爲粗糠再碾者爲細糠八

斗糠一斗粟（俗稱爲八兌一）却似摶來沙一掬亦知下咽甚艱難且用療飢充我腹今年都道秋收好囤有餘糧園有棗一半糠粃一半米婦子欣欣同一飽昨行都會官衙頭粒米如珠流水溝對之垂涎長歎息安得淘洗持作粥

馱炭道 有序

石炭似煤而有烟太原以南煤炭兼產關北則有炭而無煤五臺南界產炭山路高險俗呼馱炭道民間農隙皆以馱炭爲業余所居之東治鎮其聚處也自幼目覩艱辛雜方言作馱炭道

隔巷相呼犬驚擾夜半驅驢馱炭道驢行黑暗鐸丁東比到窰頭天未曉馱炭道十八盤羊腸蟠繞出雲端寒風塞口不得語啓明

十丈光團欒窖盤已見人如蟻燒得乾粮飲滚水兩囊盛滿捆驢鞍背負一囊高累累馱炭道何難行歸時負重來時輕人步傴僂驢步碎石頭路滑時欲傾日將亭午望街頭汗和塵土面交流忽聞炭價今朝減不覺心內懷煩憂價減一時猶自可大雪封山愁殺我

聞客談南中事

游魂尚未脫黃巾千里江流映碧燐淮蔡何人方李愬潯陽猶自阻盧循蕭條林木巢春燕咫尺清波憫涸鱗八載宵衣勞聖主徒聞送喜萬方頻

歸里有期

作客平生慣蓬廬置若忘有時歸故里轉似赴他鄉渡想滹沱淺

關愁石嶺長一芽初試抱却笑瓦同璋（上年七月生一女名日松芽余猶未見也）

二月二十日自賈令早發

旅榻眠難穩驅車賦北征曉風吹馬足殘月咽鷄聲道里非云遠衣囊况復輕歸時春欲暮花柳笑相迎

已未元旦

改歲年年事居然氣象新靜中有孩意物外得閒身馬齒頻加長鴻鈞又送春江淮當戰罷都作太平人

息影三年久閒與嬾並尋殘書抛復拾好句茹還吟目送惟雙鵠身衰賴五禽淡然忘百慮何處更安心

贈薄石農姊丈四十韻

乾坤有清氣不賦裘馬人其所私授者孤介與清貧淵明倡其先

子美步後塵太白號謫仙鯨波葬其身昌黎豪傑士倔起當衰晨
嶺表兩竄逐數與死爲鄰其門有郊島韓公嘗引伸島由髡得官
主簿長江濱東野號寒蟲啓口多戲嚬佐幕方捧檄遽死未拖紳
其詩特峻削三唐罕與倫一鳴如老鶴可以靜殷轔一自昌黎死
覆瓿已千春東坡詩中豪苛論獨斷斷鄙之爲小魚荒穢孤芳湮
遺山後來秀仇孟如越秦直詈爲詩囚不止話畦畛從茲東野詩
騷壇無復珍定襄有畸士文慧來夙因其於古作者溫故能知新
白首困棘闈骯髒一頭巾生性不諧俗炯炯目有神獨好東野詩
自云此問津其詩兼韋柳唐宋往來頻當其得意處往往露性眞
學孟蓋謙耳亦以吐嶙峋與余孩提長重之以姻親趨庭相後先
詩禮兩人均我幸得一第君仍此邅迍我昔官嶺嶠君來到海垠

忽忽二十年鬢髮俱如銀迨我歸故里昔年人多陳君獨支瘦骨
過從及良辰却似枯籐杖人嗤骨相屯獨餘此淸氣猶復解吟呻
兩耳聾已久雷霆誓不聞與君不能談枯筆代齒脣君覽輒大笑
妙論響然臻久病能不死其年天所伸願君保耆艾長爲八百椿

寄贈王靖廷 有序

靖廷與予素未相識介老友平陽韓君寄素紙一幅倩予作書韓君來札詳述靖廷之爲人予不工書走筆爲長篇塗其紙以却寄

王子太原秀淡靜如列仙萬卷撐胸腹不取人間錢昨者嘗出山
襆被遊幽燕將揮白羽扇靜掃江淮烟解裝未帀月慨然遽言旋
買書控驢背歸來耕綿山難弟夙同志二陸皆稱賢將以著書老

無復履市塵聞我老而禿筆耕穿寒氈遐寄尺素紙令作筆墨緣我書拙如驚蛇蚓相牽連無以答君意泚筆爲詩篇我未識君面君友嘗後先石州吾畏友訂交松柏堅古學有三君石州與河間苗仙露道州何子貞太史張子尤便便竟以坎坷死宿草久芊綿曙後惟一星念之每淒然生平所著書散佚已不全獨存遊牧記嘔心事槧鉛道州何太史曾許爲雕鐫太史旋輶車近聞已歸田此稿未付梓常恐遂棄捐又有王喬者王菉友大令山東安邱人循廉萬口傳小學最精審段氏愧廬前所著許慎書纍纍富簡編壽陽祁相國貽我巨橐纏讀之欲下拜自嗟已暮年倘或天假我猶欲事鑽研兩君我所畏王子聲氣聯觀人視所友何必共賓筵居隔百餘里魚雁可傳箋相見或有日欣慕聊執鞭

贈蕭覺菴

一覺蘧然萬事忘莊周蝴蝶兩荒唐從今悟得人間世收拾雲山入錦囊

嗜好原非世所諳臥遊虛壁湧烟嵐試將尺素臨窗寫紅樹中間羃小菴

門人冀子以正奉母命修族譜偕諸昆季至鄗原祖塋抄墓碑碣得千餘紙嘉其用意之勤揮長歌贈之

豐碑古爲懸棺設漢氏既東鐫以文前有中郞後太傅魯重禮器傳八分曲阜孔氏尼山裔宙彪兩碑體如雲自從前魏迄明代古時碑溢滿秋墳翁仲倒地華表折草木陰翳轟飢鼯片石強半欹且臥牛羊礪角何紛紛風摧雨駁無完字埋沒荒穢野火焚搜剔

蘚苔良不易況乃千百多如麋晉國冀氏本華冑缺也破狄立奇勳郤氏驕奢獨先覆別支冀氏揚清芬介休之冀籍臨晉趙宋中葉徙河汾漢代鄖城昔成聚冀族居之多榆枌別支由鄖遷辛武瓜瓞綿如詩所云族大丁繁年代隔欲修譜牒苦絲棼冀有賢母伏波裔敬宗收族意常勤飭令諸子尋碑碣遍去鄖原習勞筋荆棘鈎衣露溼骭常從昧爽至夕曛燐火夜飛星點亂鬼車號哭聲悽戾抄得殘碑成譜牒一編縹帙香藏芸晨羞捧復高堂命母氏加餐意所欣我聞此舉爲起立堪厲薄俗如糾紛冀宗昌熾未有艾況有白眉更超羣千佛名經終有分焉能區區守一片爲作長歌操左劵秋風鵰鶚佇先聞

晚年生子

夜半厲生子求火恐似己我今殊不然似我亦足矣錢刀不可貪
布衣卽屬美但能爲端人乃翁應色喜

兩漢幽并涼三州今地考略

坿沿邊十郡攷略

敘

儒者治經讀史必通輿地之學大之攻伐戰守山川邊徼細之沿革分合各有一代之規皆非專家之學不能明余以爲邊徼爲尤亟昔江陰六氏取廿二史郡國州縣各爲之圖儀徵厲氏取大淸一統志圖合刻之以見歷朝沿革惜其篇幅過狹於地形遼志之未詳者不能增字爲憾而於邊徼尤不能詳其因革今觀五臺徐松龕先生兩漢沿邊十郡三州今地考略兩編蓋據兩漢地理志與一統志互相考證間以己意按之可爲讀史之助然詳審猶先生未竟之作緣一統志亦有不能確定者猶待以他書旁參曲證焉倘使得竟其緒兼及歷代地理之沿革由邊徼而推之廿二行省不尤成蔚然大觀哉余於輿地之學夙未究心承吉午委爲之

叙不能辭僅述其大略如是而尤服先生先見數十年前早於北地山川邊徼已三致意焉後學邵松年謹叙

叙

五台徐松龕先生道咸間名臣也博聞強識尤長輿地考證之學所著瀛寰志略爲中士言外志者之先河久已家置一編不脛而走晚年益究心東西北邊徼諸地嘗取班范地理郡國二志與一統志互證參稽間下己意纂成兩漢沿邊十郡及幽并涼三州今地攷略二書意在疏通今古俾言邊事者得取攷鏡削稿既竣迄未行世今從孫吉午懼先著之就湮亟謀付諸剞劂手稿本來索一言元濟知識闇昧地學夙尠肄討於先生之書之懿無能有所闡述獨念當先生著是書時海禁初開疆圉猶謐凡所列漢時諸

邊郡非我行省卽我近藩當軸者視之固晏然衽席地也曾不百年而門闥洞開東西強鄰鷹瞵鶚視昔之行省近藩或則視爲机肉禁臠宰割己定或方張周阹之網盤遠勢以臯牢之甚者嗾族類爲虎倀爲雉囮冀以逞其耿耿馳逐之私使我謀國之士日燋然於邊事外交繳繞紛拏而不可解於以歎事變之至如環無端而一二前哲深識遠鑒以匡居著述之意動人以綢繆固圉之思其爲慮信非後人所能及惜乎先生此書未及與瀛寰志略同時踵出而令讀者恨發矇之已晚也民國二一年仲春海鹽張元濟謹序

兩漢幽幷涼三州今地考略

五台徐繼畬著

漢樂浪郡屬幽州武帝元封三年開有雲障應劭曰故朝鮮國也師古曰樂音洛浪音狼前漢二十五縣後漢十八縣省八縣增樂都〇今盛京之東南境吉林之西南境

朝鮮郡治應劭曰武王封箕子於朝鮮

䛁邯孟康曰䛁音男師古曰䛁音乃甘反邯音酣

浿水水西至增地入海師古曰浿音普大反

含資帶水西至帶方入海後漢作貪資

黏蟬服虔曰蟬音提後漢作占蟬

遂成後漢志作遂城

增地

帶方

驪望

海冥

列口後漢郡國志注郭璞注山海經曰列水名列水在遼東

長岑

屯有

昭明南部都尉治

鏤方

提奚

渾彌師古曰渾音下昆反

吞列分黎山列水所出西至黏蟬入海行八百二十里後漢省

東暆應劭曰暆音移 後漢省

不而 東部都尉治後漢省

蠶台 師古曰台音胎後漢省

華麗 後漢省

邪頭昧 孟康曰昧音妹後漢省

前莫 後漢省

夫租 後漢省

案朝鮮爲箕子所封國戰國時燕人衞滿據其地漢武帝滅朝鮮分爲樂浪玄菟眞番臨屯四郡昭帝省眞番臨屯幷入樂浪玄菟爲二郡樂浪一郡在極東揆其地勢大約在今盛京奉天府之東南境及吉林之西南境乃我　朝興基發祥之地漢時各縣歷年久遠莫能指其方望卽漢志浿水帶水

列水古今異名亦莫能定為今何水故一統志不能詳也至吉林之東北境古肅慎氏地在漢時為挹婁國今之朝鮮國在鴨綠圖們兩江之南地形南伸入海乃漢時三韓地皆不在樂浪境內

漢玄菟郡屬幽州武帝元封四年開應劭曰故眞番朝鮮地前漢三縣後漢六縣其高顯候城遼陽三縣故屬遼東安帝時改屬玄菟○今盛京奉天府自海城縣以東以南各屬縣城戍皆漢玄菟郡地

高句驪郡治遼山遼水所出西南至遼隊入大遼水又有南蘇水西北經塞外應劭曰故句驪國

上殷台如淳曰台音駘師古曰音胎

西蓋馬馬訾水西北入鹽難水西南至西安平入海過郡二行一千一百里○今盛京奉天府之蓋平縣

案玄菟郡在樂浪郡之西南正地形西南入海之處今盛京奉天府南境之海城縣蓋平縣復州甯海縣鳳凰城岫巖城

熊岳旅順皆玄菟郡地然方望可指者止西蓋馬一縣耳

漢遼東郡 屬幽州秦置前漢十八縣後漢十一縣省遼隊以高顯候城遼陽三縣改屬玄菟以無慮險瀆房三縣隸遼東屬國○今盛京奉天府之遼陽州錦州府之東境北境跨邊外之楊樺木牧廠內蒙古東四盟之科爾沁札魯特兩部地

襄平 郡治有牧師官○今盛京奉天府遼陽州治

新昌

無慮 西部都尉治應劭曰慮音閭師古曰即醫巫閭後漢隸遼東屬國○今盛京錦州之廣甯縣義州地

望平 大遼水出塞外南至安市入海行千二百五十里○今盛京錦州府廣甯縣地

房 後漢隸遼東屬國○今盛京錦州府廣甯縣地

候城 中部都尉治後漢改屬玄菟

遼隊 師古曰隊音遂後漢省

遼陽 大梁水西南至遼陽入遼後漢改屬玄菟○今盛京奉天府遼陽州地

險瀆應劭曰朝鮮王滿都也臣瓚曰王險城在樂浪郡浿水之東此自是險瀆也師古曰瓚說是也後漢屬遼東屬國○今盛京錦州府廣甯縣地

居就室僞山室僞水所出北至襄平入梁也後漢省○今盛京奉天府遼陽州地

高顯後漢改屬玄菟

安市

武次東部都尉治後漢省

平郭有鐵官鹽官

西安平

文後漢志作汶

番汗沛水出塞外西南入海應劭曰汗水出塞外西南入海番音盤師古曰沛音普蓋反汗音寒

沓氏應劭曰沓水也音長答反師古曰凡言氏者皆謂因之而立名

案漢遼東郡在遼西之東樂浪之西玄菟之北在今盛京境

內方望可考者七縣餘十一縣無考候城高顯二縣後漢改屬玄菟當在遼陽州左近其餘大約皆在柳條邊外今盛京奉天府之承德縣舊名瀋陽漢時爲挹婁國地迤北之鐵嶺亦挹婁地東北之開原扶餘國地皆非遼東境也以瀋陽鐵嶺爲挹婁地一統志之說如此案後漢書郡國志挹婁在夫餘東北千餘里當是今吉林北境瀋陽鐵嶺當是夫餘地或高句驪地不應是挹婁地也

漢遼西郡 屬幽州秦置有小水四十八并行三千四十六里前漢十四縣後漢五縣以昌遼賓徙徙河三縣改屬遼東屬國昌遼注故天遼前漢地理志遼西郡無此縣名未知何縣所改賓徙前漢作賓從○今盛京錦州府之西境直隸永平府之東境北跨長城外承德府之東境內蒙古東四盟土默特喀喇沁二部地

且慮 郡治有高廟師古曰且音子余反慮音廬後漢省

海陽 龍鮮水東入封大水封大水緩虛水皆南入海有鹽官○今直隸永平府灤州地

新安平 夷水東入塞外後漢省○今直隸永平府灤州地

柳城 馬首山在西南參柳水北入海西部都尉治後漢省○今內蒙古土默特右翼西一百里大凌河之側即前燕之龍城縣在熱河之東

令支 有孤竹城應劭曰故伯夷國令音鈴孟康曰支音秖師古曰令又音郎定反○今直隸永平府遷安縣

肥如 玄水東入濡水濡水南入海陽又有盧水南入玄應劭曰肥子奔燕燕封於此也師古曰濡音乃官反○今直隸永平府盧龍縣

賓從 後漢志作賓徒改屬遼東屬國

交黎 渝水首受塞外南入海東部都尉治應劭曰今昌黎師古曰渝音喩下同後漢省○按一統志以今永平府之昌黎爲漢絫縣漢交黎縣當亦在附近

陽樂 後漢郡治○今直隸永平府撫甯縣

狐蘇 唐就水至徒河入海後漢省

徒河 後漢改屬遼東屬國○今盛京錦州府之錦縣兼甯遠州地

文成 後漢省

臨渝 渝水首受白狼東入塞外又有侯水北入渝○當即今直隸永平府之臨榆縣渝易爲榆後代傳寫之訛也

絫 下官水南入海又有揭石水賓水皆南入官師古曰絫音力追反後漢省○今直隸永平府昌黎縣

案遼西郡前漢各縣方望可考者今盛京錦州府之西境山海關內永平一府隸遼西者十之九惟灤州之西境雜有右北平地前漢十四縣中且慮賓從文成三縣無考大約在今熱河左近土默特喀喇沁兩部界

漢右北平郡 屬幽州秦置前漢十六縣後漢四縣省十二縣○今直隸永平府西境遵化州一屬隸順天府東路廳之薊州

平剛 郡治後漢省

無終 故無終子國浭水西至雍奴入海過郡二行六百五十里師古曰浭音庚即下文所云入庚者同一水也○今順天府東路廳屬之薊州兼直隸遵化州之玉田縣地

石成 後漢省

廷陵 後漢省

俊靡 灅水南至無終東入庚師古曰灅音力水反又音郎賄反○今直隸遵化州地

薋 都尉治師古曰音才私反後漢省

徐無今直隸遵化州地

字 榆水出東後漢省

土垠師古曰垠音銀後漢郡治○今直隸遵化州之豐潤縣

白狼師古曰有白狼山因以名縣後漢省

夕陽有鐵官後漢省○今直隸永平府灤州地

昌城後漢省○今直隸永平府灤州地

驪成大揭石山在縣西南後漢省○今直隸永平府樂亭縣

廣成後漢省

聚陽後漢省

平明後漢省

案右北平前漢十六縣今內地方望可指者七縣餘九縣皆無考疑當時北境當跨出今承德府之平泉州灤平縣一帶纂一統志時熱河僅設承德州未升爲府所屬各州縣尚未設故無考耳

漢漁陽郡屬幽州秦置前漢十二縣後漢九縣省三縣○今順天府東路北路二廳所屬各州縣

漁陽郡治沽水出塞外東南至泉州入海行七百五十里有鐵官○今順天府北路之密雲縣兼懷柔縣地

狐奴今順天府北路之順義縣地

路後漢志作潞○今順天府東路之通州兼三河縣地

雍奴今順天府東路之武清縣兼香河三河寶坻甯河四縣地

泉州有鹽官○今順天府東路之武清寶坻二縣地

平谷今順天府北路之平谷縣

安樂今順天府北路之順義縣地

厗奚孟康曰厗音題字或作蹏○今順天府北路之密雲縣地

獷平服虔曰獷音鞏師古曰音九永反又音穬○今順天府北路之密雲縣地

要陽都尉治師古曰要音一妙反後漢省

白檀洫水出北蠻夷師古曰洫音呼鵙反後漢省

滑鹽後漢省

案漢漁陽郡在今順天府東路北路兩廳者九縣惟後漢所省之要陽白檀滑鹽三縣無考大約當在邊墻外承德府屬之豐甯縣一帶蓋兩漢沿邊各郡皆跨邊外地也

漢廣陽國屬幽州高帝置燕國昭帝改爲廣陽郡宣帝又更爲國後漢初併入上谷永元間又復爲郡前漢四縣後漢五縣省方城陰鄉以上谷之昌平軍都勃海之安次改屬廣陽郡○今順天府東路西路南路三廳所屬大興宛平良鄉固安四縣地

薊 故燕國召公所封○今順天府東西二路兼屬之大興縣

方城 後漢省○今順天府南路之固安縣

廣陽 今順天府西路之良鄉縣

陰鄉 後漢省○今順天府西路之宛平縣

案漢廣陽國今爲　神京重地漢時止四縣七國既平之後七國封域制皆不過數縣也迨後漢復爲郡嫌其太狹故割他郡三縣以益之

漢上谷郡 屬幽州秦置前漢十五縣後漢八縣省五縣以軍都昌平改屬廣陽○今順天府之昌平州直隸宣化府之六縣三州在邊外者爲獨石口外上駟院之御馬廠張家口外太僕寺左翼牧廠察哈爾之鑲黃旗正白旗鑲白旗其北境抵內蒙古東四盟之阿巴哈納爾阿巴噶蘇尼特三部地

沮陽 郡治孟康曰沮音俎○今直隸宣化府懷來縣

泉上 後漢省

潘 師古曰音普半反〇今直隸宣化府保安州地

軍都 溫餘水東至路南入沽後漢屬廣陽〇今順天府北路昌平州地

居庸 有關〇今直隸宣化府延慶州地

雊瞀 孟康曰音句無 師古曰雊音工豆反瞀音莫豆反〇今直隸宣化府蔚州地

夷輿 後漢省〇今直隸宣化府延慶州地

甯 西部都尉治〇今直隸宣化府宣化縣地

昌平 後漢屬廣陽〇今順天府北路之昌平州

廣甯 今直隸宣化府宣化萬全二縣地

涿鹿 應劭曰黃帝與蚩尤戰於涿鹿之野〇今直隸宣化府保安州地

且居 樂陽水出東南入海後漢省

茹 後漢省

女祁東部都尉治後漢省○今直隸宣化府龍門縣

下落今直隸宣化府懷來縣保安州地

案一統志今獨石口外之御馬廠張家口外之太僕寺左翼牧廠鑲黃等四旂牧廠察哈爾之鑲黃旂正白旂鑲白旂內蒙古東四盟之阿巴噶阿巴哈納爾蘇尼特皆上谷郡北境今內地可考者十二縣惟泉上且居茹三縣無考或即在口外牧廠察哈爾及蒙古三部界中然境土跨連口外者亦必不止三縣也

漢代郡屬幽州秦置有五原關常山關前漢十八縣後漢十一縣省六縣以鹵城改屬雁門○今直隸宣化府蔚州之西南境山西大同府之東境兼直隸之易州境山西之代州境北境跨張家口外正黃等四旂牧廠禮部牧廠察哈爾之正黃旂內蒙古東四盟之蘇尼特部

桑乾郡治孟康曰乾音干○今直隸宣化府蔚州及西甯縣地

道人師古曰有仙人遊其地因以爲名

當城闞駰曰當桓都城故曰當城○今直隸宣化府蔚州地

高柳西部都尉治後漢郡治

馬城東部都尉治

班氏秦地圖書班氏○今山西大同府大同縣地

延陵後漢省○今張家口外察哈爾正黃旂地有延陵故城水經注延鄉水東逕延陵縣故城北

狋氏孟康曰狋音權氏音精○今山西大同府廣靈縣地

且如中部都尉治後漢省○今張家口外察哈爾正黃旂地有且如故城水經注于延水東南逕且如故城南今名兆哈河

平邑後漢作北平邑

陽原後漢省○今直隸宣化府西甯縣地

東安陽闞駰曰五原有安陽故此加東也○今直隸宣化府蔚州地

參合 後漢省○案後鹵城注虖池至參合入虖池別其地當在今山西代州繁峙之間

平舒 郡東水北至桑乾入沽○今山西大同府廣靈縣地

代 應劭曰故代國○今直隸宣化府蔚州地

靈邱 滱河東至文安入大河過郡行行九百四十里并州川應劭曰武靈王葬此因氏焉臣瓚曰靈邱之號在趙武靈王之前師古曰瓚說是也滱音寇又音苦侯反其下竝同後漢省○今山西大同府靈邱縣○余案漢時黃河尙由東北入海故滱河至文安入大河下淶水同

廣昌 淶水東南至容城入河過郡二行五百里并州濅後漢省○今直隸易州屬之廣昌縣

鹵城 虖池水至參合入虖池別過郡九行千三百四十里并州川從河東至文安入海過郡六行千三百七十里師古曰虖音呼池音徒河反後漢屬鴈門○今山西代州屬繁峙縣之東境

案漢代郡今方望可指者十四縣惟道人馬城高柳平邑四縣無考一統志今張家口外正黃等四旂牧廠察哈爾之正黃旂內蒙古東四盟之蘇尼特皆代郡北境大約五縣地皆

在張家口外

漢雁門郡屬幷州秦置勾注山在陰館前漢十四縣後漢亦十四縣省沃陽以善無中陵改屬定襄以代郡之鹵城太原之廣武原平改屬雁門○今山西大同府之大同懷仁山陰陽高天鎮五縣應渾源二州朔平府之三縣一州代州直隸州甯武府之神池偏關五寨三縣北境跨邊口外豐鎮以北太僕寺右翼牧廠察哈爾之正紅旗鑲紅旗鑲藍旗內蒙古西二盟之四子部落地

善無郡治後漢改屬定襄爲定襄郡治○今山西朔平府右玉縣之南平魯縣之北約即今威遠堡一帶

沃陽鹽澤在東北有長丞西部都尉治後漢省○今殺虎口外甯遠廳迤北察哈爾鑲藍旗地山西北境所食口鹽約即漢志所云沃陽東北之鹽澤

繁峙師古曰峙音止○今山西大同府渾源州西境今代州屬之繁峙縣乃漢代郡之鹵城太原郡之葰人兩縣地

中陵後漢改屬定襄○今山西甯武府五寨縣地

陰館樓煩鄉景帝後三年置累頭山治水所出東至泉州入海過郡六行千一百里師古曰累音力追反治音弋之反燕刺王傳作台字後漢以陰館爲郡治郡國志注云史記漢蘇意軍勾注應劭曰山險名也在縣南推八陵西踰雁門是也郭璞曰即雁門山山海經曰雁門山者雁飛出於其間○今山西代州直隸州北境及大同府山陰縣地

樓煩有鹽官應劭曰故樓煩胡地○今山西甯武府神池縣地

武州今山西朔平府平魯縣甯武府偏關縣五寨縣地

洼陶孟康曰洼音汪後漢志作汪陶○今山西大同府山陰縣地

劇陽今山西大同府應州地

崞孟康曰音郭○今山西大同府渾源州地今代州屬之崞縣乃漢太原郡之原平縣

平城東部都尉治後漢志注高帝被圍白登服虔曰去縣七里○今山西大同府大同懷仁陽高天鎮四縣地

埒

馬邑師古曰晉太康地記云秦時建此城輒崩不成有馬馳走周旋反覆父老異之因依以築城遂名爲馬邑○今山西朔平府朔州甯武府神池縣地本有馬邑縣今省入朔州

彊陰諸聞澤在東北後漢志作彊陰○今張家口外太僕寺右翼牧廠有彊陰故城

案漢雁門一郡在并州沿邊各郡中差爲近南與太原接壤今山西石嶺關北之代州甯武朔平大同四屬雁門得十之八九地望可考者內地十二縣口外一縣無考者惟埒縣一

縣耳據一統志太僕寺右翼牧廠察哈爾之正紅鑲紅鑲藍三旂內蒙古西二盟之四子部落皆雁門郡北境埒與彊陰二縣幅員安得如許之大蓋漢代與匈奴接壤閒屯列戍烽火不厭其遠固不必在各縣界內也

漢定襄郡 屬并州漢高帝置前漢十二縣後漢五縣以定襄成樂武進改屬雲中以雁門之善無中陵改屬定襄前漢各縣止存桐過武成駱三縣餘皆從省○在今歸化城土默特境內歸綏二城迤東迤南和林格爾之東清水河之南北西抵黃河其北境跨內蒙古西二盟喀爾喀右翼四子部落兩部地

成樂 郡治後漢省○在今歸化城南水經注白渠水西北逕成樂縣北魏土地記雲中城東八十里有成樂縣城以今地勢推之當在清水河之東北和林格爾之西托克托東界

桐過 在今歸化城西南濱河水經河水南入楨林縣西北又南過桐過縣西河水於二縣之間有君子濟之名以今地勢推之當在托克托城西南濱河處

都武 後漢省

武進 西部都尉治白渠水出塞外西至沙陵入河後漢改屬雲中○在故成樂城東南水經注白渠水出塞外西逕武進縣故城北以地勢推之當在今歸化城之南

襄陰 後漢省

武皋中部都尉治後漢省○在今歸化城東北界水經注芒干水南逕陰山西南逕武皋縣以地勢推之當在歸化城北牛心山之右

駱在今歸化城土默特界內

定陶後漢省

武城後漢志作武成○在今歸化城西南十三州志武城縣在善無西五十里北俗謂之太羅城以地勢推之當在今朔平府右玉縣邊口外清水河之東

武要東部都尉治後漢省○在今歸化城土默特界內

定襄後漢屬雲中○在今歸化城東括地志定襄縣故城在朔州善陽縣北三百八十里以地勢推之當在歸化城東北寶山附近

復陸後漢省

案定襄郡至後漢時以雁門之善無縣爲郡治其地在朔平府右玉縣之南內地乃有定襄郡一隅前漢之十二縣皆在邊口外內地無尺土也今歸化城土默特牧地自寧遠廳直北以西西抵黃河爲漢定襄雲中兩郡地其大勢則東境南

境爲定襄地其西北則雲中地也今方望可考者八縣惟都武襄陰定陶復陸四縣無考大約總在歸化城土默特界內或在喀爾喀右翼四子部落兩部界內

又一統志朔平府表於右玉縣兩漢格內書曰定襄東境今查定襄郡各縣前漢時口內并無尺地迨後漢以善無改隸定襄爲郡治其地在今右玉縣之南故一統志以爲定襄東境乃據後漢言也

漢雲中郡 屬并州秦置前漢十一縣後漢亦十一縣省陶林楨陵犢和陽壽而有箕陵疑即楨陵改名又以定襄郡之定襄成樂武進改屬雲中○今歸化城土默特境內歸綏二城以西托克托城薩拉齊一帶西南抵黃河跨入河套內蒙古西二盟之鄂爾多斯地北境跨內蒙古西二盟之喀爾喀右翼地

雲中 郡治○在今歸化城西黃河東岸初開於趙武靈王秦置爲郡而漢因之水經注白渠水又西南逕雲中故城南以地勢推之當在今薩拉齊之東

咸陽 在今歸化城西水經注大河東逕咸陽縣故城南以地勢推之當即今之薩拉齊

陶林 東部都尉治後漢省〇在今歸化城土默特界內

楨陵 西部都尉治緣胡山在西北後漢省〇在今歸化城西水經河水南入楨陵縣西北注緣狐山歷沙南縣東北兩山二縣之間而出縣在山南北去雲中城一百二十里按楨陵與沙南縣隔河相對楨陵在河東岸以地勢推之在今托克托城西北瀕河處

犢和 後漢省

沙陵 在今歸化城西水經注白渠水過沙陵縣故城南西注沙陵湖以地勢推之當在今托克托城之北

原陽 在今歸化城西水經注芒干水南逕原陽故城西以地勢推之當在歸化城之西北

沙南 在今河套內蒙古西二盟鄂爾多斯左翼後旂與楨陵縣隔河相對

北輿 中部都尉治闞駰曰廣陵有輿故此加北〇在今歸化城西界水經注武泉水又西屈逕北輿縣故城北

武泉 在今歸化城西界水經注武泉水出武泉縣故城西南西逕北輿縣故城南

陽壽 後漢省〇在今歸化城界內

案雲中爲今歸化城土默特西北境其方望大概可指惟水

經注白渠荒干芒干武泉四水縈帶於定襄雲中兩郡今一統志所繪河道與晉省石刻輿圖不同未知孰是又一統志纂成時土默特界內止有歸綏二城此外各廳俱未設故未能據以立說俟他日再詳考之

歸化城土默特界內河道有四最南者曰荒干水發源朔平之右玉平魯一帶至邊墻匯而爲一西流出大水口入草地迤邐西北逕清水河之南至沙陵湖入黃河迤北者曰白渠水發源右玉之北西流出雲石口至殺虎口之北盤迴數折迤邐西南逕清水河之北西南至沙陵湖會荒干水入黃河兩河在歸化城土默特南界武泉水發源陰山至寶山出峽西南行至和林格爾之北會岱海泊之黑河西行又西北至

歸化城之西會芒干水西南行入黃河芒干水發源陰山至牛心山出峽西南行逕歸化城之西石碌山之東會武泉水西南行入黃河兩河在歸化城土默特北界山西省有石刻地輿全圖繪此四水甚分明一統志則云荒于白渠入黑河與此圖不合然纂志時七廳未設親履其地者少此圖刻於乾隆五十九年七廳已設仕宦商賈數數往來其圖固應不誣也

邊墻外草地日漸墾闢蒙民交雜乾隆中年設爲七廳自豐鎭直北以東爲古代郡北境再東爲古上谷郡北境豐鎭直北以西至甯遠直北以東爲古雁門郡北境甯遠直北以西今之歸化綏遠二城薩拉齊和林格爾托克托城淸水河各

廳為古定襄雲中二郡地大勢雲中各縣在西北定襄各縣牙錯於雲中之北灣環於雲中之東又弓抱於雲中之南以水經注合地圖考之其方望猶約略可指也前漢雲中十一縣今故城可考者十惟犢和一縣無考

漢五原郡 屬并州秦九原郡武帝元朔二年更名前漢十六縣後漢十縣省固陵蒱澤南興稒陽莫䵣河目六縣○東接雲中西窮絕塞背負陰山陽山面臨大河今為內蒙古西二盟茂明安烏拉特兩部地南境跨入河套內蒙古西二盟鄂爾多斯境內者一縣

九原 郡治○在今烏拉特旂北漢朔方之東北雲中之西今河套黃河東流處也以地勢推之當跨陰山北茂明安地

固陵 後漢省

五原 在今烏拉特九原故城西水經注九原縣西北接對一城蓋五原之故城也

臨沃 在今烏拉特九原故城東水經河水東過臨沃縣南注石門水自石門障東南流逕臨沃城東

文國 後漢志訛作父國

河陰 後漢志作河除○在黄河南今内蒙古鄂爾多斯境内五原地在河套内者惟此一縣以地勢推之當在鄂爾多斯左翼後旗

蒲澤 屬國都尉治後漢省○案屬國所治似當在陰山北今茂明安界内

南興 後漢省

武都

宜梁 在今烏拉特九原故城西水經注河水東逕宜梁縣故城南闞駰曰五原西南六里今世謂之石崖城

曼柏 師古曰曼音萬○在今烏拉特黄河北岸

成宜 中部都尉治原高西部都尉治田辟師古曰辟讀曰璧○在今烏拉特故九原城西水經注河水自西安陽東逕田辟城南又東逕成宜縣故城南又東逕原高故城

稒陽 東部都尉治北出石門障得光禄城又西北得支就城又西北得頭曼城又西北得虖河城又西得宿虜城師古曰曼音莫安反虖音呼後漢省○在今烏拉特故九原城東北近雲中郡水經河水東逕稒陽縣故城南又東逕塞泉南而東注余案前漢志所云光禄諸城當在陰山北茂明安境内

莫䵣 如淳曰音忉怛師古曰音丁葛反後漢省

西安陽 在今烏拉特故九原城西陰山南水經注河水逕朔方縣東北屈南過五原西安陽縣南

河目後漢省○在今烏拉特故九原城西陽山南高闕東南北河之間水經注河水自陽山南南屈逕河目縣左括地志漢河目縣在北假中余案河目爲五原極西之境再西即高闕古稱絕塞矣

案漢五原郡據一統志在今內蒙古西二盟茂明安烏拉特兩部界內茂明安在陰山之北東西一百里南北一百九十里烏拉特在陰山陽山之南東西二百十五里南北三百里漢五原郡跨入河套鄂爾多斯境內者止河陰一縣其餘地勢之可考者皆在烏拉特境內無考之固陵文國蒱澤南興武都莫䵬六縣或即在茂明安界內蓋烏拉特河水所經有水經注以證之故方望猶可指茂明安在陰山之北水經注不言遂無可依據耳

一統志陰山俗名大青山西自河套北烏拉特西境東至歸

化城東北綿亘五百餘里蒙古土名隨地而異皆古所謂陰山也其實陰山横障漠北南起賀蘭山蜿蜒而北爲古之狼居胥山又迤邐起伏而東北直至遼東廣甯邊外皆岡阜接連峯巒疊起中外土名以數十百計自套北至遼蓋三四千里漢書匈奴傳侯應言陰山千餘里蓋約略言爾

一統志陽山在陰山西河套正北與陰山接連以東西異名耳在烏拉特西北二百四十里陽山之前即秦之北假蒙恬度河據陽山取其地名爲北假北假者以地假與貧民使墾種也其西即高闕塞余案後漢書郡國志注徐廣曰陰山在河南陽山在河北其云陽山在河北是也至云陰山在河南殊不可解河南即今河套套內之山據一統志有二十餘然

大勢皆平土其山皆部婁崗阜絕無高大之名山陰山爲朔漠障蔽橫亘三四千里即所謂內興安嶺套內一片土將何地以容之考前漢之西河郡有陰山縣其地大約在套內徐廣或本此以立說然西河郡之陰山自當是套內同名之小山豈可以區區者當朔漠數千里之陰山耶

一統志唐張仁愿所築三受降城東受降城在歸化城土默特界內中受降西受降二城皆在烏拉特境內

漢朔方郡 屬并州武帝元朔二年開前漢十縣後漢六縣省脩都臨河呼遒窳渾渠搜以西河之大成屬朔方○今河套內蒙古西二盟鄂爾多斯右翼三旗地西境跨出套外今套西厄魯特阿拉善部之東界

三封 郡治武帝元狩三年城○在今套外黃河西岸鄂爾多斯右翼後旗之正西今爲套西厄魯特阿拉善地水經注河水東北逕三封縣故城東

朔方 金連鹽澤青鹽澤皆在南○在今鄂爾多斯右翼後旗界內水經河水東南逕朔方縣故城東北

脩都 後漢省○在今鄂爾多斯右翼界內

臨河 後漢省○在今鄂爾多斯河套內北河之南南河之北以地勢推之亦當在右翼後旂界內水經注河水自高闕南又東逕臨河縣故城北又南河東逕臨戎縣故城北又東逕臨河縣南○南河北河說附後

呼遒 後漢省○在今鄂爾多斯右翼境內

窳渾 西部都尉治有道西北出雞鹿塞屠申澤在東師古曰窳音庾渾音魂後漢省○在今套西厄魯特阿拉善部東境阿爾坦山之南騰格里湖之側

渠搜 中部都尉治後漢省○在今河套內朔方故城之東水經注河水自朔方東轉逕渠搜縣故城北

沃壄 武帝元狩三年城有鹽官後漢志壄作野○在今套西河水北流一曲之西乃厄魯特阿拉善地水經河水北過朔方臨戎縣西又北有枝渠東出謂之銅口東逕沃壄故城南又北屈而爲南河出焉又北迤西溢於窳渾故城東又屈而東流爲北河

廣牧 東部都尉治○在今河套內故朔方城西水經注南河自臨河縣南臨戎縣北又東逕廣牧縣故城北

臨戎 武帝元朔五年城後漢郡治○在今河套內故朔方城西河向北流之東岸水經注河水北逕臨戎縣故城西

案河套一土東西北三面距河袤延數千里今并爲內蒙古

西二盟鄂爾多斯游牧地鄂爾多斯分左右翼各三旗左翼三旗在東境其東北在漢時爲五原郡之河陰縣雲中郡之沙南縣其正東及東南爲西河郡之大成富昌美稷等縣其西南爲上郡之白土奢延等縣右翼三旗在西境正漢朔方郡地在黄河東岸者朔方脩都臨河呼遒渠搜廣牧臨戎七縣皆鄂爾多斯右翼地三封窳渾沃壄三縣跨出套外在黄河西岸乃今套西厄魯特阿拉善部地據一統志漢朔方郡套内七縣皆在鄂爾多斯右翼之中後兩旗其前旗及中旗之西南境與甯夏接壤疑當有北地郡地但今無可考耳一統志黄河北流逕古朔方之西行五百餘里一支分爲二歧東注水經所謂南河也其北河流至套外之阿爾布坦山

南迤西溢爲大澤土名騰格里腦兒卽古屠申澤也自此屈而東流過古高闕南行二百里許稍東南流又折而西南與南河合水經所謂南屈逕河目縣左又南合南河是也自此直而東行逕古五原之南至大土爾根河入河處始轉向東南行過古東勝州境以地勢測之漢臨河縣在北河之南南河之北水經所謂自高闕南而東逕故城北者北河也自臨戎縣北而東逕縣南者南河也

水經河水北過朔方臨戎縣西又北有枝渠東出謂之銅口東逕沃野故城南又北屈而爲南河出焉又北迤西溢於窳渾故城東又屈而東流爲北河余案據此說則南北兩河之間尚有枝渠一道故一統志河套圖西北隅河水分三股

漢西河郡屬幷州武帝元朔四年置南部都尉治塞外翁龍埤是師古曰翁龍埤是二障名也埤音婢前漢三十六縣後漢十三縣以大城改屬朔方省二十二縣○地夾黃河兩岸東岸在內地者爲山西汾州府之西四縣暨介休縣之西南境西岸在內地者爲陝西榆林府之神木縣府谷縣葭州在邊墻外河套內者爲鄂爾多斯左翼之前旂中旂

富昌郡治有鹽官後漢省○在今河套內鄂爾多斯左翼前旂界水經注湳水東逕富昌縣故城南

騶虞後漢省

鵠澤孟康曰鵠音告師古曰音古督反後漢省

平定後漢爲郡治後徙離石○案漢書注後漢西河本治平定縣順帝永和五年南匈奴左部叛徙於離石在郡南五百九里以地勢推之平定亦當在今河套內

美稷屬國都尉治○在今河套內鄂爾多斯左翼中旂東南水經注湳水出西河郡美稷縣

中陽今山西汾州府甯鄉縣地

樂街

徒經後漢省

皋狼今山西汾州府永寧州地

大成後漢志成作城改屬朔方○在今河套內鄂爾多斯左翼前旂界

廣田後漢省

圜陰惠帝五年置師古曰圜字本作圁縣在圁水之陰因以爲名也王莽改爲方陰則是當時已誤爲圜字今有銀州銀水即是舊名猶存但字變耳○今陜西榆林府葭州及神木縣地

益闌後漢志闌作蘭

平周今山西汾州府介休縣西南境

鴻門後漢省

藺今山西汾州府永甯州地

宣武後漢省

千章後漢省

增山 北部都尉治有道西出眩雷塞師古曰眩音州縣之縣後漢省

圁陽 師古曰此縣在圁水之陽○今陝西榆林府神木縣地

廣衍

武車 後漢省

虎猛 西部都尉治後漢省

離石 後漢郡治○今山西汾州府永甯州治兼臨縣甯鄉縣地

穀羅 武澤在西北後漢省

饒 後漢省

方利 後漢省

隰成 漢後省○今山西汾州府永甯州地

臨水 後漢省

土軍後漢省〇今山西汾州府石樓縣

西都後漢省

平陸

陰山後漢省

觬是蘇林曰觬音甖師古曰觬音倪其字從角後漢省

博陵後漢省

鹽官後漢省

案漢西河郡跨大河東西兩岸兼今山西汾州府之西境陝西楡林府之東境跨入河套鄂爾多斯之東南境前漢置縣至三十六戶十三萬六千餘口六十九萬八千餘恢恢乎一大郡也至後漢省爲十三縣戶止五千六百有奇口止二萬

八百有奇不及前漢二十分之一蓋西漢遭新莽之亂匈奴內侵邊氓流散迨光武定鼎之後百餘年中邊患總未止息故戶口耗減不能如曩時之盛耳其方望可指者據一統志內地有九縣河套有四縣餘二十三縣皆無考度古時西河爲邊陲要地初置時稍成聚落即以名縣在河套者固不止四縣在內地者亦斷不止九縣特水經注無指証之文遂茫無可據耳又前漢志顏注翁龍埤是二障名其地應在河套內亦未詳爲何地

漢上郡 屬幷州秦置項羽封董翳爲翟國漢高祖元年復爲郡匈歸都尉治塞外匈歸障師古曰匈歸者言匈奴歸附前漢二十三縣後漢十縣省十四縣增候官○今陝西綏德州一屬榆林府之榆林懷遠二縣延安府所屬之八縣鄜州直隸州兼邠州地北境跨河套內鄂爾多斯左翼之前旂中旂

膚施 郡治有五龍山帝原水黃帝祠四所○今陝西綏德州及米脂清澗吳堡三縣兼延安府延川縣地

獨樂有鹽官後漢省

陽周橋山在南有黃帝塚後漢省○今陝西延安府安定縣

木禾後漢省

平都後漢省

淺水後漢省○今陝西邠州屬之長武縣地

京室後漢省

洛都後漢省

白土圜水出西東入河師古曰圜音銀已見西河圜陰縣○在今河套內鄂爾多斯左翼中

旃界

襄洛後漢省

原都後漢省

漆垣

奢延今陝西榆林府懷遠縣兼跨鄂爾多斯左翼前旂界

雕陰應劭曰雕山在西南○今陝西鄜州兼延安府甘泉縣地

推邪師古曰邪音似嗟反後漢省

楨林

高望北部都尉治後漢省

雕陰道後漢省余案後漢書百官志主蠻夷曰道凡邊郡以道名縣者皆同○應在今陝西鄜州西北

龜茲屬國都尉治有鹽官應劭曰音邱慈師古曰龜茲國人來降附者處之於此故以名云後漢曰龜茲屬國○今陝西榆林府榆林縣

定陽應劭曰在定水之陽○今陝西延安府宜川縣地

高奴有洧水可𪐴師古曰𪐴古然火字○今陝西延安府膚施縣兼安塞保安延川延長四縣地

望松北部都尉治後漢省

宜都後漢省

案前漢上郡二十三縣後漢省爲十縣十縣之中有候官後漢邊郡制也今方望可考者內地八河套二奢延一縣兼跨內外餘十三縣幷後漢所增之候官皆無考大約有在內地者有在河套者又前漢上郡匈歸都尉治匈歸障顏注匈歸言匈奴歸附其地亦當在河套今無可考矣

漢北地郡 屬涼州秦置前漢十九縣後漢六縣省十三縣以鶉孤改屬安定以安定之參䜌改屬北地○今甘肅甯夏慶陽二府兼涇州平涼府地又兼陝西榆林府鄜州地西跨邊外套西厄魯特阿拉善部之東境

馬領 郡治師古曰川形似馬領故以爲名領頸也後漢省○今甘肅慶陽府之環縣兼陝西榆林府之定邊縣

直路 沮水出東西入洛後漢省○今陝西鄜州屬之中部縣地

靈武 後漢省○今甘肅甯夏府甯朔縣

富平 北部都尉治神泉障渾懷都尉治塞外渾懷障師古曰渾音胡昆反後漢郡治○今甘肅甯夏府之靈州又兼甯夏縣地甯夏府東北黃河與支河中間有已省裁之寶豐縣

即漢渾懷都尉治所

靈州 惠帝四年置有河奇苑號非苑師古曰苑謂馬牧也水中可居者曰州此地在河之州隨水高下未嘗淪沒故號靈州又曰河奇也二苑皆在北焉○今甘肅甯夏府靈州

眗衍 應劭曰眗音煦師古曰音香于反後漢省○今甘肅甯夏府靈州地

方渠 後漢省○今甘肅甯夏府已裁省之新渠縣

除道 後漢省

五街 後漢省

鶉孤 後漢作鶉觚改屬安定○今甘肅涇州屬之靈臺縣

歸德 洛水出北蠻夷中入河有堵苑白馬苑後漢省○今甘肅慶陽府安化縣地

回獲 後漢省

略畔道 師古曰有略畔山今在慶州界其土俗呼曰洛盤音訛耳後漢省○今甘肅慶陽府合水縣

泥陽 應劭曰泥水出郁郅北蠻中○今甘肅慶陽府甯州及正甯縣地

郁郅泥水出郁郅北蠻中有牧師苑官師古曰郁音於六反郅音之日反後漢省○今甘肅慶陽府安化縣

義渠道後漢省○今甘肅慶陽府甯州地

弋居有鹽官後漢注有鐵○案今甘肅靈州有花馬池產鹽州同駐札其地漢之弋居應即在此一帶

大𡝩師古曰𡝩即古要字音一遙反後漢省○今甘肅慶陽府甯州地

廉卑移山在西北○今甘肅甯夏府甯夏縣兼平涼府固原州地

案漢北地郡今甘肅省東北境一統志謂套西厄魯特阿拉善部為北地西境今內地方望可考者十六縣惟除道五街回獲三縣無考或其地在套西也

漢書地理志眴卷縣河水別出為河溝東至富平北入河水經注河水自麥田山又東北逕於黑城北又東北高平川水注之又東北逕眴卷縣故城西河水於此有上河之名又北

歷峽北注枝分東出又北逕富平縣故城西又北逕薄骨律鎭城又逕典農城東又北逕上河城東又東北逕廉縣故城東又北與枝津合又東北逕渾懷障西又東北歷石崖山西又北過朔方臨戎縣西

余案地輿圖黃河至甯夏分爲兩支流百餘里復合爲一中間爲古渾懷都尉治所地在兩河之間而隨水高下未嘗淪沒漢靈州之命名以此其西一支河之正流也其東一支即水經注所謂枝津也

一統志黃河常爲中國患而甯夏獨受其利引渠灌溉無旱澇之災古本有漢唐諸渠年久堙塞我　朝康熙雍正年間發帑脩濬舊渠之外復開大清濤塞惠農昌潤諸渠廣膏腴

數十萬頃深仁溥澤利賴萬世故民間有天下黃河富甯夏之謠而不知皆列聖之惠澤也

漢安定郡 屬涼州武帝置前漢二十一縣後漢八縣省十一縣以租厲鶉陰改屬武威郡○今甘肅之平涼一府涇州一屬兼蘭州鞏昌甯夏三府地又跨陝西邠州地

高平 郡治後漢志注有第一城高峻所據○今甘肅平涼府固原州

復累 師古曰累音力追反後漢省

安俾 孟康曰俾音卑後漢省

撫夷 後漢省○今甘肅涇州屬鎮原縣地

朝那 有端旬祠十五所胡巫祝又有湫淵祠應劭曰史記故戎那邑也湫音子由反後漢志注有湫淵方四十里停不流冬夏不增減不生草木郭璞注山海經曰涇水出縣西丹頭山入渭○今甘肅平涼府平涼縣地

涇陽 开頭山在西禹貢涇水所出東南至陽陵入渭過郡三行千六十里雍州川師古曰开音苦見反又音牽此山在今靈州東南土俗語訛謂之汧屯山後漢省○今甘肅平涼府平涼華亭隆德三縣兼涇州之崇信縣

臨涇 後漢郡治郡國志注謝承書曰宣仲爲長史民扳留改曰宜民見李固傳而志無此改豈承之妄乎○今甘肅涇州之鎮原縣地

鹵 灈水出西師古曰灈音其于反

烏氏 烏水出西北入河都盧山在西師古曰氏音支後漢志作烏枝注有瓦亭牛邯軍處出薄落谷○今甘肅平涼府平涼縣地

陰密 詩密人國有囂安亭師古曰即詩大雅所云密人不共敢距大邦者後漢省○今甘肅涇州屬靈臺縣地

安定 後漢省○今甘肅涇州地

參䜌 主騎都尉治師古曰䜌音力全反後漢省

三水 屬國都尉治有鹽官後漢志注有左谷盧芳所居○今甘肅平涼府固原州地

陰槃 後漢志作陰盤注舊有陰密縣未詳所并杜預曰安定陰密縣古密須國史記曰秦遷白起於陰密山海經曰溫水出崆峒山在臨汾縣南入河郭璞曰水常溫○今陝西邠州屬之長武縣地

安武 後漢省○今甘肅涇州屬鎮原縣地

祖厲 應劭曰祖音罝師古曰厲音賴後漢志作租厲改屬武威○今甘肅鞏昌府會甯縣及蘭州府靖遠縣地

爰得後漢省○今甘肅涇州地

眴卷河水別出爲河溝東至富平北入河應劭曰眴音旬日之旬卷音箘簬之箘後漢省○今甘肅甯夏府中衛縣

彭陽今甘肅涇州屬鎮原縣地

鶉陰後漢志作鸇陰屬武威○今甘肅蘭州府靖遠縣地

月氏道應劭曰氏音支後漢省

案安定郡今之平涼府地不臨邊本是腹郡而在漢時戎馬生郊固巖彊也今方望無考者五縣

漢敦煌郡屬涼州武帝後元年（紀係元鼎六年）分酒泉置正西關外有白龍堆有蒲昌海應劭曰敦大煌盛敦音屯前漢六縣後漢同○今甘肅嘉峪關外安西州及所屬之敦煌縣地

敦煌郡治中部都尉治部廣候官杜林以爲古瓜州地生美瓜師古曰即春秋所云允姓之戎居於瓜州者也其地今猶出大瓜長者狐入瓜中食之首尾不出○今安西州屬之敦煌縣

冥安南籍端水出南羌中西北入其澤溉民田應劭曰冥水西北入其澤○今安西州土番地

效穀師古曰本漁澤障也桑欽說孝武元封六年濟南崔不意爲漁澤尉敎力田以勤效得穀因立爲縣名○今安西州屬敦煌縣地

淵泉師古曰闞駰云地多泉水故以爲名後漢志作拼泉○今安西州地

廣至宜禾都尉治昆侖障○今安西州地

龍勒有陽關玉門關皆都尉治氐置水出南羌中東北入澤溉民田○今安西州屬敦煌縣地

案敦煌郡在今嘉峪關外爲涼州極西北境武帝紀元狩二年匈奴昆邪王殺休屠王合四萬餘人來降以其地爲武威酒泉郡元鼎六年分武威酒泉地置張掖敦煌郡徙民以實之敦煌乃酒泉之所分也

漢酒泉郡屬涼州武帝太初元年開(紀係元狩二年)應劭曰其水若酒故曰酒泉師古曰舊俗傳云城下有金泉泉味如酒前漢九縣後漢亦九縣無天陝有延壽○今甘肅肅州及所屬之高臺縣又嘉峪關外安西州所屬之玉門縣

祿福呼蠶水出南羌中東北至會水入羌谷後漢志作福祿〇今甘肅肅州

表是後漢志作表氏〇今甘肅肅州之高臺縣地

樂涫師古曰涫音官下同〇今甘肅肅州之高臺縣地

天䧇師古曰音衣此地有天䧇阪故以爲名後漢省

玉門闞駰云漢罷玉門關屯徙其人於此〇今安西州之玉門縣地

會水北部都尉治偃泉障東部都尉治東部障闞駰云衆水所會故曰會水〇今甘肅肅州之高臺縣地

池頭今安西州之玉門縣地

綏彌後漢志作安彌〇今甘肅肅州地

乾齊西部都尉治西部障孟康曰乾音干

案後漢郡國志酒泉郡有延壽縣而無天䧇縣延壽縣注博物記曰縣南有山石出泉大如筥籚注池爲溝其水有肥如

羹肉洎羨羨永永如不凝膏然之極明不可食縣人謂之石漆據一統志延壽爲今玉門縣地不知係天陔改名抑別縣析置也

漢張掖郡 屬涼州故匈奴昆邪王地武帝太初元年開（紀係元狩二年）應劭曰張國臂掖故曰張掖也師古曰昆音胡門反前漢十縣後漢八縣以顯美屬武威以居延別置屬國統居延一縣又別置張掖屬國統四部曰候官曰左騎曰千人司馬官曰千人官〇今甘肅甘州府之張掖山丹二縣涼州府之永昌縣

觻得 千金渠西至樂涫入澤中羌谷水出羌中東北至居延入海過郡二行二千一百里應劭曰觻得渠西入澤羌谷孟康曰觻音鹿師古曰孟音是也今甘肅甘州府張掖縣地〇案一統志西域大澤皆謂之海餘並同

昭武 今甘肅甘州府張掖縣地

刪丹 桑欽以爲道弱水至此西至酒泉合黎〇今甘肅甘州府山丹縣

氐池 今甘肅甘州府山丹縣地

屋蘭 今甘肅甘州府山丹縣地

日勒 都尉治澤索谷師古曰澤音鐸索音先各反○今甘肅甘州府山丹縣地

驪靬 李奇曰音遲虔如淳曰音弓軒師古曰驪音力遲反靬音虔○今甘肅涼州府永昌縣地

番和 農都尉治○今甘肅涼州府永昌縣地

居延 居延澤在東北古文以爲流沙都尉治闞駰云武帝使伏波將軍路博德築遮虜障於居延城○今套西厄魯特阿拉善部西北境

顯美 後漢改屬武威○今甘肅涼州府永昌縣地

案武帝初開河西本武威酒泉二郡後分置敦煌張掖爲河西四郡東漢初竇融據河西五郡則兼金城而言其地皆在黃河之西也

漢武威郡 屬涼州故匈奴休屠王地武帝太初四年開(紀係元狩二年)師古曰休音許虬反屠音直閭反後並同前漢十縣後漢十四城增左騎千人官以安古之鸇陰祖厲張掖之顯美改屬武威○今甘肅涼州府各縣兼蘭州府地北境跨套西厄魯特阿拉善部地

姑臧 南山谷水所出北至武威入海行七百九十里○今甘肅涼州府武威縣

張掖今甘肅涼州府武威縣地

武威休屠澤在東北古文以爲豬壄澤〇今甘肅涼州府鎭番縣跨套西厄魯特阿拉拉善部地套西有武威故城

休屠都尉治熊水障北部都尉治休屠城〇今甘肅涼州府武威縣地

揟次孟康曰揟音子如反次音咨諸本作恣〇今甘肅涼州府古浪縣地跨套西厄魯特阿拉善部地套西有揟次故城

鸞鳥今甘肅涼州府武威縣地

撲𠛬孟康曰音蒲環後漢志撲作樸〇今甘肅涼州府古浪縣地

媼圍今甘肅蘭州府皋蘭縣地

蒼松南山松陝水所出北至揟次入海師古曰松古松字陝音下夾反兩山之間也松陝陝名後漢志作倉松〇今甘肅涼州府古浪縣地

宣威今甘肅涼州府鎭番縣地

案休屠王匈奴別部始與昆邪王同約歸漢既而悔不行昆邪王殺之虜其妻子降漢其子即金日磾爲官奴養馬武帝

識之用爲侍中以誅反者莽何羅封秺侯與霍光同受顧命貴寵七葉稱爲忠孝世家匈奴祭天有金人故姓金氏

漢天水郡屬涼州武帝元鼎三年置師古曰秦州地記云郡前湖水冬夏無增減因以爲名焉後漢明帝永平十七年改爲漢陽郡前漢十六縣後漢十三縣省街泉戎邑道罕开緜諸道清水奉捷六縣分成紀置顯親侯國以隴西之上邽西二縣改屬漢陽○今甘肅之秦州各縣兼平涼蘭州鞏昌各縣地

平襄郡治闞駰云故襄戎邑也○今甘肅鞏昌府通渭縣

街泉後漢省入略陽○今甘肅秦州之秦安縣地

戎邑道後漢省○今甘肅秦州之秦安縣地

望垣今甘肅秦州地

罕开應劭曰开音羌肩反師古曰本破罕开之羌處其人於此因以名焉後漢省

緜諸道後漢省○今甘肅秦州地

阿陽今甘肅平涼府靜甯縣

略陽道後漢志作略陽注有街泉亭街水故縣省○今甘肅秦州之秦安縣地

冀禹貢朱圄山在縣南梧中聚師古曰續漢郡國志云有緹羣山落門聚注來歙破隗囂處後漢郡治○今甘肅鞏昌府伏羌縣

勇士屬國都尉治滿福師古曰即今土俗呼爲健士者也隋室之初避皇太子諱因而遂改○今甘肅蘭州府金縣及鞏昌府安定縣地

成紀後漢分置顯親矦國帝王世紀曰包犧氏生於成紀○今甘肅秦州之秦安縣地

清水後漢省○今甘肅秦州之清水縣

奉捷後漢省

隴師古曰今呼隴城縣者也後漢志作隴州爲刺史治所注有大坂名隴坻三秦記其坂九迴不知高幾許欲上者七日乃越高處可容百餘家清水四注下郭仲產秦州記曰隴山東西百八十里登山嶺東望秦川四五百里極目泯然山東人行役升此而顧瞻者莫不悲思故歌曰隴頭流水分離四下念我行役飄然曠野登高遠望涕零雙墮度汧隴無蠶桑八月乃麥五月乃凍解○今甘肅秦州之清水秦安二縣地

豲道騎都尉治艾亭應劭曰豲戎邑也音完後漢志注史記秦孝公西斬戎王○今甘肅鞏昌府隴西縣地後漢兼鞏昌府安定縣地

蘭干

案天水郡秦州地記謂因郡前湖水得名至後漢改名漢陽則因隴西郡之西縣改隸天水西縣爲西漢水發源之地因以爲郡名也

一統志隴山在清水縣東與鳳翔府隴州接界一名隴坂又名隴坻張衡四愁詩吾所思兮在漢陽欲往從之隴坂長許愼說文隴山天水大坂也隋書地理志清水縣有分水嶺元和志小隴山在清水縣一名隴坻又名分水嶺隗囂時來歙襲得略陽囂使王元拒隴坻即此其上有水東西分流因號驛爲分水驛東去大震關五十里上多鸚鵡又大隴山在隴城東一百里金史地理志清水縣有中隴山又隴城有大隴山通鑑注大隴山在清水縣東北通志關山在清水縣東百

里卽隴山也余案庾信蕩子賦隴水恒冰合關山惟月明卽指此也府志盤龍山在清水縣東五十里卽大隴之支阜形若盤龍上有大震關叉二十里爲關山磅礴三百餘里巖岫重疊層層遞高其坂十八迴上者七十里至頂西下稍平案隴山延亙隴州靜甯鎭原清水諸州縣境其峯巒巖嶺隨地異名然其實一隴山耳自後魏以下始有大小之分水經注及元和志皆以小隴山爲隴坂而大隴山不與焉今並著之

漢金城郡屬涼州昭帝元始六年置應劭曰初築城得金故曰金城臣瓚曰稱金取其堅固也故墨子曰雖金城湯池師古曰瓚說是也一云以郡在京師之西故稱金城金西方之行也前漢十三縣後漢十縣省白石以枹罕河關改屬隴西○今甘肅蘭州府西甯府各縣衆涼州府地西境跨入青海

允吾郡治烏亭逆水出參街谷東至枝陽入湟應劭曰允吾音鈆于後漢志注西羌傳有唐谷湊州有牢北山傍有三嶺○今甘肅蘭州府臯蘭縣

浩亹浩亹水出西塞外東至允吾入湟水孟康曰浩亹音合門師古曰浩音誥水名也亹者水流峽山岸深若門也詩大雅曰鳧鷖在亹亦其義也今俗呼此水爲閤門河蓋疾言

之浩亹爲閤耳湟音皇後漢志注曰有雒都谷馬武破羌處○今甘肅西甯府碾伯縣

令居 澗水出西北塞外至縣西南入鄭伯津孟康曰令音連師古曰令音零○今甘肅涼州府平番縣地

枝陽 今甘肅涼州府平番縣地

金城 今甘肅蘭州府皋蘭縣地

楡中 今甘肅蘭州府金縣地

枹罕 應劭曰故罕羌侯邑也枹音鈇師古曰讀曰膚本枹鼓字也其字從木後漢屬隴西○今甘肅蘭州府河州治

白石 離水出西羌外東至枹罕入河應劭曰白石山在東後漢省○今甘肅蘭州府河州地

河關 積石山在西南羌中河水行塞外東北入塞內至章武入海過郡十六行九千四百里後漢屬隴西○今甘肅蘭州府河州地○案今西甯府所屬有丹噶爾循化貴德巴彥戎格四廳大約皆枹罕白石河關三縣地貴德近接青海界即河關也

破羌 宣帝神爵二年置○今甘肅西甯府碾伯縣

安夷 今甘肅涼州府平番縣地

允街 宣帝神爵二年置孟康曰允音鈆○今甘肅涼州府平番縣地○案令居枝陽安夷允街四縣皆平番縣地平番今析莊浪廳未知四縣孰爲莊浪地也

臨羌 西北至塞外有西王母石室僊海鹽池北則湟水所出東至允吾入河西有須抵池有弱水崑崙山祠闞駰云西有卑和羌即獻王莽地爲西海郡者也○今甘肅西甯府西甯縣

一統志崑崙山在黃河源西書禹貢析支渠搜爾雅三成爲崑崙邱書經地理今釋崑崙山在今西番界今青海地有三山一名阿克坦齊欽一名巴爾布哈一名巴顏喀喇總名枯爾坤譯言崑崙也在積石之西河源所出

積石山卽今大雪山番名阿木你麻纏母孫山在西甯邊外今青海地西南五百三十餘里黃河北岸其山綿亘三百餘里上有九峰高入雲霧爲青海諸山之冠山脈自河源巴顏喀喇山東來中峰亭然獨出百里外卽望見之積雪成冰歷年不

消峰巒皆白形勢險峻瘴氣甚重人罕登陟番語稱祖爲阿木你險惡爲麻纏蒙古稱冰爲母孫猶言大冰山也河流其南至山之東乃折而北今土人以此山爲西海之望山四時禱祀焉其西海左右前後山之高大者共十三山番俗皆分祭之而以此爲最盖卽禹貢之積石山唐時名大積石山元史所名爲崑崙者也

黃河源出阿爾坦河及鄂敦他拉在古吐番朶甘思西鄙今青海右境之西南東南流折西北又轉東北歷二千七百餘里至積石關入甘肅河州界元都實窮河源至火敦腦兒而止今考河源實始於阿爾坦河又在星宿海之西自巴顏喀喇山東麓流出二泉行數里遂合名爲阿爾坦河蒙古呼金

爲阿爾坦言水色微黃而溜急也阿爾坦河之南有烏喀納峰拉母拖羅海山之泉北有西拉薩拖羅海山泉及七根池諸水俱會於阿爾坦河東北流三百餘里乃至鄂敦他拉其地在西寧邊外（今青海地）西南一千一百十四里南有都爾伯津哈喇阿苔爾罕巴顏和碩諸山北有烏藍得什阿克塔齊欽布呼吉魯肯諸山衆山環繞中間地可三百餘里有泉千百泓大小錯列登高眺望歷歷如星名曰鄂敦他拉蒙古謂星爲鄂敦水灘曰他拉卽星宿海元史所謂火敦腦兒也火敦鄂敦音之轉耳

湟河番名波洛沖克克河在西寧邊外西北（今青海地）青海之東（青海詳後）源出噶爾藏嶺有三泉一名伊克烏拉古兒台一名土爾

根烏拉古兒台一名查晗烏拉古兒台南流二十餘里匯爲一水名波洛沖克克河其東有布虎圖嶺所出二泉南流三十餘里又與毛哈圖河相合流六十餘里入波洛沖克克河又東南流七十餘里至蕭郭爾廟南有土爾根插漢河自西南來流五十餘里其水始大乃轉東流四十餘里入西甯西川邊內是爲西甯河即湟水也又東南流三百餘里至莊浪衛降唐堡入大通河又東合莊浪河又東南至蘭州西南入黃河

青海在西甯府西五百餘里一名西海（王莽置西海郡）又名卑禾羌海（闞駰作畢和）即古鮮水也漢書地理志臨羌縣注有仙海鹽池仙海即青海又趙充國傳酒泉太守辛武賢奏言可分兵出張掖

酒泉合擊罕开在鮮水上者又亡以書勑讓充國曰鮮水北去酒泉八百里又充國上屯田奏曰治湟陿以西道橋七十所令可至鮮水魏書吐谷渾傳青海周圍千餘里海內有小山每冬冰合後以良牝馬置此山至來春收之馬皆有孕所生之駒號爲龍種必多駿異舊唐書吐谷渾傳青海周迴八百里明統志青海在西甯衛城西三百餘里海方數百里有魚無鱗皆背負黑點西遊荄七十二道匯爲西海冬夏不溢不乾自日月山望之如黑雲冉冉而來案西海周迴七百五十餘里中有山名魁孫拖羅海有峰名插漢東西對峙水色青綠中流高起　本朝雍正年間大兵征青海曾湧泉濟軍効靈異詔封青海之神立碑致祭

漢隴西郡屬涼州秦置應劭曰有隴坻在其西也師古曰隴坻謂隴阪即今之隴山此郡在隴之西故曰隴西坻音丁計反又音底前漢十一縣後漢亦十一縣省上邽予道增鄣縣以羌道改屬武都以西縣改屬漢陽以金城之枹罕河關改屬隴西○今甘肅蘭州鞏昌二府各縣及秦州地兼陝西漢中府地西境跨連青海

狄道郡治白石山在東師古曰其地有狄種故云狄道○今甘肅蘭州府狄道州

上邽應劭曰史記故邽戎邑也師古曰邽音圭○今甘肅秦州地

安故今甘肅蘭州府狄道州地

氐道禹貢養水所出至武都爲漢師古曰氐夷種名也氐之所居故曰氐道氐音丁奚反養音弋向反字本作瀁或作漾又後漢書郡國志注云巴漢志曰漢水二源東源出縣之養山名養南都賦注曰漢水源出隴西經武都至武關山歷南陽界出沔口入江巴漢志曰西漢隴西嶓冢山會白水經葭萌入漢始源曰沔故曰漢沔○一統志謂氐道不知所在余案今陝西漢中府所屬之甯羌州城據白馬山下爲古白馬氐羌所居養水發源之嶓冢山俗名漢源山正在甯羌州城北數十里則今之甯羌州似即漢之氐道縣其地與今階州東西相接階州漢之羌道縣前漢屬隴西壤地毘連並無隔閡一統志謂後魏嶓冢縣爲漢沔陽地甯羌州爲漢葭萌縣地沔陽今陝西漢中府之沔縣葭萌今四川之廣元昭化其間相隔三四百里則中間置氐道一縣亦固其所如謂隴西之縣不應雜入梁州則漢之郡縣犬牙相入者固甚多矣

首陽禹貢鳥鼠同穴山在西南渭水所出東至船司空入河過郡四行千八百七十里雍州寖後漢郡國志注爾雅曰其鳥爲鵌其鼠爲鼵如人家鼠而短尾鵌似鵽而小黃黑色

穴地入三四尺鼠在內鳥在外孔安國尚書傳曰共爲雌雄張氏地理記云不爲牝牡地道記曰有三危三苗所處○今甘肅蘭州府渭源縣○余案鳥鼠同穴自古傳爲異聞交城武大令來雨在蜀中曾往來西藏云赴藏至察木多一帶平地穴中鳥鼠同出鳥如小雀黑白色鼠黑灰色鳥集鼠頭上啾啁鳴隨鼠竄走或飛離尺許輒還集鼠頭上聞人馬聲即同入穴天地之大眞無所不有也

予道 後漢省

大夏 今甘肅蘭州府河州地

羌道 羌水出塞外南至陰平入白水過郡三行六百里師古曰水經云羌水出羌中參谷後漢屬武都○今甘肅階州地

襄武 後漢有鄣縣襄武所析置○今甘肅鞏昌府隴西縣及甯遠縣幷已省之漳縣地漳即鄣也

臨洮 洮水出西羌中北至枹罕東入河禹貢西頃山在縣西南部都尉治師古曰洮音吐高反枹讀曰膚頃讀曰傾後漢郡國志注馬防築索西城○今甘肅鞏昌府岷洮二州地

西 禹貢嶓冢山西漢水所出南入廣漢白水東南至江州入江過郡四行二千七百六十里後漢屬漢陽郡國志注史記曰申命和仲居西土徐廣曰今之西縣鄭玄曰西在隴西西今謂之八充山○今甘肅秦州兼鞏昌府西和縣地

一統志嶓冢山在甯羌州北禹貢梁州岷嶓既藝又導嶓冢

至於荆山水經注漢中記曰嶓冢以東水皆東流嶓冢以西水皆西流卽其地勢源流所歸故俗以嶓冢爲分水嶺案禹貢嶓冢本梁州山漢志隴西郡西縣有嶓冢山水經則在氐道縣攷漢之西縣在今鞏昌府秦州界而氐道不知所在要之皆雍域非梁域至後魏地形志始云嶓冢縣有嶓冢山蓋縣本漢沔陽縣地隋爲西縣唐爲金牛縣宋爲三泉縣元爲大安縣隋志通典元和志寰宇記元大一統志諸書山在此地斯眞禹貢嶓冢導漾東流爲漢處而嶓冢之在隴西者自爲西漢水所出之山與漢沔絕無交涉梁州地當還之梁州地形志所言爲得其實

五丁山在甯羌州東北四十里其峽曰五丁峽亦曰金牛峽

峽口懸崖萬仞水自峽中噴薄而出下合漾水爲蜀道之最險者

漢水源出甯羌州北嶓山東流經沔縣南又東經褒城縣南又東經城固縣洋縣南西鄉縣東北東南流入興安府石泉縣界孔安國傳泉始出山爲漾水東南流爲沔水至漢中東流爲漢水案禹貢所云沔漾漢皆指東漢水今甯羌州出者是也漢志以漾水出氐道爲東漢水之源移禹貢嶓冢於隴西西縣下謂西漢水所出至漢中之漢水則但載沮水出沮縣東狼谷不言與漢水合今氐道不知所在西縣之嶓冢別在秦州東西兩漢水源流絕無交涉出東狼谷之沮水乃東漢之別源禹貢所不言漢志所載與禹貢多所不合華陽國

志水經注承漢志之誤又移漾沔之名於西漢又謂西漢自葭萌入漢謬誤逾甚今惟以合禹貢者爲正

西漢水源自秦州西南嶓冢山西南流經鞏昌府西和縣至禮縣南又南經階州之成縣又東經徽縣南入略陽界匯於嘉陵江按東西兩漢水絕不相合禹貢嶓冢導漾東流爲漢皆指東漢也自漢志以嶓冢爲西漢發源之山與禹貢不合水經注又以漾水之名歸之西漢舛錯逾多胡渭禹貢錐指辨之已詳又水經注以西漢水爲嘉陵江自宋以來皆以故道水爲嘉陵江亦不同

故道水在鳳縣北自鳳翔府寶鷄縣流入又西南入秦州兩當縣界水經注兩當水出陳倉縣之大散嶺西南流入故道

川謂之故道水又西南合諸水謂之兩當溪九域志梁泉縣有嘉陵江又大散關西南有嘉陵谷卽嘉陵水所出自是方有嘉陵江之名方輿覽勝嘉陵江源出大散關之西去鳳州九十里通志故道水源出大散嶺之陽西南流鳳縣東合黃花川又西逕縣北一里又西合紅崖水入兩當界又西南至略陽界與白水合案水經注西漢水南入嘉陵道爲嘉陵水是古之嘉陵水本西漢水也九域志始以故道水爲嘉陵江或又指濁水爲嘉陵江蓋三水皆嘉陵上游故得通稱然惟西漢爲嘉陵之正源今西漢水別號犀牛江而故道水羣目爲嘉陵江皆沿訛也

余案東西兩漢水源流本不相涉自班志於隴西之氐道縣

下注爲禹貢養水所出又於西縣下注爲禹貢嶓冢山西漢水所出裂尙書古文爲兩處混東西二水爲一流因而華陽志水經注因仍其誤展轉淆訛然兩水行地數千年並無改易其源流可案圖而考也東漢水發源今陜西漢中府甯羌州北境之嶓冢山俗名漢源山出山流十餘里五丁峽中之水會之（即金牛峽）又東北行至沮口沮水西來會之下游至沔縣而東趨會褒谷水又東行會諸水歷漢中興安鄖陽至襄樊折而南至潛江又折而東至今漢陽府之漢口入長江與禹貢導漾東流又東之文一一脗合此所謂東漢水也自春秋戰國以前凡載籍言漢者皆指東漢水無一言及西漢水者西漢水發源今甘肅之秦州（一統志秦州有嶓冢山自是因班志始命此名與甯羌之嶓冢相去約四五百里漢以前有無

此山名不可知也近世仁和趙誠夫兩漢水考引尚書岷嶓既藝之文謂隴東之山皆可名嶓隴西之山皆可名岷其論雖近然總是調停班志之意未必遂爲確論太行入陘綿亘幾二千里然隨地異名不得皆名爲太行迤南之砥柱析城王屋迤北之壺口皆近接太行古文皆各自命名未嘗以太行概之名秦州之山爲嶓冢亦此類耳迴繞於禮縣西和成縣之間至徽縣而南趨略陽會故道嘉陵諸水入四川之廣元至昭化而會白水與略陽迤北之白水江同名異派古之葭萌也又南流歷閬中南充至合州而東會巴江西會涪江南至重慶而會岷江東北出夔巫此西漢水之源流也其發源處不名漾水經注以西漢爲漾水自是沿班志之誤下游亦無沔之名源出邊塞而流入巴蜀分封會盟征伐之所不及故不見於古籍至漢高帝乃有廣漢郡名其所屬之葭萌縣實爲西漢水經行之路項羽分封謂巴蜀亦關中地遂以之封漢王高祖自漢中還定三秦未嘗入蜀然巴蜀爲始封之地變廣漢郡之名由此而起蓋即廣魯於天下之意因而境內大水輒以漢名觀漢陽郡之名起於廣漢後因流及源其故可想特無由一證其說耳至東漢初以西漢水發源之西縣改屬天水

遂改天水爲漢陽郡因而和帝於巴郡置安漢宣漢漢昌等縣皆以西漢水立名與東漢水無涉也班志於氐道縣注曰禹貢養水所出至武都爲漢今考養水東漢水也自發源之嶓冢山東北即入沔縣並無迂折若漢之武都縣則今階州之成縣及鞏昌之西和縣地在沔縣之西乃西漢水經行之路東漢水何由西行及此又班志不以嶓冢屬氐道之養水而移之西縣之西漢水李代桃僵實爲諸說歧誤之祖劉昭注補後漢郡國志引巴漢志曰漢水二源東源出氐道縣之養山西源出隴西嶓冢山會白水經葭萌入漢始源曰沔故曰漢沔今考兩漢水乃判然二水非一水而二源改嶓冢爲養山明係因仍班志之誤所謂會白水經葭萌明明西漢水

也乃繼之曰入漢不知入於何處之漢若云廣漢不當去廣如指漢中之漢是倒流而飛越矣又曰始源曰沔故曰漢沔西漢水安得沔名耶或牽西而混於東或牽東而混於西總是將兩漢水誤會爲一耳兩漢水發源之地相去約四五百里其附入兩水之支流雖復縱橫猥雜而絕無涓滴相通謂爲同源而異流已不可通謂爲異源而同歸則東漢水自西而東至江夏入大江西漢水自北而南至巴縣會岷江隔越數千里風馬牛不相及也水經注緣飾班志又有伏流潛通之說亦可謂歧中有歧矣

一統志濁水在略陽縣西北水經注濁水自合故道水又南逕盤頭郡東而南合鳳溪水又南注漢水謂西漢水通志白水江

在略陽縣北一百二十里自徽縣流入南合故道水卽濁水也余案此所謂白水江乃嘉陵江上游所會之小水在陝西略陽縣北仙人關之南本名濁水非羌道縣注之所謂白水也

一統志羌水自鞏昌府西固城流入（西固城今屬階州）經階州南又東南流經文縣界合白水水經注羌水自宕昌婆川城又東南陽部水注之又東南逕武階城西南又東南逕葭蘆城西洋陽水入焉又逕葭蘆城南又逕餘城南又東南左會五部水又東南至橋頭合白水余案此羌水正羌道縣注之羌水所合之白水乃由昭化入嘉陵之白水非略陽縣北之白水也

一統志白水在文縣南自徼外流入又東南流入四川保甯

府昭化縣界漢書地理志甸氏道白水出徼外東至葭萌入漢過郡一行九百五十里宋書白水自西傾至陰平界氏居水上者爲白水氏水經注白水出臨洮縣西南西傾山水色白濁至吐費城南注漢水通志白水江源出松潘衞界俗亦名清水江余案此所謂白水乃嘉陵江下游所會之大水即禹貢西傾所因之桓水由四川松潘衞之東北流入甘肅之文縣即古陰平又由文縣流入四川之昭化會嘉陵江漢地理志所謂南入廣漢白水巴漢志所謂會白水經葭萌入漢者也與略陽縣北之白水江同入嘉陵江而一在上游一在下游南北相去甚遠固不容稍混矣

漢武都郡屬涼州武帝元鼎六年置應劭曰故白馬氐羌前漢九縣後漢七縣省平樂道嘉陵道循成道以隴西之羌道改屬武都○今甘肅階州秦州各縣兼陝西漢中府各縣

地

武都 郡治東漢水受氏道水一名沔過江夏謂之夏水入江天池大澤在縣西師古曰以有天池大澤故謂之都後漢志作武都道○今甘肅階州之成縣及鞏昌府西和縣地

上祿 今甘肅階州之成縣地後漢爲秦州之禮縣地

故道 後漢郡國志注干寶搜神記曰有奴特祠秦置旄頭騎始此○今甘肅秦州之兩當縣漢中府之鳳縣及留壩廳地

河池 泉街水南至沮入漢行五百二十里師古曰華陽國志云一名仇池地方百頃○今甘肅秦州之徽縣

平樂道 後漢省○今甘肅階州地

沮 沮水出東狼谷南至沙羨南入江過郡五行四千里荆州川師古曰沮音千余反羨音夷○今陝西漢中府略陽縣地

嘉陵道 後漢省○今甘肅秦州之禮縣地

循成道 後漢省○今陝西漢中府略陽縣地

下辨道 師古曰辨音步見反後漢郡治郡國志作下辨○今甘肅階州之成縣地

一統志沮水在沔縣西自略陽縣流入卽東漢水別源也源

出沔縣北百八十里母豬山至沮口入漢余案班志於武都縣下注曰東漢受氐道水一名沔今考甯羌州之嶓冢即東漢最初之源由甯羌即東入沔縣（漢之沔陽縣）武都爲今成縣及西和縣地在甯羌之西東漢水實無西行涉兩縣之事又班志於沮縣下注曰沮水出東狼谷南至沙羨南入江過郡五行四千里今考沮水從發源之處行二百餘里即至沮口入漾（沮口有碑曰沮漾合流）漾水初甚微弱得沮乃稍大可通小船然漾爲東漢正源沮乃別源今專言沮而不及漾未免以賓奪主且由沮水發源之處至漢口不過二千里亦無四千里之多大抵班志於東西二漢水實有歧誤之處著書偶然疏舛亦何足爲古人病後之人必欲穿鑿附會以文其過其亦可以不必

也
一統志仇池山在成縣西一名瞿堆又名百頃山三秦記山本名仇維其上有池故曰仇池在倉洛二谷間形如覆壺仇池記上有池百頃天形四方壁立千仞自然有樓櫓却敵分置調均竦起數丈有逾人功凡二十一道可攀緣而上東西二門盤道下上凡七里上則岡阜低昂泉源交灌宋書氏胡傳仇池地方百頃四面斗絕高平方二十餘里羊腸盤道三十六回上豐水泉煑土成鹽齊書氏於其上平地立宮室果園倉庫無貴賤皆爲板屋土墻所治處名洛谷水經注瞿堆絕壁峭峙孤險雲高開山圖謂之仇夷所謂積石嵯峨嶔岑隱阿者也左右悉白馬氏矣元和志仇池山在上祿縣南八

十里上有數萬家一人守道萬夫莫向其地良沃楊氏故累世據焉

右兩漢幽并涼三州今地考略一卷坿沿邊十郡考略總論一卷五臺徐松龕先生遺箸也先生精研地理於兩漢志尤篤好本擬成兩漢郡國今地考略一書創稿而未及卒事僅及幽并涼三州其沿邊十郡尤爲入手初作然大匠之門尺題寸棁無不精堅緻密細讀之考核務求虛心辨証務求確實爲考求地理之要旨信後學之津梁也且其懇懇注意於幽并涼三邊尤屬匡時憂事固圉保疆之至意他日規畫羌蒙舍是書何以惟原書紛錯未遑編整茲就三州中删去繁複撮取精藴以沿邊十郡各論坿後庶覽者粲然列眉無嫌辟混篇中如雲中定襄西河代郡之改遷土默特四水東西兩漢水之辨極精確惟代郡參合下考云案後鹵城注虖池至參合入虖池別其地當在

今代州繁峙之間桐案後鹵城注參合當是參戶之訛不得引以爲証此參合當以李申耆所考在陽高東北者爲是叉鹵城下考云虖池水至參合入虖池別係引前漢志舊文桐案齊次風漢志考証以參合爲參戶之訛所辨最是此亦當改正民國四年陽十月初旬雁門後學張友桐謹識

附漢志沿邊十郡考略

兩漢沿邊各郡在北方者曰上谷曰代郡曰雁門曰定襄曰雲中曰五原曰朔方曰西河曰上郡曰北地其在今日半在內地半在蒙古游牧地在內地居多者爲雁門郡得半者爲上谷代郡西河上郡北地皆兼有游牧地全在游牧地者爲五原定襄雲中朔方四郡長城以內無片土其在內地者歷代更改地名大半皆非其舊而在游牧地者二千年來城邑鞠爲茂草更難辨析今從大清一統志中撮其大略以備遺忘

漢上谷郡在內地者爲順天府之昌平州直隸省宣化府之宣化赤城萬全龍門懷來懷安六縣延慶保安二州在游牧地者爲獨石口外之御馬廠太僕寺左翼牧廠鑲黃等四旂牧廠察哈爾之

鑲黃旂正白旂鑲白旂其北境兼內蒙古之阿巴哈納爾阿巴噶蘇尼特三部地

漢代郡在內地者爲直隸省宣化府之蔚州西甯縣易州所屬之廣昌縣山西省大同府之靈邱廣靈二縣在游牧地者爲禮部牧廠正黃等四旂牧廠察哈爾之正黃旂兼內蒙古之蘇尼特部地察哈爾正黃旂界有漢且如延陵兩故城皆代郡所屬也

案今山西省之代州乃漢廣武陰館二縣地屬雁門郡州名始於唐實與代郡無涉

漢雁門郡在內地者爲山西省大同府之大同懷仁山陰陽高天鎮五縣應渾源二州朔平府之左雲平魯二縣朔州馬邑鄉代州直隸州甯武府之神池偏關五寨三縣在游牧地者自豐鎮以北

爲太僕寺右翼牧廠察哈爾之正紅旂鑲紅旂鑲藍旂北境兼內蒙古之四子部落地太僕寺右翼牧廠有疆陰故城察哈爾鑲藍旂有沃陽故城皆漢雁門郡所屬也

案兩漢沿邊各郡惟雁門近南內接腹地之太原今內地之大同朔平甯武代州隸雁門者十之九恢恢乎一大郡也然其北境跨長城邊外歷牧廠察哈爾直抵內蒙古之四子部落蓋戎馬嚴疆控制不嫌其遠耳

漢定襄郡在邊墻外即今歸化城土默特各廳之地漢時其地分定襄雲中兩郡大勢定襄在迤東迤南約即今甯遠廳直北以西及清水河一帶土默特游牧之地其北境兼內蒙古之喀爾喀右翼四子部落兩部地土默特境內有成樂桐過武進定襄武臯武

城六故城皆漢定襄郡所屬也

案今之定襄縣乃漢太原郡之陽曲縣後代遷改有定襄之名與古定襄郡無涉

漢雲中郡在邊墻外歸化城土默特牧地之西北境卽今和林格爾歸化城薩拉齊托克托城一帶地居河套之東北其北境兼內蒙古喀爾喀右翼地西境跨入河套在土默特境內者有雲中咸陽楨陵沙陵陶陵原陽北輿武泉陽壽九故城皆漢雲中郡所屬也

一統志云古雲中在陰山之南黃河自西來折南流之處卽今歸化城以西地漢時雲中郡治雲中縣定襄郡治成樂縣兩地東西相距止八十里初不相混也後漢始以成樂定襄等縣屬

雲中及後魏初都盛樂號雲中於是定襄有雲中之名至隋以
雲中置定襄郡大利縣而雲中有定襄之名然相去不遠猶近
故地自唐以馬邑郡雲內之恒安鎮置雲州雲中郡及雲中縣
又於忻州置定襄郡定襄縣於是雲中定襄之名移於古雁門
太原二郡去故地始遠今謂大同爲雲中又太原府有定襄縣
皆唐以後所名非舊郡也

漢五原郡去內地絕遠乃今內蒙古茂明安烏拉特兩部地在陰
山之南河套北河之北屬縣有在河套內者西境之河目縣已接
陽山高闕入北假界中今烏拉特境內有九原五原臨沃宜梁成
宜西安陽河目稒陽諸故城皆漢五原郡所屬也

漢朔方郡在河套內今內蒙古鄂爾多斯七旂游牧之地兼跨套

西厄魯阿拉善牧地河套一土東西北三面距河南界長城袤延數千里其北境有五原郡地東北境有雲中郡地東境有西河郡地東南境有上郡地西南接連北地地而朔方一郡約得十之五六今鄂爾多斯右翼三旂即朔方郡地也套內有朔方臨河渠搜廣牧臨戎諸故城套西有三封窳渾沃壄三故城皆漢朔方郡所屬也

案河套本秦新秦中地漢初入匈奴武帝元朔二年收其地置朔方郡徙民十萬以實之朔方郡領縣十故城在河套者五在套西者三前漢郡治三封在套西後漢治臨戎在套內脩都呼遒二城亦在套內特未詳故城所在耳

漢西河郡跨黃河兩岸在內地黃河東岸者爲山西省汾州府屬

之臨縣永甯州甯鄉縣石樓縣在黃河西岸者爲陜西省榆林府屬之神木縣府谷縣葭州又從榆林跨入長城外河套內鄂爾多斯牧地之東南陽今鄂爾多斯左翼有大成富昌美稷三故城皆漢西河郡所屬也

案前漢西河郡治富昌在今河套鄂爾多斯左翼前旂界直榆林府之東北後漢治離石即今永甯州其以汾州府之汾陽縣爲西河郡治始於三國時魏黃初二年乃漢茲氏縣地屬太原郡與西河郡無涉也

漢上郡在內地者爲陜西省榆林府屬之榆林懷遠二縣綏德州屬之綏德州米脂淸澗吳堡三縣延安府屬之膚施安塞甘泉保安安定宜川延長延川八縣鄜州屬之鄜州其北境越長城跨入

河套鄂爾多斯牧地之南境今鄂爾多斯左翼前旂有奢延故城左翼中旂有白土故城皆漢上郡所屬也

漢北地郡在內地者爲陝西省楡林府屬之靖邊定邊二縣鄜州屬之中部縣甘肅省甯夏府屬之甯夏縣寧朔縣平羅縣靈州已省併之新渠寶豐二縣慶陽府一屬各州縣此北地東境也其西境越長城跨入套西厄魯特阿拉善部界內特故城無可考者

兩漢幽幷涼三州沿邊十郡今地考略卷終　定襄牛誠修校字

徐氏本支叙傳題跋

咸豐庚申余渡河將北行以足疾留滯汾州過平陶晤徐松龕前輩爲余言五臺山川之勝人民風土之厚時篋中有縣志將發讀之先生曰此志舊矣近邑紳請續修焉顧今之爲志者類徇人之所好而不求其心之安樵歌漁唱十景八景粉飾山川人物藝文鄉賢孝友惟私家之言是據是何貴乎有志余曰不然爲人修志而徇人此其事殆有不得已者也先生家世五臺旣飫聞五臺故事與其鄉之所宜表而出者矣若建置沿革山支川脈又先生所夙昔殫精而肆力者也及今而創爲義例凡其人其文已往而有徵足傳而可法者取焉否則舍旃或詳或略惟義之歸不爲人言之徇不爲無稽之聽烏在不得行吾志哉先生亦然余言翌日出

所爲本支叙傳相質余與先生同館三十餘年矣由臺諫出宦吾閩最久比返而歸擔蕭然今上龍飛首上三漸宜防疏忠讜之聲滿於輦下逮奉命防守關北移駐太行余適承乏茲土地方多事危疑震撼之交吾兩人一乃心力惟義之歸時而可否相濟未嘗苟爲雷同潞澤間卒以安堵今書札數十餘紙猶存也以此知先生於叙傳無所苟於其言異日者建爲義例續成縣志不濫不誣爲山靈光寵則此傳卽志中徵信之一端矣是歲秋八月秋分後一日治侍生王慶雲頓首謹跋

自叙

寒族家譜創於先曾祖惇菴公係倣河間紀氏譜式越四十年叔祖魯範公續修之今又四十餘年矣子弟請續修終年研食幷南竟無此暇舊譜僅載生卒配氏資貫而先人事迹未詳先大夫施南公恐其久而就湮也嘗作本支世德詩令子弟誦之繼畬年垂七十父兄皆逝世今爲本支家長嘗詢子弟以先人事迹大半茫然恐一旦溘先朝露竟從茲泯然無傳其罪重矣先大夫施南公嘗訓不肖繼畬曰君子之澤五世而斬不加培養如惰農坐食倉箱無不盡之理爾高祖以厚德起家至爾五世爾將加以培養乎抑竟坐食以待盡乎繼畬悚然惕息自念服官中外二十餘年雖斤斤自守幸未裂名檢以貽先人羞而爲郡守以至疆吏事權在手

安保無踈忽謬戾玩民瘼而傷元氣先人遺澤不加斲削幸矣遑云培養乎年已垂暮補過無由乃以幼所聽聞壯所睹記撰爲本支叙傳據事直書不敢有一字增飾以厚誣先人施南公世德詩謹鈔於卷首冀修志乘者或加採擇而後世子孫或有能培養以補吾過者是尤余所厚望爾咸豐庚申秋七月繼畬謹識

本支叙傳目錄

前載本支世德詩

徐氏本支叙傳

曾祖母張太夫人家傳
祖母韓太夫人家傳
顯妣續太夫人家傳
庶母孟太君家傳
續夫人家傳
劉氏姑傳
薄氏姑傳

本支世德詩 有序

孟子曰夫志氣之帥也此洞徹造化之言不但一人一生爲然也父子祖孫合無算人爲一大生一氣之所流衍則亦一志之所貫串其志仁者其氣善其志純者其氣長志荒而氣之衰惡絶歇應焉是故書有無逸詩有生民皆務以勤念祖德也吾家自馬邑遷此以來時更兩代人溢千丁箕裘嗣衍本支尤盛是豈人家氣數適然云爾哉按牒繹之休徵感召有如桴鼓而其人日以遠其風日以微後生小子之或不聞予滋懼焉嘉慶壬申予官湖北施州司馬去鄉半萬里道途險惡子姪皆不從深以失訓爲虞因作本支世德詩寄之俾資感念嗚呼凡人讀書懷古流覽鄉風遇有嘉休輒爲之悠然神往感之深者至於流涕矧其爲祖考之芳徽者

乎今予所作詩歌雖疏略已甚而梗概粗具苟留心覽之亦可因以想見其爲人歌也思焉哭也懷焉寤寐既深堂構之事不勉而肯焉當是時也康強逢吉之占獲如操劵譬之一人一生德修而身自潤寖昌寖熾自然之符也借非然者繼體而不繼志形骸雖具眞精先亡無主餘氣游衍散漫非惟單弱而可憐亦實澌滅之立見危哉危哉小子可無慮乎哉嘉慶十七年十一月十七日潤第謹識於湖北施南郡丞官舍

布穀章紀文厚祖文達祖文源祖也自初祖業農四傳至文源祖襁抱失母兄文厚文達祖負抱而耕文源祖以報恩誓其子孫焉

布穀催耕兄淚盈盈有弟無母無母孰哺負我耒耜抱我弱弟以

適於南畝苗既碩弟何小兒也顧之勞心草草弟既長兄已老弟也事之私心未了滹沱浩浩潭水一㴋決潭溢沱毋乃不足曰予世世子孫惟兄之子孫是親是睦敢或侮之神其不福

食報章紀五世至十世也

孝弟力田其事至庸祖宗修之食報無窮食報云何人丁先有傳至五世同胞者九傳至六世三十有六人如足如手丁既昌矣門戶張矣或文或武衣冠光矣其文伊何七八兩世兩泉先生書香兆瑞子美清公克紹厥志讀書於美清之窩遺跡流風於今未墜其武伊何九十兩傳時際鼎革率土烽煙我蘭臺公挾弓遊燕功功既遂歸治桑田馳馬試劍四子皆然流傳至今馬道稱焉

中興章紀品望公也

成遠公者蘭臯仲子中年而殂家之索矣遺孤品望公中興續偉
漠漠邊城迢迢燕京年未及冠服賈遊行風霜雨雪辛苦經營公
圖既壯公業既修公室既完公志未休曰予同氣之人生有未謀
時予之憂公之置產產值不爭曰予憫其已貧人之侮公公不與
計曰予胡爲其小器計公生平未遑讀書忠厚豁達天性固殊今
吾所居猶公之廬今吾所耕猶公之畬嗟乎公德良厚遂坐食歟
不其無餘

守成章紀惇菴公也

猗歟惇菴德著守成書香遙繼庠序蜚聲以厚宅心以正制行治
家以禮處鄉以仁急人之難濟人之貧人侮不較人取不爭鄉人
有競就公取平鄉中無賴畏公聞名尤所念者一本之親廣立碑

碣譜牒一新十要十勿以之修身卽以訓後書板懸楹行年七十循循書生周規折矩終日捧盈其色如玉其氣如春猗歟惇菴永垂典型

不染章紀東治公也

東治公不染塵浩浩蕩蕩純任赤心東治公讀書初惇菴公曰吁吾念乃祖未遑纓裾欲爾補之爾其勗諸公曰唯唯五品頭銜致於大父之坧墟東治公筮仕初惇菴公曰吁古有廉吏史册炳如爾能效之吾意所娯公曰唯唯不名一錢忍貧以遊於宦途東治公善述辭房師竹崖每亟稱之曰予大江南北文章淵藪不加於今茲東治公善政事曉嵐相國爲我論之我所辥記曰予己卯得人不足於四一荆道乾一折遇蘭一爲爾父皆能於官爾父及折

彫喪無端用之不竟令我長嘆東冶公善教兒曰學喫虧喫虧一言可除萬私心地忠厚恒于斯行事孝弟恒于斯

本支總敘

吾宗故馬邑人或云北宋時遠祖自浙遷馬邑舊譜未載不得其詳始祖才甫明洪武間由馬邑遷五臺之大建安村才甫祖兄弟三人曰意甫曰通甫長幼行次無考通甫復遷河間意甫遷河南或曰仍回馬邑才甫祖娶閻氏生友諒友諒祖娶劉氏生二子曰義曰安安子文明無嗣吾宗皆義祖之裔也義祖娶張氏生文厚文達繼娶姚氏生文源三祖別有傳文源祖字百川娶張氏繼娶金氏生九子曰興曰盛曰增曰嵡曰倉曰庫曰廒曰䄉曰粮孫三十六人曾孫七十二人徐氏之椒聊蕃衍自百川公始也方才甫

祖之初遷也明制撥給官荒地若干畝有一子兩孫力耕而食土著者侮之所種青苗輒放牛驢踐食以丁少不敢與校至百川公而多男家業日增合孫曾百有餘丁始有入庠序得拔貢者遂爲五臺著姓百川公子孫分九支分居十餘村至乾隆中先曾祖惇菴公修譜時合九支凡千餘丁所居之村曰大建安曰東冶鎮曰河邊村曰大樸村曰永安村曰新村曰石村後堡曰北澗曰甲子灣曰甄家莊曰東寨曰橫嶺曰廣銀溝又有流寓直隸口外者始祖至三世祖塋墓無考大建安之老墳以百川公爲第一世

盛祖字時隆百川公之次子爲第二支之初祖以厚德爲鄉飲耆賓娶高氏生五子曰環山曰璽山拔貢生曰銀山曰琇山曰璟山

環山祖爲長房生二子曰鏡曰鏞鏞祖字覺世號兩泉以學問經

術重於時人稱兩泉先生由歲貢選武鄉縣教諭推升定陶王府
教授娶曲氏生三子曰光濟曰光涉曰光澄光濟公二子曰綱曰
紀光涉公三子曰聯芳曰桂芳曰齊芳桂芳公別有傳
光澄祖字美清以歲貢生任陝西甯夏府經歷始由大建安遷居
東冶鎮之東街別有傳美清公娶張氏繼娶趙氏又繼郭氏一子
曰騰芳字蘭臺由武舉任江南廬州府守備別有傳蘭臺公娶張
氏繼娶田氏子六長曰兆麟早卒無後次曰仕麟字宦府三曰徵
麟字成遠繼畬太高祖也四曰仁麟字愛之五曰祥麟字聖瑞兄
弟四人皆武庠生六曰振麟早卒無嗣自蘭臺公以騎射起家令
諸子皆習弓馬當國初時東冶鎮東街居民皆在街北街南爲曠
野有小堡蘭臺公築其下爲馬道坐小堡上觀諸子騎射故人稱

爲馬道徐氏
蘭臺公之後分四支宦府公爲次房丁最繁衍與先祖九江公同昭穆者十一人與先君施南公同昭穆者二十四人與繼畬同昭穆者尤衆近則人丁衰甚四房愛之公居五級村有三子與先祖同昭穆者九人與先君同昭穆者六人近益衰微僅有兩三丁五房聖瑞公一子曰應魁生三子曰彥容曰天樞曰彩容彥容公字遠塵太學生性伉爽任俠尚氣好雪不平多材藝金鐵木石之器一見卽能倣造尤善畫山水人物家藏有墨描鐵拐李見者稱爲神筆書學蘇米筆力奇古善吹笛度崑曲每秋穫畢橫騎驢吹笛遊北里間錢盡卽返人莫測爲何如人一子純儒無嗣以彩容公次子倣儒爲後天樞公字拱辰附學生工書學趙承旨入神二子

曰政儒曰敷儒政儒公字寶三以字行幼聰異讀書過目成誦年十二入邑庠乾隆己酉以貢生應順天舉挑四庫館謄錄不樂小官棄而爲石商歷辦大工公卿間多知名彩容公字彰五將卒之年豫知月日時無大病忽沐浴薙頭易衣冠視日影曰可矣已就枕復起曰衣未展整衣復寢一笑而逝人皆異之子二長致儒次倣儒爲遠塵公後五房一支與繼畬本支三房同居東冶鎮之東衛累世讀書同塾遊京師則同寓獨較別支爲親睦繼畬少遊京師前後十餘年祖行叔行皆視如親子姪不覺服制之已疎也故知之爲獨詳

吾太高祖成遠公蘭臺公第三子性孝友輕才好義蘭臺公官廬州守備病甚令四子仁鱗歸呼兩兄而仁鱗遲久不至比成遠公

聞信馳往則蘭臺公已卒眷柩由水路歸不相値賚斧已罄謁蘭臺公舊僚皆辭不見有老僧見而哀之曰先公與貧道遊處久生平性慷慨寅僚假貸不立券然我皆知之蓋不下數千金今公子在患難中所需者路費耳負心如此令人不平乃以白布書其原委令成遠公負於背縞衣乞食於市諸人聞之乃遣人謝過稍有貲助奔歸治喪先是蘭臺公以家中田產析授四子令各治生業成遠公性慷慨顧大義不屑屑爲錢刀計又奔喪往返獨任其事不以累兄弟腴產盡鬻遂貧困年四十餘卒娶崞縣北社梁氏生三子長曰賜俸次曰賜爵三曰賜祿字品望 繼畬 之高祖父也是爲吾家近族三支同居於東冶鎭東街之當鋪巷當鋪巷者品望公起家後嘗於巷中搆小樓設質庫故得此名

賜俸公字品一成遠公長子娶本村渠氏繼娶同縣兩澗村高氏一子天香字馨菴太學生徙居大樸村娶同縣楊白村孟氏無子以先曾祖惇菴公三子枚儒爲嗣枚儒公字太璞吏部考授從九品先祖九江公同母弟也性精敏能事九江公官北河各工多公所襄助多才藝尤精九章算法如勾股少商之類人窮年不得其解公布指卽得暇則以是教子弟故子孫多知算法娶崞縣西坡村續氏生四子曰誾第字太和曰閈第字太占曰闐第字守眞曰閱第字怡齋太和公能傳太璞公算法遊京師歷土作石作工程處嘗坐一小屋繼畬侍坐公曰此屋磚瓦木石共當得若干斤兩汝知之乎繼畬曰是安能知公卽起以丈尺步量數其椽數瓦數石數以算子下上良久曰共幾萬幾千幾百幾十斤娶同縣十家

崖鄭氏繼娶定襄受祿鎮王氏一子繼培與（繼畬）同歲口吃性愿謹事母孝一生與物無忤娶同縣秦上王氏生二子曰銳曰鉢泰占公年三十始入泮奬膏甚苦學使陳鍾溪侍郎（希曾）重其文置第一食廩餼有潔癖所居無纖塵書卷筆研時時整滌巾盂衣履排置必得其地手鈔書數十百本字皆工整頎而瘠性狷介一生無妄語無失足設帳綿田近二十年以諸生終娶同縣兩澗村高氏生三子曰繼圻幼慧能文入泮後得風疾成廢次繼塾早卒皆無子次繼坤娶崞縣宏道鎮張氏生三子曰鑑曰銘曰銓守眞公資性機敏有幹局少以貧輟讀堂叔東堂公宰肅甯等縣俾公佐理雜務事無不舉後遊京師佐族叔祖寶三公辦石作工程精敏遠出儕輩上先大夫施南公嘗謂公有吏才而沒沒於商賈可惜

也援例得從九品晚歲家居以卒娶同縣北大溪王氏生二子長繼垣居大樸村務農娶西坡村續氏生二子曰鐸曰鍾繼娶同縣陳家莊胡氏又繼本村張氏次繼墉字先箎邑庠生援例選汾陽縣訓導防堵案內奏賞六品頂帶娶北社李氏生三子長曰錡次曰樹嗣繼畬爲子三曰釜怡齋公有才氣入泮甚早旋食廩餼工書能作大小篆八分璽法嘉慶癸酉學使周石芳侍郎系英選充拔貢就州判職既而遊塞上應京兆舉卒於京師娶本村于氏生二子長繼城字雉甫廩膳生咸豐四年在潞安幫辦防堵文案以訓導候選娶同縣王家莊閻氏繼北社胡氏又繼宏道鎮張氏次繼墉早卒無子

賜爵公字品碩成遠公次子娶宏道鎮張氏生四子長曰天秩武

庠生次曰天相三曰天池皆無後四曰天閑字雲錦邑侯以其長者舉爲約正化鄉閭娶宏道鎮張氏生二子長曰楷修號南崖次曰教儒字道修兩公皆諸生恂恂謹質家貧甚訓蒙鄉里終其身皆以東堂公貴贈朝議大夫南崖公娶同縣古城村王氏無子以道修公長子寅第爲嗣即東堂公也由拔貢朝考以知縣用洊升直隸清河道別有傳娶宏道鎮張氏無出續娶同縣河邊村王氏生四子長繼賢字象庭太學生娶崞縣上社郝氏庶出一子惇次繼實字秋園從九品娶西坡村續氏無子以繼貞子懌爲後由附生幫辦防堵文案得訓導候選三繼貢字亦文秀異工書行楷俱精早歲入泮旋食廩餼援例得訓導未選銳志科舉屢薦不售以卒娶同縣泉岩村楊氏庶出二子曰性曰恪四繼貞字又元太學

生娶同縣上金山村劉氏生二子長懌爲繼實後次慎議敘八品
銜道修公娶本村王氏生二子長東堂公爲南崖公後次曰宅第
字心臣從九品精敏能理家政與東堂公友于甚篤東堂公歷任
州縣皆在署佐理雜務後乃歸里治田園百務具舉暇整若無事
然中年以疾卒娶本村宋氏一子繼質字淳夫從九品娶河邊村
劉氏一子惞廩膳生
吾高祖父品望公成遠公第三子以孫九江公貴贈奉政大夫別
有傳品望公娶古城楊氏生一子天敘字惇菴繼畬曾祖父也邑
增廣生以長子九江公貴贈奉政大夫繼畬任閩藩贈通奉大夫
任閩撫晉贈資政大夫別有傳惇菴公娶同縣小寶村張氏生三
子曰敬儒字東治曰斅儒字魯範曰枚儒字太璞繼娶同縣溝南

村王氏生一子曰攷儒字日新東冶公以舉人大挑一等改河工歷升西江九江府同知繼龠祖父也繼龠官翰林贈編修後官閩藩贈通奉大夫任閩撫晉贈資政大夫别有傳魯範公初應童子試名噪甚州試得案首牧忤學使故黜其案首不錄遂援例入國學不復應試後東冶公宦遊直隸惇菴公命公筦家務遂並謝舉業胞姪施南公官內閣典籍貤封公儒林郎自惇菴公至先大夫施南公三世家政皆公主之性嚴毅與人語無款曲或面數其過人皆諒之中歲供佛像晨夕誦金剛經一卷四十餘年無改九十一歲卒自始祖以來未有如公之壽考者也太僕公爲馨菴公後已見前日新公太學生性孝友中歲卒

吾祖父九江公爲長房娶北社李氏無出繼娶同縣西峽村韓氏

是爲吾祖母韓太夫人生二子長爲吾伯父金堂公諱蘭第次即
顯考施南公當九江公宦遊南北金堂公皆隨侍後施南公官京
師公家居奉母鬚髮已蒼有孺子色吾祖母韓太夫人晚歲失明
每飯必公以匕箸進始欣然飽韓太夫人大事畢乃遊直隸京師
既而歸里主家政至性純篤孝友出於自然沈默寡言溫溫終日
無疾言無戾容終其身未嘗迕一人好象棋棋譜一帙不釋手人
無敢對壘者公援例爲國學生弟施南公官典籍貤封儒林郎年
七十一歲卒時施南公設館介休聞訃奭然傷懷亦遂於是年九
月捐館舍蓋人琴之痛不能勝也施南公諱潤第字德夫號廣軒
乾隆戊申科舉人乙卯恩科進士由內閣典籍選湖北施南府同
知 繼畬 官翰林贈編修後官閩藩贈通奉大夫閩撫任內晉贈資

政大夫謹臚事實別立爲家傳金堂公娶同縣賽村盧氏無出繼娶本村孫氏生一子卽吾兄易田公又繼娶同縣北大溪村韓氏又繼娶同縣寨上村王氏又繼娶縣城張氏易田公名繼疇字服先年二十餘入泮嘉慶壬申歲考一等補增廣生道光壬午中本省鄉試副榜貢生就教職自入泮卽設館介休前後數十年道光壬寅繼畬擢廣東臬使公乃辭館歸主家政蓋伯父止兄一子而繼畬亦鮮兄弟兄長繼畬九歲自幼提抱攜持雖堂不異胞也繼畬中外宦遊與兄恒不獲相見晚歲罷議歸田乃復聚首然鬚髮俱皓然矣兄以咸豐八年九月卒年七十三繼畬在平遙聞其病也前一月馳歸猶得進葠苓視含殮次年卜葬於村南之石嶺灣兄所自擇也兄性強毅質直中年時露鋒芒晚歲益恬和斗室中

手一卷世事勿問爲文氣清筆健或病其少文采後遂謝棘闈娶於本村郭氏一子木附生年三十九卒有二女而無男以堂弟井次子占益爲後顯考施南公娶於崞縣西坡村續氏是爲吾母續太夫人生不肖繼畬庶母孟氏生弟繼晥字鄭農年十五將婚娶忽以水腫殤繼畬娶西坡村續氏未生子恭逢道光三十年恩詔時在福建巡撫任内當有恩廕立堂弟繼壎之次子爲嗣命名曰樹題報充廕生奉部給二品廕生執照時樹年六歲今已授室矣叔祖魯範公爲二房娶兩澗村高氏生三子曰閶弟號西軒曰閎弟字升九出繼四房曰閥弟字勳臣繼娶本村高氏生一子曰閭第號塏軒西軒公早歲入泮最知名困於棘闈迄不得售科歲試列一等者十次迄不得補廩至嘉慶壬申歲考學使周石芳少宰

賞其文拔置第一始食餼而公年已六十皤然老矣公在介休設帳二十餘年後魯範公年高乃歸里佐理家政設家塾以教生徒先是惇菴公遂於醫魯範公繼之精於痘科至公尤喜讀長沙書長於治疫合吳又可余師愚二家之說施治無不效活人以千百計公偉碩多髭氣貌嚴重音如洪鍾子弟見之不寒而慄兒童方戲劇聞謦欬即逃匿制行端謹口不出戲狎之言足不履嫌疑之地自公卒而吾家子弟漸越檢閑無顧忌矣娶西坡村續氏吾母續太夫人胞妹也生一子繼秀字伯實質魯而勤於學年垂三十乃入泮性愿厚而迂亦精於醫娶本村趙氏繼娶鄠縣朱家東社朱氏又繼娶兩澗村高氏生一子并又繼娶同縣南大溪村白氏并能傳醫術并次子占益繼木爲服先公後勳臣公嘗學賈亦精

痘科從施南公於湖北又遊京師病歸道卒娶本村趙氏生繼奉
繼穎繼娶南大溪村白氏生繼穫繼奉娶本村謝氏生二子白石
穎無子繼穫娶嶧縣南白村侯氏生一子升塏軒公弱冠入泮嘗
刻意學科舉之文屢及秋賦不售從東堂公於河間景州莞雜務
後繼畬出守潯州爲學臯爲閩藩公皆在署性坦率無城府與人
交無畦町以故人多親狎之年七十二卒娶西坡村續氏生三子
長繼穀字貽孫附生因幫辦防堵文案以未入流分發福建在延
平大營盤獲奸細九人以府經縣丞用署臺灣府經歷次繼耕出
繼升九公爲四房後三繼和字節之附生捐納縣丞在閩候補又
繼娶同縣南大興村張氏無出繼穀娶同縣石村薄氏生一子磐
咸豐庚申歲考以州案首入泮

叔祖日新公爲四房娶北社李氏無子以魯範公次子升九公爲嗣升九公嘗學騎射未獲雋娶同縣茹村張氏繼娶同縣東建安村王氏無子以塏軒公次子繼耕爲嗣防堵案內撫院賞六品頂帶娶南白村侯氏生二子曰雋曰賓

四世祖家傳

三世祖義公三子長曰文厚次曰文達三曰文源義祖娶張氏生文厚文達繼娶姚氏生文源義祖先卒姚太君亦相繼卒文源祖甫離繈抱有山田數十畝文厚文達二祖自耕之相與謀曰弟小弱置之室中恐爲嫂所虐晨起一人負田具一人攜餅餌負弟至田所一人治田一人伴弟嬉更迭爲之晚則負之歸如是數歲文源祖長成乃已時在前明化治年間文源祖字百川有九子三十

六孫七十二曾孫誓子孫曰長房二房後人宜善視之有犯亦勿校違者非吾種也此語流傳至今已五百餘年子孫猶識之先大夫施南公世德詩有布穀章即詠此事也繼畬每讀之未嘗不流涕厚達二祖皆農夫源祖又異母弟乃友愛出於血誠政使有經術者爲之亦無以過殆所謂民之秉彝好是懿德者耶至今吾宗九支人逾千丁皆百川公裔厚祖一支稱老大股達祖一支稱老二股以別於百川公九支之大股二股然兩支丁本不繁今僅餘十餘丁累世皆耕氓亦無讀書遊泮者族人皆歎天道之茫昧畬謂不然報施之說爲中人以下言耳古忠臣孝子無後嗣者多矣然綱維不墜乾坤不毀實賴乎此以王太保之孝而會稽諸王皆弟覽子孫以秺敬侯之孝而金貂七葉皆弟倫子孫記曰兄弟之

子猶子也即謂吾宗九支皆二祖之苗裔可也二祖又何憾焉

八世祖甯夏府經歷美清公家傳

自吾七世祖兩泉公以文學顯八世祖美清公能繼之而書香蔚然起公諱光澄字美清兩泉公次子以明經貢太學選陝西甯夏府經歷知天下將亂履任未久即謝病歸於所居大建安之潭西鑿土窯三洞穴小窗通明藏書塞滿晝夜披吟不出偶出則登潭上山頂俯瞰呼拖眺望南北山色蕭然終日謝絕人事晚歲徙居東治鎮之東街而公仍時時讀書於土窯土人稱之曰美清窯後以子蘭臺公貴贈明威將軍繼畬謹案公當明鼎將革之際肥遯不出因陶穴之舊俗而鑿土窯以讀書蓋即古人因樹堊室之意非好奇也所讀不知何書大約非村學究所讀之書而滄桑變革

著述無一字流傳旋值中原鼎沸子孫肆武者兩世自吾曾祖惇菴公以下贊序科甲乃蟬聯不絕而讀書之萌芽實肇於公美清窰舊址（繼畬）幼時嘗往遊地屢易主窰亦坍毀過半然土人猶能呼其名

九世祖明威將軍廬州府守備蘭臺公家傳

公諱騰芳字蘭臺美清公長子也少讀父書見明鼎將革土寇且蠭起請於美清公願棄筆硯學弓馬衛鄉閭美清公許之遂入武庠順治五年戊子中式武舉人第四十四名公沈毅闊達魁梧多力又善射順治六年土寇作亂所至剽掠成墟公所居不敢犯嘗入都會試路宿阜平夜聞店後有悍婦詈罵撲打聲又有老嫗呼號聲問居停主人爲誰主人赧然曰某有婦不孝與老母誶語耳

公唾其面曰汝爲人子妻毆母而坐視耶主人曰渠鬬如虎我與門輒傷以此不敢捋虎鬚公曰我代汝啓之何如主人曰幸甚三更後婦已睡主人潛導公公操白棓踏門入黑暗中婦不辨以爲夫也坐起叱駡公揪髮踏其背毆其臀股婦始哭駡繼而哀乞毆至百餘聲嘶呼母乞命嫗從別室呼曰兒可止勿成人命公乃出謂主人曰愼勿洩公從京師歸仍宿其店主人置酒密語公曰悍婦承代訓今能事老母矣公以會試揀選得江南六安衛領運千總數領運報最註册候推升假歸教四子騎射皆入武庠尋推升江南廬州府守備時三藩俱反大兵南征半取道於淮肥公整飭營伍彈壓地方護送官兵儲偫事咄嗟立辦民不知兵當事倚如左右手昕夕不遑以勞瘁咯血成疾三藩既平上兩宮徽號覃恩

照加級封明威將軍封父母如其秩軍務既竣當事將敍其勳勞請優擢而公遽以勞瘁卒於任矣繼畬謹案公之武勇又當國初雲擾之時使得隨大軍南下何遽不開閫折圭乃初選隸漕營非用武之職迨推廬州守備又以地當孔道當事倚之以辦軍輿不獲遂請纓之志李將軍之不侯不如妄尉以下儻所謂數奇者耶然本支發科名登仕宦者皆公之子孫畢萬之後既昌公何憾哉

九世伯祖拔貢生爾香公家傳

公名桂芳字爾香兩泉公次子庠生光涉公之子美淸公之胞姪蘭臺公之嫡堂兄也公幼負才名美風儀有幹略爲文汪洋恣肆不拘繩墨崞縣李中丞楠爲晉藩儀賓有八女最憐少者擇佳婿得公以少女嫁之順治二年乙酉本朝初開科取士公得拔貢生

性嚝達不羈好聲歌蓄小戲一班教之度曲順治五年大同總兵姜瓖叛代州土匪劉遷五臺土匪高山聚衆應之因而四鄉土匪各推首領受僞職六年秋八月公夜方寢突有二百餘人排闥入拔刀羅跪庭中曰某等將起兵無帥聞先生智略如神願執弓刀受約束公從容諭之曰皇朝已受天命綏定萬方張李數百萬衆俱爲灰燼奈何嘯聚山谷爲滅族計耶衆不聽曰勢已騎虎不能下今日必得先生爲帥有死無二公沈思曰事不能已我亦無如何然如此草草官兵一到卽虀粉能聽我言卽爲爾帥否則任爾等屠裂衆叩頭曰唯先生命公曰爾等首事者幾人可報我衆曰共十餘人公操紙筆令首事之十餘人各報姓名村落住址曰起事非千餘人不可爾等歸可各糾人具械器造名册取歷書視之

曰某日祭旂起兵大吉爾等速歸勿露風聲聽我部署衆讙呼羅拜散去公炳燭作密函並緘名單致縣令囑密速掩捕誅之令一優人置夾衣中僞爲入城定演戲日期者淩晨到縣密投之縣令吳琮立差幹役分路往衆匪方歸出不意悉縛之來立即駢誅梟其首於市公度其必報復時元配李孺人先卒遺繼室朱氏子躍鱗躚鱗匿他所夜半潛入城將與縣令謀殄賊策路遇羣賊露刃脅之曰公不肯作賊當明言何乃設機心殺我頭目令不敢仇公仍乞爲我帥聽公令不者且殺公報仇公仰天大笑曰興朝初取士以我爲選首方思殺賊報國豈從爾鼠輩反耶因極口大罵賊攢刃殺之而去是時宣府總兵李延壽已襲破賓村賊巢衆匪無首不敢起事遂散而歸農

繼畬謹案爾香公殉節事縣志未立傳止載貢生張繩所撰墓誌銘敘殉節事殊未明晰畬幼時先大夫施南公爲詳述之如此補載家傳中以備修志者之採擇又公係順治二年乙酉拔貢生而縣志誤列之前明今照墓誌改正

高祖父贈奉政大夫品望公家傳

公諱賜祿字品望成遠公第三子長兄賜俸公字品一仲兄賜爵公字品碩與公同母皆梁太君出成遠公以中歲卒梁太君亦相繼卒家中落貧甚有薄田數畝老屋數椽時公年八歲兩兄以公未授室難析箸將待其婚娶而後分爨公曰貧至此不各努力同居相倚都作餓莩矣致富固不能僅圖衣食腳踢亦優爲之我願分析兩兄奇其言乃析產公分得田三畝破屋三椽瘠牛一破車

一盡鬻之腰金負一氈隨鄉人遊塞外販賣牛羊行冰天雪窖中手足皴瘃意氣自如積數年稍裕乃娶於古城楊氏又十餘年遂小康時兩兄仍苦貧公乃與兩兄合貲而賈兩兄亦漸裕年四十不復遊塞外設木行於居宅之旁仍與兩兄合貲數年其利倍蓰遂稱富有公以幼貧讀書未卒業而性明達仁厚出於天性家既饒每歲終人或以田產求售公度力能舉即問價曰擬若干即邀中署券如其數產主逡巡曰意公必駁價故多索實止索若干公曰君棄產我置產理當如是自後求售者皆以實價告公或以為少轉為增之公赤手起家而鄙笑守錢虜戚友丐貸推解無吝色冬月重裘表以紬食必有酒肉曰自刻以遺子孫且折其福然時飭家人以儉素曰浪擲粒米寸縷即為暴殄天道之所惡也一生

不躡絲履日足下踐泥土可惜也嘗自恨失學設家塾延明師教本支子弟度量恢闊能容人橫逆之來談笑受之有堂姪某者兄弟武生與公居隔一墻恒嫚罵公公不校一日攜壺升屋且飲且呼名而罵公爲弗聞也者時同堂子姪八人同塾年皆成童聞罵眥裂私議曰渠敢罵叔我等何不可毆兄當制梃撻之各抽束薪斧作棒塾師竊見密語公傍晚放學公默伺於門側見八人循墻走出突出問皆蒼黃失措搜之則腰下各藏短棒公唾之曰某一人作禽獸不足合汝等而九矣率之入塾令塾師悉予杖罵者聞之慙悚斂迹公以長孫九江公貴贈奉政大夫配楊太君贈宜人一子即吾曾祖惇菴公別有傳當公之初卒也惇菴公爲卜葬地未定一日從城中騎而歸夜已半遥望景岡遥見北山坡下有小

城異之停騎睇視則見小城有堞隱隱露燈光有頃不見默識其地勢而歸次日依蹤尋之則地名兩爵院者也後延葬師韓生來遍閱北岡地皆不愜望見此地急趨而往周迴審視曰地在是矣即惇菴公望見小城處也遂葬公於此子孫祔葬者四世

曾祖父贈資政大夫增廣生惇菴公家傳

公諱天敍字典五號惇菴父品望公赤手起家止公一子晚歲不復增市田產曰財多則損其志且慮以生產妨其讀書也公承志下帷攻苦入泮知名補增廣生爲文有淸氣好學成宏體簡貴無枝葉以此不利名場學使蔣時菴侍郎元益督諸生嚴歲考每縣劣等嘗百餘人公補歲考題爲有爲神農之言者全章牌曰默寫全題時四屬補歲考者數十人寫題多錯漏皆受戒飭獨公不訛

一字文復清老學使大激賞之奉諱後即謝棘闈潔斗室讀書其中終日危坐無跛倚時有盛德和氣睟然見者如坐春風中治家以禮內行修飭閨壼無譁笑聲教子弟嚴長子九江公年十二初學吸火烟未敢令公見飯畢赴塾適吸烟望見公急袖烟筒立道旁烟末燼落掌中恐公見不敢擲於地展轉握之三指皆焦實則相隔尚二十餘步也性仁厚好施予戚友丐貸無難色值歲大饉米價騰翔人有菜色公盡出藏粟查本鎮乏食之戶計口造册次貧者減半價平糶極貧者捐給於門外設囷五日一糶邑侯親拜褒獎幷頒其式於各鄉出粟未及半而市價已平全活不可勝計鄉人有爭競輒就公取平徐以一言剖決咸悅服罷去宗族至戚或有糾紛苦心排解不使成訟或有爭利不決者解囊默付之皆

慼愧寢息又或骨肉之間將釀變故陰爲消弭不令人知其事指不勝屈德普而尊鄉人敬之如父師每行街市無少長皆肅然起立或前問起居公應接不暇每出迂道而行不敢由街市長子九江公以大挑一等撥河工公訓之曰河工與地方不同而總以操守爲先不廉則畢事受人挾制能亦何補河員所取之錢皆由偷工減料來盜臣庸愈於墨吏乎以此具豚蹄祖宗不享以此作滫瀡我不能下咽必若因公賠累家中薄產任汝耗之無悔也九江公稟庭訓遊宦不名一錢以此訓先大夫施南公施南公以此訓不肖繼衍繼衍受兩朝恩遇才能短淺溺職之愆終身莫補而斤斤自守幸未蹈簠簋之譏者不敢忘先人之訓也九江公擢永定河南岸同知迎養至署閱所修河工喜曰能盡職且無不潔聲我目

暝矣居兩載思歸行至阜平之李家莊曰我覺體不適數盡矣令覓衣冠口占一聯曰天地是籧廬到處處可以養生可以送死兒孫非木石一個個要好行事要好存心占畢長笑而逝時年七十三公以九江公貴封奉政大夫繼峯官福建布政使晉贈通奉大夫巡撫任內又晉贈資政大夫四子長即九江公別立家傳次魯範公三太璞公出繼四曰新公皆見前總敘繼峯生晚未獲侍公幼時伯父金堂公嘗出一麻紙小幅大不盈尺曰此汝曾祖遺像也戴皮冠面長而癯眉高聳目秀而長髯分三綹望之飄然有清氣曰汝曾祖自固安將歸里前一日至幕友處辭行適案有片紙友取破筆濡淡墨畫成此像曰將來可作小照見者以為神肖後再畫之不似矣令繼峯持示家人無識之者惟先母續太夫人三

叔母續太君一見識之繼畬遊宦多年晚歲歸欲令善畫者補作
遺像覓此紙已不知所在

祖考贈資政大夫九江府同知東冶公家傳

公諱敬儒字魯薪一字東冶東冶者祖居村名而又隱合公名故取以爲號也惇菴公長子幼穎悟篤於學入泮後治舉業勤甚乾隆丙子同里謝元暉中式報馬馳過門外惇菴公嘆曰用功者乃獲雋耳公感憤次日立課程書四書題數百各作小卷置篋中凌晨起燃香一炷拈一題略搆思卽落筆香盡而稿未成卽焚之初不能成旣而成旣而有研練暇乃截香令短脫稿後背鈔五經三傳周禮儀禮已乃誦所選時文惇菴公不善飲而公飲酒不醉賓客來率令公陪以巨觥酬酢客或至夜分客寢必補完一日之課

齋中置酒一罌油一罌油以繼晷倦則以酒當茶一日家人送午餐來油麥蒸角也以醋盤置硯旁公方搆思且食食竟則硯上墨瀋已空脣指皆黑盤中醋未動也惇菴公聞其寢不解衣庭中曬紅黍乘公外出握黍置衾中隔四月餘視之黍如故如是者三年至己卯一舉而捷先是闈中得題公炳燭爲文初九日午前得長篇三短篇三拈鬮卜之得長篇三藝皆千五百字時七百字之功令未立也主司爲河間紀文達公昀本擬元因文太長置二十四房師爲江南王竹崖先生正茂金壇王罕皆先生高足也公長身玉立氣貌甚偉音吐閎爽論事動中窾會文達一見許爲國士兩試禮部不第丙戌會試文甚愜意領出遺卷則藍筆僅點一起講而句之誤點者四時已大挑一等乃決意謝公車挈鐵分發直隸

至省撥入河工時三河工員皆大挑人員至省後掣籤分撥與後來事例不同借補霸州州判又兼署東安縣丞施署三角淀通判公逐日往來河濱與老河兵雜坐詢訪河工利病三汛報最河工人員三汛安瀾升轉始合例升漕運通判駐張家灣值大水接印之第三日潞河決公急募夫役堵合晝夜立泥淖中下令曰送料一束予錢五百土一畚予錢五十居民爭赴兩晝夜而決口塞民田雖有淹浸不致成災費至數千金皆出假貸方河之初決也或謂履任三日失事吏議輕宜速報請帑公曰遲一刻民田受一刻之害比請帑來百里之內且爲魚迨決口既合或謂原修限未滿宜稟請追賠塡此債公曰我自急公何與他人事在漕運任數年百廢具舉值鑾輅南巡御舟將由潞河抵天津前一日已駐蹕通州而御舟黃縴繩未備局員惶急無措公曰已敬

備矣出之則紵繩染鵝黃色柔紉而長繂板亦油成黃色其數敷水程之用衆驚喜謝公旋升永定河南岸同知南岸當全河喫重之處前此數年一決糜帑無算公日歷河干閱其隄岸或改而取直或改而取紆或加埽禦衝或加高培厚得健騾駕車能日行三百餘里人稱爲飛車徐公自凌汛至霜降無日不馳驅河側以故全河形勢瞭如指掌每有改作輒移報北岸曰不可以鄰爲壑也每年歲修之帑皆歸實用未嘗以一錢入囊槖患河兵偷惰予之錢令作斷取蟹設罾撈蝦不離汛地得利則俾養妻孥有險失報則重責在任數年迭逢異漲北岸屢失事而南岸無涓滴入民田制府周公元理知公行治擬俟永定河道出缺奏請超擢適正定府缺守兩司請以公題升詳已上矣忽奉部文以前在漕運通判

任內失察守備高某冒領工銀三百兩照例降二級調用院司皆爲惋惜旋聞訃丁外艱將奔喪歸里值永定河北岸決口日久未合欽差滿侍郎某公漢侍郎劉公（秉恬）駐盧溝橋督辦兩公與制府合奏請留公差委工竣回籍公歷北岸相度時正溜已奪大半公曰不開引河不能掣溜龍口何由堵合乃於南岸別開月形支河暫分正溜北岸水勢弛緩乃得次第施工公在盧溝橋南搭席棚棲止督工忽一日午後有一騎從北馳來至棚前下馬則一少年冠珊瑚戴孔雀翎衣葛衫束帶突問曰欽差兩侍郎何在公曰某處工尤要兩星使赴彼查閱因詳言施工情形少年曰我不能記靴中出草紙數片曰以此書之公操筆立盡數紙少年懷之曰我即以此復命矣上馬馳去急詢之則御前侍衛春山高宗時駐蹕

圓明園遺視河工者也兩侍郎聞信馳至曰且爲奈何公即依前說代創疏稿兩公於次日馳奏旋奉硃批賛其昭合機宜硃筆加連圈者數處大工既竣星使與制府合奏請開復原官服闋後仍發北河交部又議駁星使劉公贈四千金爲治喪捐復費公謝曰士爲知己用大憲知我分當竭力捐復費無幾力尚能辦僅留賻儀二百金即日奔喪歸里服闋捐復赴部選江西九江府同知先是江西漕運北上屢以遲延獲咎上憲知公廉能派爲總運公察河水敷用而船行特遲滯遣人於水中錐探乃旂丁於例帶木料之外又於船底暗懸大木故笨重不能行公大怒呼集旂丁謂之曰前運官分爾肥故任爾作弊無敢聲我未携尺木何所挾持而敢如是衆丁陰喝汗流叩頭若崩角公命斧斷竹索大木悉浮水

面曰姑貰汝罪汝自留人賤售由是船行駛甚先期抵壩公坐船泊張家灣候押回空患時疫投藥不效時親丁皆未隨夜渴熱躁甚僕從皆熟寐昏瞀中從船窗中望見水探身取飲墜入水人覺救起則已卒矣時乾隆四十七年六月年五十二公性剛毅明決遇盤錯迎刃立解常有餘裕純任赤心無城府無迴曲方於事上無一事詭隨而禮恭氣和未嘗失之傲論事口若懸河聽者欣欣忘倦強力不憚煩賾持大體不察淵魚以故事無不舉性惡華飾衣裘無值十金者座師紀文達公嘗曰君有政事才他日必爲名封疆勉之在北河在江右上官皆倚以集事爭欲薦剡乃一厄於吏議再厄於歲年竟以郡丞終文達公聞而歎曰生此才而不盡其用何如不生於虖其可悲也已公爲制義敏甚一日可得二三

十篇在北河日日驅車車中無事拈生僻小題遣悶有公餘小草數百篇奉諱家居偶至家塾值課期問何題卽口占令子弟書之一兩刻卽成皆作作生新無庸熟氣生平所爲文不下數千篇繼畬幼時所見猶六七百篇均未授梓稿本爲外人所攘竊祕之枕中希塲中一遇雖欲借鈔不得也詩學東坡到處口占卽成遺稿亦散佚無存孫繼畬官翰林貤贈編修官福建布政使贈通奉大夫閩撫任內晉贈資政大夫二子長爲伯父金堂公已見總敍次爲顯考施南公別敘爲家傳

自九江公以下三傳文皆冗長因欲使子孫知先人事迹故不憚覼縷名曰家傳實行述也若入志乘則須删節大半

顯考贈資政大夫施南府同知廣軒公家傳

公諱潤第字德夫號廣軒九江公之次子將生時母韓太夫人夢一老病瞿曇偏袒入竈寤而生公韓太夫人居母家一嫗抱公在門有相者見之曰此兒頭角異人目有淸氣他日當以學問文章顯年十二卽能屬文弱冠應童試三韓王含溪先生令五臺名秉韶漢軍舉人後爲東河總督奇其文取爲案首州試復第一以第二人入泮旋聞九江公訃時九江公以河工賠累家已中落王公招公入署教其二子並教公以科舉之文後調榆次署代州擢保德州公皆從之遊由五臺至保德取道西山中林莽深昧時聞虎嘯聲公控匹馬往來意氣自如戴文端公衢亨督學山西公應科試題爲天下有道全章公破題云聖人論春秋之天下惟有道可以易之也文端拍案賞之文僅四百餘字批曰橫勁似陶菴大力遂以第一人食餼乾

隆戊申中本省鄉試第四十一名房師爲知五臺縣江南屠公珂

屠公江南名士有文名先是王公知五臺縣勸合縣捐資立同善會以生息銀立崇實書院並各鄉義學屠公履任挪移四千金王公署代州知其事委員查提屠公不得已傾囊還庫時公從王公遊屠公疑爲公所言銜之次骨實則同門史華亭耀文孝廉言之公不知也乾隆戊申春學使者按臨代州以屠公有文名訪五臺諸生孰優爲科試選拔計屠公曰能文惟徐某一人然品不端確不可拔科試入選拔場學使賞其文而因有先入之言五臺竟缺額不拔是年鄉試公卷適分屠公房屠公以其文類已力薦中式拆彌封則公名也錯愕不已中丞某公譏之曰屠明府以五臺官薦五臺卷得毋列門牆者耶屠公起立曰實係暗中摸索然其人

虎而冠好訟多事中之適爲鄉閭害正考官周蓮塘先生兆基艴然曰主司能衡文不能衡品副考官方碧岑先生維曰安知不出恩仇之口奈何於公堂作此語屠公不敢復言遂塡榜公會試謁兩座師乃知其事以知遇之感事之盡禮不存芥蒂屠公亦愧悔甲寅在京執贄於滇南楊碧泉先生昭之門文益精乙卯恩科會試中式第四十二名是科山西止中二人公與焉殿試三甲第八十四名引見以內閣中書用時祖母韓太夫人年高多疾公假歸將母研食介休者二年韓太夫人責以大義乃入京供職時內務府大臣佶公山爲堂郎中延公教讀受業者卽內大臣大司馬阿懿勤公靈阿嘉慶六年丁內艱歸時堂叔東堂公初署肅甯縣請公往教治法公悉心爲之講求官聲頓起服闋入都補舍人尋轉

典籍時軍機有洩露機密者不得主名有旨漢章京全退出別保愼密者以聞不須考侍讀將以公名上公以貧不能治車裘又不肯酬應外官爲抽豐計力辭之仍館於阿愨勤家愨勤家有小園大木數章砌石爲小山公樂其幽靜恒坐花樹間窮研周易並讀先儒理學書愨勤侍坐聽講授恒至夜分僕直之外不妄請謁人同官中訂交者惟先師高蘭墅諫給（名鶚公戊申乙卯同年畣從之受業）桂香岩少宰（名齡大學士百文敏公之胞弟）楊啓庭太守（名書紹後知河南彰德府）談文之友則蘭墅師與山左徐郁亭顯文兩人而已房師太湖李蔭垣先生（長森）罷外任回京同門在京者設筵公請房首王文恭公（名杰）曰師來得依函丈幸甚徐同門高如徐孺子名可得而聞人不可得而見雖欲下榻無由也今得一聚尤以爲幸先生曰絕人逃世似亦太狹公謝曰非敢然也館

內城貧無車馬過從或不値徒勞往返且道義之交天涯無異比鄰奚必酒食徵逐乃爲密友哉先生笑曰士各有志嘗儻直宿典籍廳有小僕突入以摺匣置案上曰中堂飭明早遞此言畢匆匆欲去公阻之曰此間無遞摺之人不敢收僕曰公何姓公曰汝但告中堂言典籍徐某不收此摺中堂者慶丹年相國也（桂）聞僕言怒曰屬官不聽使令宜劾侍讀葉雲樹先生（繼雯）趨進曰遞摺乃侍讀事徐典籍不敢越俎無過也相國乃釋然葉公以摺匣詣公曰某明日軍機上班今夜須歸寓協辦者未來（侍讀有協辦）公代遞可乎公曰同僚相代微勞何惜即爲代遞嘉慶戊辰補儲濟倉監督收新漕見稜米潮濕督花戶風晾入倉既而各倉新米皆霉變凡六十餘萬石倉塲兩侍郎羅嚴譴十三倉監督褫職著賠者十八人

獲免者四倉儲濟其一也既而中西兩倉白米案發虧四十萬石
仁宗震怒四監督繯首誅書吏花戶十餘人新任侍郎戴公聯奎
知公廉能檄令兼署中倉事時中倉官吏皆伏法空無人新充者
茫無緒公兼署七日條上應辦十三事戴公以爲能奏調海運倉
初公之抵任儲濟也集書吏花戶諭之曰倉中無名雜費例無支
銷者皆爾等任之卽稍有所得濟公之外以贍妻孥分所應爾監
督有廉俸各倉監督每歲養廉三百兩足供膏秣不爾分也然有萬不可作之弊一
發則不保首領監督豈能隱忍隨爾赴柴市皆叩頭曰公推赤心
置人腹某等有天良豈敢負公以此倉中積弊釐剔一清查倉御
史某公者谿刻喜事欲得他端以自爲名百計搜訪卒不得毫髮
私乃默然寢息公既履海運倉任閱各廒有黑豆六萬石已霉變

成灰土駁問其故皆曰此豆霉變已多年歷任無辦法逢本倉應放豆皆以新豆頂放公曰倘新豆不來奈何曰折錢與之無不願者公以各倉兩與大獄官吏誅竄一空雅不欲再發難端兩侍郎亦堅囑以勿再搜求生事例限滿一月即須出結意欲引疾謁業師楊碧泉先生決之先生滇人官京師三十年不携眷時為給諫僦居古廟中支榻神座旁神案陳欽定五經方讀周易公具述前事請決先生曰倉事我不能知然據君言險也見險能止謂之健引疾是公即日引疾歸省松楸而海運倉黑豆案果以辛未年發歷任監督革職分賠次年庚午回京候補仍寓阿慜勤小園慜勤時猶應禮部試繼畬年十六將應童子試公為兩人批改文課兼教以立身涉世之方嘯歌甚樂是年冬補舍人辛未二月選湖北

施南府同知施南在楚北極西南古夜郎國境壤接蜀黔本土司地乾隆中乃改土歸流水陸皆奇險又瘠苦不供兩餐向來選是缺者率請京師要人信求留省差委履任者少公獨無信臬司周季堂者由佐雜擢監司最惡科甲一見公卽曰君從鳳閣來人稱爲仙班（典籍廳有匾曰鳳閣仙班聖祖所賜也）施南山水清奇花香鳥語足稱雅量高致可速往也公亦不樂居省垣遂接印而行（前數任皆未履任故印在省垣）時先母續太夫人以多病未往（繼畬）因試期近亦未隨侍僅庶母孟氏與堂叔勳臣公從至荊州買舟西上行至巴東之南坨猝遇風暴舟覆船人急從船窗援公出衆皆從出舟橫臥順流東下瞬息三十里遇漩（水迴旋成渦謂之漩南坨有二漩奇險）船漸下沈水至腰衆皆號哭公神色不動惟撫心仰視天船忽自浮起停不動有划船飛駛近舟衆乃掖公登甫

畢登大船翻滾順流去時六月暑甚上下衣履皆不全小舟泊岸望見山坡有茅舍步行投之則一翁一媼高姓煮芋以進對岸有巡檢署望見差人送長衫來延公至署夜半報大船淤五十里外印已獲衣箱亦在晒衣數日雇兜轎而行山路奇險地名有蛇倒褪鬼見愁上瞿塘峽乃入小河抵施南時南豐譚蘭楣先生爲郡守名光祥乾隆癸丑進士由庶常改戶部少宰古愚先生之子素知公郊迎之同知駐利川縣前任皆不自惜囂獄供饔飧公初至閱點卯簿胥役逾八百名訝曰何多也詢其故則半屬游手無藉之徒掛名充役鈎鄉戶之殷者唆人控控得賄則上下分肥公喟然曰畜虎狼數百而啖其搏噬之餘是盜賊也何以官爲擇留愿樸者數十餘悉汰去架控者重懲之條教簡重風聲肅然帀月而頌聲起譚公稟請調郡審積案公剖決如

流居半載結控案三百餘暇則與譚公講性命之學時民間有晝諸坐嘯之謠譚公聞之笑曰但令實惠及民吾固甘之譚公因案調省以公權府事屬吏皆懍然不敢以五日京兆相視民間苦川匪時入境搶掠公與譚公籌商分要隘設卡譏察令民間守望相助捕得川匪即送官杖斃行之期年川匪裹足先是公抵任未久即欲退感譚公知己未忍去且無資斧不能歸門人阿實甫（即阿慤勤公）張申甫（名之翰介休人）聞之由京裹寄六百金公遂出文告病譚公留之不得揮淚作長歌以送之公亦作序留別時譚公調首郡偕行至省強留公佐其幕數月而譚公病卒兩門人寄金已耗盡又坐困武昌門人王瑤峯（名祁嘉慶辛酉舉人合溪先生之長子）爲河南光州牧乃遣人接之至署佐其治爲門人（趙君珍麟王君文鼎文皆曾廣州人）講學作臆說又有荅門人王冠山講

學書（名郊瑤峯臚弟）居四載瑤峰丁內艱庚辰三月公隨其柩眷回京時阿懿勤公官員外郎仍留公下榻其家冬十月歸里設教於東冶鎮壬午設教於晉陽與張靜生舍人（名廷鑑辛酉庶吉士改中書舍人）講學作中庸私解逍遙遊解又讀張舍人所鈔傅青主書作雜言癸未設教於崞縣之北社丙戌設教於介休之胡龍白氏賈村侯篤齋（培餘）副車富而好禮慕公品學延請教其季弟（步餘）丁亥春移館於賈村自庚辰至丁亥讀書偶有得隨手書之專言易者曰說易曰圖說餘統名曰劄記是年九月偶感時疫臥病三日卒於館舍年六十七篤齋移其太夫人壽梓以斂丁丑與先妣續太夫人合葬於兩爵院祖塋公貌清癯劍眉方口廣顙目有毫光射人中年齒全豁聲音清越高亮夜分聞數十步外性沈毅有大節當官守正不阿遇事

立斷如刀裁物平易通達未嘗以詭激沽名自少至老無日不在艱難困厄中而所學益邃所守益堅輿馬服飾之類一生未嘗屑意服官數十年衣不盈兩笥交遊最寡所師所友皆當世名賢先後及門者百餘人多能修德行樹名節工文章非若世俗之僅以科名重也生平於儒先之書讀之殆遍旁涉道藏內典壬遁風角中歲專心學易前後近四十年剡精造微所讀儒書皆以易象證之一一脗合制義以理法爲主探原於史漢八家獨得乾坤清氣生平講學及雜文繼畬裒集付梓曰敦艮齋遺書制義多散佚檢其存者二百餘篇付梓曰敦艮齋時文偶有吟哦不存稿嘗記京邸臥病一篇云殘鐙明滅影孤單病裏秋風分外寒聞道明朝西羽發附書猶自報平安蘭墅師以爲眞得唐音云書法中年學歐

晚年學顔行草兼二王六朝自成一體擘窠大字筆力尤古勁鄉人重公書有力者多以重價購之子二長即（不肖繼畬）續太夫人出次繼晚庶母孟氏出未冠而殤（繼畬）官翰林以覃恩贈公編修官福建布政使贈通奉大夫官福建巡撫晉贈資政大夫

堂叔直隸清河道東堂公家傳

公諱寅第字虎臣號東堂道修公之長子繼南崖公爲嗣（二公皆見前總敘）二老皆以諸生訓蒙家貧甚公成童即凝重不妄語風儀秀整讀書穎悟絕倫年二十二入邑庠研食以養二老相繼卒公益下帷攻苦爲顯揚計文秀潔工詩賦小楷尤精墨色如漆嘉慶庚申應科試時甫服闋未與歲考學使爲會稽莫寶齋先生（晋）古場閱公詩賦楷法驚異取第二正場第一充辛酉科選拔公附生未補廩

也壬戌朝考二等三名引見以知縣用分發直隸委署肅甯縣時制府爲連平顏惺甫先生檢是年拔貢以知縣分發直隸者四人檄令各抒所見陳吏治冪創稟稿皆陳言公意不慊時先大夫施南公在署別創稿曰職窶人子甫離靑氈安知治體顧嘗聞古人之言曰以勤補拙以儉養廉職訓蒙以養親不勤則館必脫館脫則菽水無所措故未明即起教童子讀書矻矻終日未敢有一時之偷惰蓋嘗習於勤館俸初止三四十金後乃至五十金事畜皆出於此食指嗷嗷粗糲常苦不飽故通籍以前未嘗衣帛家食未嘗得肉蓋嘗習於儉竊願以處蒙館之儉移之牧民庶乎可以補拙以處蒙館之儉移之節用庶乎可以養廉冪見稿大笑謂且干申飭公遽令繕發制府閱稟大喜曰吾固知徐令之與衆不同也

細圈細批抄發通省州縣以為法旋丁內艱服闋赴省署甯津旋補威縣皆有頌聲又丁本生母內艱服闋補內邱部駁旋補故城故城近傍運河河在境內者八十里糧艘北上恒苦淺澀公親赴河干督夫役剗淺挖淤駛行無滯嘉慶十八年滑縣教匪李文成據城反長垣定陶戕官應之皆與故城相近人心惶惶公馳稟請重兵彈壓制府發兵五百一參戎率之駐城內人心遽定密訪境內有滑縣人郝振芳者寄籍傳教適相驗夜過其家密縛之來訊之則弟子四十八已於某月日赴滑縣公密計時日比其至滑已在大兵圍城之後不得入且返於近地逆旅伏幹捕密伺之旬日之中四十人悉成禽無一漏網訊明駢梟家口連坐尋調河間河間附郭當衝徭役煩重公悉心均調民不擾而事集額設驛馬一

棚有半（八十四爲一棚）前任多接連倒斃公在任三年馬悉肥壯斃者無幾
時穆耕珊先生守河間（名揚阿滿洲鈕祜祿氏）倚公如左右手十一屬控案悉
委公招解之案稍有疑竇者亦委公覆訊公剖決如流一訊即結
常有餘暇遇水潦偏災公分別村莊造册有豐稔無災者照常征
收仍帶征積歉有歉收而不成災者止征本年成災輕者緩至來
年上忙成災重者緩至來年下忙兼散口糧等殺分明朗如列眉
姚亮甫方伯極贊之頒之通省以爲式予以卓異升補景州嘉慶
二十五年秋升順天西路同知公爲州縣凡二十年以勤儉爲立
身行政之本自奉不改寒素彊力能理繁劇昕夕盡心民事別無
嗜好決獄聽察如神案無留牘風裁嚴峻人無敢干以私者一時
有笑比河淸之目所任多瘠苦之缺洗手奉職卓面不取一錢而

量入爲出歷任交代倉庫無絲毫短缺服官崇實政不解沽名而所至頌聲旁溢上官皆刮目相待倚之以解盤錯嫻於律例要稟要案皆手自創稿老幕咸斂手咋舌宛平西山有門頭溝京城所用之煤皆產於此煤窰二百餘所開窰者皆遣人於數百里外誆僱貧民入洞攻煤夜則驅入鍋火鍋火者宿食之地壘石爲高墻加以棘刺人不能越工錢悉抵兩餐無所餘有倔強或欲逃者以巨梃斃之壓巨石下山水漲屍骨衝入桑乾河泯無迹又有水宮鍋火窰洞有水驅入淌之夏月陰寒浸骨死者相枕藉生還者十無二三尤爲慘毒府尹相國盧文肅公蔭溥申鏡汀中丞啟賢後官山西巡撫訪聞其事公甫抵西路同知任即奉檄往查公騎一健騾隨兵役數人遍歷各窰各鍋火遭錮之煤丁悉轟然投出窰戶不敢復禁檢

得近日毆斃之屍律究擬抵稟請禁革水宮鍋火毀其茸屋各窰戶造名册巡檢分四季往查煤丁有死者即報官詣驗不報則治其罪積年慘毒之害一旦革除煤丁皆讙呼額手兩京兆以爲能檄兼署南路同知四路有控案多委公鞫讞壬午冬河間缺守顏惺甫先生再督直隸密疏請以公守河間得俞旨公歷任河間五州縣民聞公來欣欣有喜色走相告癸未畿輔大水河間一屬尤重時襄平將礪堂相國攸銛督直隸奏請賑濟并截留南漕六十萬石公督州縣逐村細查分別成災十分至七分又按戶口分別極貧次貧懸賑榜計需銀十七萬有奇米稱之藩司以爲太多駁令核減公曰救之而不活何如勿救聖主軫念災黎不惜銀米而有司屯膏可乎堅執不移竟如所請災民十餘萬咸感泣曰太守活

我水既降千里長堤及境內各河皆潰決有淤成平陸者相國議以工代賑修治之觀察某公奉檄來公曰以工代賑幸甚然代賑之例施之土工則可塞漫口須稭料亦將責之災黎乎觀察曰憲意如是公曰憲意欲救災民非苛之也某不敢妄測度爲大憲斂怨觀察歸謂公沽名不肯用工賑例相國怒以檄切責之曰料即不可土工奚不可奈何不顧大局止知要譽耶檄發而公議已上乃與相國所言同是時滇南程月川侍郎含章奉命督辦畿輔水利堤工河工各分段興工公分得四分之一工竣侍郎來閱公所挖之河寬深過原估且出土在河岸五丈以外所修之堤高厚過原估錐試悉堅實與別段迥不同大悅薦於相國先是省中以公屢梗成議頗有違言相國意不能無疑次年春閱伍河間收公所修

堤河各工曰君眞實心任事者愧相知晚譬爲文理法皆備所少者文采耳公謝曰性迂拙不能爲也乙酉秋委署通永道是歲江廣糧艘抵通甚遲公慮凍阻稟請後至者截卸天津無誤回空相國從之丙戌春交卸回任那文毅公彥成來接任久知公適通永道又出缺仍委公接署是時逆裔張格爾反回疆陷四城調索倫勁旅徂征或曰行塞外或曰行內地迄無的耗公揆度事勢謂必行內地飛檄沿途州縣備儲偫車馬部署甫定而前隊已抵關門矣那文毅公語公曰微君在彼幾缺軍興獲大咎是年秋回河間任次年春獻縣有教匪孫榮者年六十餘蓄叛謀公密訪聞得其姓名住址遣經歷林安佐夜半往會縣捕之得四十餘人搜其家則刀矛盈一車訊之則已定某月日將戕官劫獄相隔不及一月也

解省訊明伏法時屠方伯之申以公辦理密速將保奏公以失察在前力辟戊子冬俸滿引見奏對稱旨巳丑四月相國松文清公筠署直督奏升清河道復入覲上知公可大用慰勉甚至公報圖益切相國琦侯善履督任委心倚任辛卯秋兼署臬篆公感知遇治獄秉燭達旦人皆拭目冀公當大任乃未幾而難作矣深州牧蔣某者公同年友以征解遲延撤任怨公之不庇也投書列款誣詆或勸焚其書公不肯上其書於制府制府入奏上命刑部兩侍郎往鞫蔣所揭各款皆誣惟節壽陋規屬實擬革職發軍臺效力蔣以險詐擬城旦諭旨有徐寅第平日居官非聲名狼籍之人等語公感激恩知單車赴戍毫無怨尤在臺二年以讀書作字自娛甲午秋感寒犯痰嗽舊疾冬十二月卒於張家口寓所年六十有二

子四已見前總叙

繼畬自幼爲公所鍾愛視如子自庚辰至乙酉從公於西路廳河間府通永道各任所故知之爲最詳公之行治已受宣廟深知數年之内當即任封圻秉節鉞而小人無端作難使公不竟其用良爲可惜然瀛鄚遺民至今思慕不衰有談之而泣下者則公之樹立亦可以爲不朽已

曾祖母張太夫人家傳

太夫人姓張氏先曾祖惇菴公元配也同縣小豆村懷仁縣訓導肇修公長女曾祖父三世爲校官有家法既歸惇菴公相之以立家規吾家喪祭嫁娶之禮皆太夫人準母家儀式與惇菴公創定者也惇菴公好客太夫人治雞黍無倦色惇菴公教子嚴太夫人

尤懲姑息以故諸子皆成立生三子長卽先祖九江公次叔祖魯薪公三叔祖太璞公九江公官南岸同知贈太宜人曾孫（纖畬）官福建藩司巡撫晉贈夫人

祖母韓太夫人家傳

太夫人姓韓氏先祖九江公繼室也同縣西峽村庠生盛修公女韓氏七世皆諸生在五臺爲儒素清門先祖元配李太夫人崞縣李中丞（楠）元孫女早卒無出韓太夫人生二子長爲伯父金堂公次卽先大夫施南公東治至西峽七十里無車路山徑崎嶇坡陀上下太夫人往來毋家抱兒於懷控黑白衛而行不以爲苦九江公宦遊南北皆隨之佐內政九江公既卒歸里率兩婦操井臼年過五旬猶能刺繡性好花木鷄鳴卽起昧爽卽掃滌庭中修灌花

木本本草本森翳滿庭施南公幼穎異能讀書太夫人望之綦切
而督之甚嚴責之甚備施南公成進士官中書舍人以冷官不能
迎養太夫人又年高多疾乞假歸設帳介休者二年無仕宦意太
夫人責之曰爾幸得一第當思顯揚爲祖宗門戶計非我所得私
也爾兄爾婦在室自能事我奈何株守鄉井空擲壯年孝之大者
在養志爾讀書竟不知耶施南公涕泣受命遂入京供職數歲失
明以施南公將補缺堅諭安心供職不許歸省辛酉春聞施南公
患目消遣先母續太夫人携兒女往省是年十月卒年六十四繼
畚年三四歲太夫人撫弄之握其足曰兒脚肥當有福氣不似乃
父之瘠也勤儉不異農家所遺衣服僅一天青緞白鷳補褂花即繡於褂面
後來無此製餘皆繭紬與布以覃恩封宜人繼畚官福建藩撫兩遇覃恩

贈夫人女一適同縣金山劉氏別有傳

顯妣續太夫人家傳

太夫人姓續氏母家崞縣西坡頭村西坡頭距東冶鎮二十五里續氏聚族而居無雜姓自入國朝前後舉孝廉者十餘人列庠序者百餘人在吾鄉爲清門望族與寒族世爲婚媾外祖庠生昶公字宅南有盛德爲合族所尊仰生四女皆同母適吾家者二太夫人第三四適堂叔西軒公太夫人及笄歸於先大夫施南公時先祖九江公官北河太夫人隨姑韓太夫人居任所迨九江公選九江郡丞止伯父金堂公侍韓太夫人往九江公既卒韓太夫人歸里治家嚴伯父金堂公屢斷絃繼室年多穉而太夫人已中年韓太夫人委以主爨鷄鳴起不燈而櫛銜總髮之繩於口黎明腰布

幅詣韓太夫人前敬問早何餐偕嫂氏入廚下潔治醬醋虀豉皆手自爲之自施南公入泮後即研食四方未嘗家居太夫人獨事姑嫜以婦代子嘉慶辛酉施南公病韓太夫人令挈薄氏姊與繼畬往省冬月聞訃歸施南公服闋入京以貧不挈眷乙丑乃偕子女往居三年歸嫁薄氏姊遂未再往與施南公相敬如賓未嘗有一語觸迕辛未施南公選湖北郡丞太夫人以道險遠不往令庶母孟氏隨之任先是太夫人屢生男不育至乙卯夢有比邱尼贈盆植小松樹甚葱茂供之佛前越三日而生不肖繼畬喜曰松爲壽木是或可長命矣愛之如珍寶自啜粗糲以餅餌飼兒少長教之甚嚴每予錢市瓜果必捧歸令太夫人嘗之未嘗不敢入口八九歲與羣兒嬉偶鬬之太夫人聞而呵之曰再爾且笞故繼畬終身

不解罵人不解作市井惡賴語皆母教也壬申繼畬年十八入泮第一科試復第一食廩餼次年癸酉中本省鄉試第四名太夫人喜甚曰爾父未入詞林嘗以爲憾爾如能得館選我心慰矣繼畬困躓禮闈六上公車至丙戌乃成進士改庶吉士而太夫人已不及見每思之未嘗不泫然也太夫人患內熱中年即多病丙子繼畬主講五臺書院侍醫藥七月二十一日卒於內寢年五十八施南公官中書敕封安人繼畬官福建藩撫累贈夫人女二長適崞縣續氏次適定襄薄氏薄氏姊別有傳

庶母孟太君家傳

太君姓孟氏直隸廣昌縣人年十八李壽山姑丈永恒贈施南公爲妾施南公選湖北郡丞續太夫人以道遠不往令太君隨之赴

任行至宜昌府之巴東舟覆幾沒於水至施南生弟繼畹旋里後又生妹全來弟繼畹年十五將授室忽患水腫殤逾月而施南公卒於介休館舍未及聞也迨繼畬服闋將入都太君願家居守墳墓修祭祀繼畬由御史放廣西潯州府妹已字韓氏太君仍家居妹幼聰慧十二歲如成人忽以痰厥暴殤太君不勝痛隨於道光癸卯卒於家年五十三繼畬寡兄弟太君生一弟一妹方喜同氣有人門庭不至岑寂乃未及婚嫁先後俱殤而太君亦隨逝於虖其可悲也已太君性渾厚而柔婉事施南公垂二十年敬慎無失慈愛好施予本族男女貧急者隨意衣食之不計有無其卒也哭之無不痛者施南公墓門已封不敢再開葬太君於兩爵院之墳東以弟繼畹附

續夫人家傳

夫人姓續氏母家崞縣西坡頭村與先母續太夫人同族祖家修以大挑舉人官廣東東莞縣知縣父銳以副榜官襄垣縣教諭教諭公有四女適徐氏者三長適族兄庠生浩次適族兄從九品慶恩夫人第四年七歲字於余時先祖母韓太夫人已失明欲一見二叔祖魯範公次女適續氏夫人之堂嫂也引之來韓太夫人捫其髻捫其面捫其支體手足叉問其眉目顏色喜曰兒福相可配吾孫年十七來歸端重不苟言笑先母續太夫人多病余遊學不能家居夫人自入門卽朝夕伴姑夜則同榻眠爲之撫摩扶掖炊爨縫紝皆獨任續太夫人晚年耳聾夫人時附耳說笑以博歡心嬌癡如女續太夫人亦憐愛之與薄氏姊均事姑七年如一日續

太夫人以嘉慶丙子七月卒夫人旦夕哭啞不能聲三年內夢中猶時時呼母也時施南公館於河南光州余偕夫人往省之夫人事舅如事姑施南公亦以女視之後歸里命夫人主內事家貧甚施南公與余皆設帳館俸無多外供賓客內具甘旨支詘良苦夫人竭力籌畫不使有內顧憂道光丙戌余入詞館丁亥春施南公命偕夫人入都俟散館冬十月聞訃歸經營喪葬夫人備極勤瘁庚寅服闋偕入都僦屋而居僅一嫗一婢兩餐皆夫人自爨嘗夏月爲余溫燒酒酒飛越燃葛衫胸臂皆傷成泡月餘乃痊丙申冬余由御史出守潯州偕之任所由粵西而閩由閩而粵東旋由粵東回閩余性不解度支出入一委於夫人夫人量入爲出無浪費所任皆瘠苦之缺而不至窘乏五十以後體貌倍豐碩而恒苦乏

氣丙午五月晦忽夜半汗出不止急投以蔘乃定次日閏月朔醫方診脈訖忽又汗出如豆氣脫而卒年五十三歲夫人性機警明決見事常早於余處事立斷無游移從余宦遊中外凡十九年親友之來署求助者勸余從厚御下最寬待婢媼無厲色余署汀漳龍道英夷攻破厦門漳州一水相望勢危甚余督兵勇晝夜防守志在與城存亡謂夫人曰城如不保陳忠愍公祠內吾盡節處也卿且奈何（忠愍公名啟泰盛京人官汀漳龍道鄭錦攻破漳州合門殉難署內有祠堂）夫人笑曰相從俱死耳此事豈待商量時同官有私遣眷口出城者婢媼私勸夫人夫人叱之談笑自如無驚懼意艱於生育數數小產前後生兩女皆不育常以此戚戚傷懷妾謝氏生長女漳生視之如已出晝則懷之夜則擁之眠將卒之夕女猶在衾中也傷哉咸豐元年覃恩贈夫人余

歸田後得埋骨之地曰倉城三年冬先葬夫人於此俾驅狐狸令
嗣子樹以時拜掃

劉氏姑傳

先祖母韓太夫人晚而生一女時先祖九江公官永定河南岸同知名之曰永定河適同縣上金山劉氏劉氏書香世族舅溥元公以弱冠成進士宰河南內鄉縣強幹有政績生四子姑丈貢生法祖公其長也姑于歸時內鄉公已卒事姑白太孺人能盡婦道白太孺人以家政委之三叔皆幼一家縫紉姑獨任之先祖母韓太夫人年高失明扶掖溲便先母續太夫人與姑更迭爲之年二十九以乳癰卒白太孺人哭之慟食不下咽者數日生二子二女長子升瑨武庠生次子升瑞歲貢生事繼母趙太君皆純孝趙太君

病衣不解帶者數月教弟升璠極嚴不避異母之嫌也長女適郭氏次女適郝氏

薄氏姊傳

余同懷女兄二長適續氏嫻婉有婦德產一女而夭適薄氏者其次也薄氏本定襄望族明季乃有遷居五臺之石村者而籍仍定襄家世讀書入庠序多雋才有翠峯公者尤淸異詩文皆卓犖不羣先大夫施南公愛其文訂爲婚姻家在滹沱北岸三遇大水漂沒廬舍家遂中落翠峰公文名噪甚遇選拔垂得復失鬱鬱以卒子承硯卽姊夫也姊年十七于歸奉孀姑家貧甚不以爲苦姊夫亦淸才逾弱冠以第一人入泮銳志進取忽得怔忡幾危病十餘年姊事老姑病夫數米而炊備極艱辛無愠色無怨尤語先大夫

施南公既歸里姊夫從之學施南公制義以理法爲主姊夫盡得其傳爲文清矯獨絕而迄不利於名場余守潯州巡延建爲閩藩皆往遊好吟哦得詩盈篋姊適貧家強力支持數十年勞瘁成疾後甥于逵長成遣之來閩余自教之而姊以丙午七月卒年五十四姊長余三歲自幼携之嬉後遊學四方每歸里猶得數數相見自庚寅入都散館從此遂與姊訣余同氣惟姊一人而今已多年宿草煢煢一老四顧彷徨俯仰今昔其愴懷可知也姊性明決嫻於大義目有清氣似施南公語言敏快口給者不能禦先母續太夫人以爲非婦德所宜嘗訓誡之然性如是不能改也姊夫不再娶買一老妾執爨耳聾甚與予晤常以筆談今年七十猶健在甥于逵以縣案首入泮有四子姊兩女一適陳氏一適趙氏姊教之

嚴皆能修婦道

松龕先生傳

太僕寺卿前福建巡撫徐公家傳　鄉寧秋湄楊篤撰

公諱繼畬字健男號松龕五台人父潤第乾隆乙卯進士同知施南府以理學名世公其長子也幼穎敏成童工屬文周石芳侍郎督學山西大器之補諸生食餼年十九舉嘉慶癸酉鄉試道光丙戌成進士朝考第一選庶吉士遭父憂服闋授編修轉陝西道監察御史時公釋褐十年矣雖讀書中秘而於部曹事例郡國利病靡不窮研洞曉思有所建白及拜台諫一月章數上當是時宣宗屢降旨切責內外諸臣空文無實每得公疏必稱善再四風示有位海內翕然想其風采以爲賈生陸宣公復出也最後論政體宜崇簡要尤切時務疏入上大感動立召對與語移時詢及民瘼至

於流涕明日即擢爲潯州知府甫到官遷福建延建邵道延平於上游四府爲要衝嶺谿盤亘奸宄時發道光初總督趙文恪公設法懲治始少戢公申明條約督所屬實力奉行巨盜某尤梟黠蹤跡詭密屢捕弗獲公一夕偵知所在掩擒之並其黨數人生磔諸城門見者股慄比去任境內肅然海防事起庚子四月敵艘駛入穿山洋八閩騷動乃調公署汀漳龍道甫至而廈門告警距漳七十里居民日數警公連夜購大木爲排椿塞鎮門各港扼險固守敵知有備不果犯旋舍廈門去事平擢廣東鹽運使未至改按察使癸卯遷福建布政使丙午授廣西巡撫未至復調福建公既久駐嶺表益究心洋務於外國山川道里政事風俗一切戰守之勢張弛之宜無不燎然心目如聚米畫沙燭照而數計既受事則堅

守要約疏闊節目務以恩信相羈縻通商諸國咸傾心嚮慕商民輯睦侯官林文忠公時督雲貴聞之弗善也及歸里倡議盡驅西商出城責公畏葸公不之辨發數難曲詢之林亦不能答也意稍解而閩之新近喜事者日相與媒孽競爲蜚語聞都中同官皆爲公危公屹不動始公入覲時宣宗詢及海外形勢各國風土公具以對遂命纂書進呈公歸未嘗以語人及書成曰瀛環志略未表進而宣宗升遐至是言者摭中外交涉事劾公並指是書爲口實欲中以奇禍文宗既召見知公無他顧左右曰徐某乃老誠人何謂欺詐命留京供職補太僕寺少卿公念上方初政當以養德爲先上三漸宜防疏一曰土木之漸二曰宴安之漸三曰壅蔽之漸特旨嘉獎命書之屏風置座右是歲咸豐壬子鄉試即簡公爲四

川正考官異數也試畢未復命以前在福建起解犯官遲延再被議落職公自居台諫迄膺方面一歲或數遷莅職皆不久即去獨撫閩五年與洋務相終始遇事持大體具卓識不以小數沽名激切聳衆有所籌畫動出萬全議者未能深悉卽不安於位而天下益以多故乃嘆服爲不可及家居十餘年値粵逆北犯當事奏派督辦防堵旣而陝豫軍並興復奉命總辦各府州團練同治四年
詔有司趣之入朝兩宫皇太后慰勞甚至授太僕寺卿通商衙門行走以前在籍團防功給二品頂戴尋充總理同文館事務大臣居三年以老乞致仕優詔許之歲癸酉距公鄉舉六十年矣故事重宴鹿鳴大吏先期奏聞賞加頭品頂戴其年七月卒年七十九
公偉軀幹言詞樸訥性強記於書無所不讀爲文博大宏深制舉

業尤成一家言蔚爲當代宗工年六十始爲詩具張王體格每一篇出人爭傳誦遇人甚和易而耿介自信在翰林日時相慕其名屢招致之卒不往罷官不名一錢主講平遙資脩脯以給平生論學大旨以不欺爲本忠愛特出於天性其再出山年踰七十矣自知衰老顧以受先帝知遇冀得展布所蓄因時補救及見事勢大異則慼歎歔欷鬱鬱不自得然各國使臣聞其至皆額手相慶爭先覿面或攜榼酒造邸爲壽國之君主亦時時寄聲訊起居其敬服若此而所著瀛環志略中外刊布羣奉爲指南云

楊篤曰余讀林文忠公使粵奏稿輒嘆以彼其才不竟於用讀公書又疑之乃曉然於地勢敵情與事變之所由來也兩公深謀遠慮持論不同而爲國之心則一其時士大夫顧多是文忠而非公

果何如哉果何如哉秀全既殲朝廷畀文忠以討賊之任未至而卒海內尤同聲痛惜謂爲生民之不幸而不知公之身係安危者其事又相若也初宣宗既簡公撫粵西旋命鄭祖琛撫閩粵西地褊瘠獨撫臣以歲食潯梧關稅稱膴仕鄭時相門人也意有所屬乃於上前咸稱公才謂粵幸無事閩方通商宜兩易公行至潮州而膺新命鄭素奉佛既撫粵日持齋戒殺遇會匪劫盜專務姑息不以實奏秀全遂無所忌而難作矣雖創鉅者潰或遲痛深者愈難速然使公當之必不匿情畏事釀患若是其極論者徒冀幸於功成不追維於禍始天下既定更無言及之者吁曲突徙薪無勞可見而況其在幾微之先乎余故備著之以俟後之知人論世者

松龕先生全集刊誤

奏疏卷上

八頁　一行之之見下之字衍　十四頁　七行抗改杭　十九頁　五行朝改臣　二十五頁　五行以改已　三十六頁　十四行推改摧

奏疏卷下

十六頁　十行常改當　十七頁　一行傈改慄　十八頁　十二行籌上增密字　三十四頁　八行編歷編改偏　三十六頁　十八行上改止　四十一頁　十五行覓改勉　二十行率改牽

文集卷一

一頁　十四行候改侯　二頁　八行底改底　五頁　十八行但改旦　八頁　一行於食飲於字衍　十二頁　二行息字翻　六行七行九行笠皆改紘　十三頁　十二行針改斜　十八頁　一行辛卯當作己卯　二十二頁　十行抗改杭

文集卷二

一頁　二行送顔魯與題目誤低一格　二頁　三行擢改摧　四頁　十三行太改大　五頁　十八行遴改吝　十二頁　三行輒改轍　七行與改輿　十四頁　七行傷改觴　十行炳改柄　二十頁　十三行笠改紘　二十行夫改恭　二十一頁　一行服改腹夫改恭　十七行州改舟　二十二頁　五行搏改摶　二十三頁　二行勞改榮　四行郤改卻　十六行碣改竭

文集卷三

九頁　一行摶改搏　十三頁　十三行底改底　十六頁　二十行作改昨　十八頁　五行縻改糜　二十三頁　六行衰驪驪改軀　十行家改衆　二十八頁　六行告以蕩佚使簡易旬使字衍　十五行消息二字衍　二十九頁　十二行賣改買

文集卷四

一頁　二十一行　璧改壁　五頁　四行惰改隋　六頁　二行運改連　七頁　二行掣改掣　十五頁　四行倭改倭　十三行照改昭　十九頁　十八行蓋改概　二十一頁　七行婉改婉　二十三頁　十行　詩改時　二十八頁　四行令改今　十行敢改聽

詩集卷上

二頁　十五行小注獨秀峰秀字誤入左行　十九行二十行小注錯誤當作陽朔縣城在江岸兩峭壁夾之譙樓榜曰懺江亭　四頁　二十一行小注邵郫改郫邵　五頁　五行小注篓改籛　十行小註右行請字改諸字　七頁　一行人字衍　五行扁改扃　九頁　一行五首改六首　十三行剖字以下另行　十二頁　十二行槊改槊　十三頁　二十一行幾改譏　十四頁　四行頻改瀕　十五頁　十六行摶改摶　十九頁　二十行絨改狨

詩集卷下

一頁　四行梅花一作楊花　　二頁四行阡改陽　二十二行小注湘南湘北湘改湖

八頁　七行任改步　　九頁　二十二行龜改黽　　十頁　二行嫌改煩　十五行

我本二字改自嗟　十六行嗟自二字改我本　　十五頁　二十一行疢改狹　十八

頁　十行朝花改花朝寥寂改寂寥　　二十五頁　九行駕改鴛　　二十七頁　七行

妖改夭　　二十八頁　九行裕改俗　　三十二頁　八行紜改耘

兩漢幽并涼三州今地考略

二頁　四行小注目改日　十四行捫改們　　七頁　十九行小注宜改宣　　九頁

四行小注過郡行行字改五字　十一行五改四　　二十五頁　十七行今甘肅旬今字

上宜加○　　二十六頁　九行小注左行安古古字改定字　十三行小注拉普拉三字

衍　　二十七頁　十一行小注靜寧縣縣字改州字　　三十二頁　九行小注右行闕

改闋　　三十九頁　九行圖改圜

沿邊十郡考略

四頁　三行陽改境

徐氏本支叙傳

二頁　十行功改名　十四行才改予　九頁十八行疊改壘　十一頁　十四行顧
上增繼字　十三頁　六行士改土　七行拖改迤　十四頁　十四行折改析
十七頁　一行日改曰　十九頁　六行日改曰　二十頁　二行餐改餐　十二行
施改旋　二十二行繂字翻　三十頁　三行十行冪皆改幕　九行之儉儉改勤
三十一頁　十四行冪改幕　三十二頁　二十二行收改攷　三十三頁　一行七
行備皆改備　十四行報図改圖報　三十四頁　十三行薪改範　三十五頁　十
一行袖改紬

松龕先生傳

一頁　二行題中徐改徐　十五行跪改詭　二十二行燎改瞭　二頁　十五行即改
及　二十二行訥改勸　三頁　六行慶改慶　十六行咸改盛